新デカルト的省察

新デカルト的省察

村上勝三著

知泉書館

はじめに

比類なき存在である私，その私の思いを真上に超えて築き上げられる一般存在論，そこから数学と物理学と倫理学とが拓かれる。デカルトの『省察』(*Meditationes de prima philosophia*, 1641/42) に展開されている形而上学をこのような視点から捉え，私の思いと言葉を用いて辿り直し，時代と文化の隔たりを越えてデカルト哲学をよみがえらせる。それは不遜で危険な試みかもしれない。不遜というのは，私という小さな器量の枠に切り取ることを承知の試みだからである。危険というのは，かくて本物にまがい物の歪みを映してしまうからである。さりながらデカルトは言う。「私とともに省察する mecum meditari」ようにと。辿り直しの所行を見て彼の肖像が「また一つの誤解が現れた」と語りかけようとも，それは彼が見通し享受するところでもあろう。それよりも智恵のあこがれに新たな息吹を吹き込むことへの望みは強い。その望みの強さは私たちの時代の欠乏の大きさに裏付けられている。願わなければ何も実現しない。

デカルト哲学を現代に活かすとはどのようにすることなのか，そうではない。現代の閉塞的で傲慢な状況からどのようにしたら抜け出すことができるのか。このことへの寄与，これが本書の課題である。現状に対して「否定的直観」を抱き，本当のことを探している人，その人たちを知の基盤において支えたい，支え育む哲学的立場を提起したい。それが望みである。

本書を「私とともに省察する」のにデカルト哲学を知る必要はない。哲学史についての知識も必要ではない。言葉の上でだけ難しい沢山の概念を弄ぶ人，それらに翻弄されて感じるめまいを喜ぶ人，そういう人にとって本書はあまりにも「生」に見えるかもしれない。だが生きるとは何か，経験とは何か。難しい概念を経験に即して説明する段に立ち至ると彼らは

幼稚になる。それはその概念を生きていない証拠である。概念の方が経験をあふれてしまう。それはその人の経験が貧しいからである。私たちの経験は複雑である。現実は複雑である。その複雑さをどれほど掬い取れるのか。そこに思考の成熟を見て取ることができる。賢明なる読者諸兄に少しばかりの寛容さと粘り強さをもって同行されんことを乞い願う。

目 次

はじめに ……………………………………………………………… v

第一省察
疑うことのできるもの

第1章　先入見というもの ………………………………………… 4
　　　間違えたことがある／間違えることと物差し／尺度は当該の行為の外にある／慣わし，しきたり，習慣を自分のものにする／行為の一回性と「私」性／理由なき弾圧／尺度の再評価／行為の確かさ／先入見を脱する

第2章　方法としての疑い ………………………………………… 14
　　　意見を疑う／嫌疑をかける／疑いの層構造／強度を測る／自分の重さを測る／確かさの測り方／実生活上の確かさと知識の上での確かさとは異なる

第3章　感覚的意見 ………………………………………………… 22
　　　錯覚／感じて知る／見間違い／感じた通りになっている／妄想を見る／夢を見る

第4章　科学的意見 ………………………………………………… 27
　　　夢から覚めたことのない科学者／実験と観測／複雑なものは単純なものからできている／自然科学も社会科学も現実に届く

第5章　数学的意見 ………………………………………………… 32
　　　数学／現実にあるかないかを問わない／機械が答えない問い／計算間違い／私への信頼／夢の錬金術師／相互の信頼は二次的／自分の能力への信頼

第6章　私の起源 …………………………………………………… 39

私の取り戻し／私の作り手／欺く者／悪魔か神か／確かなものは何もない

第二省察
始まりは知ること

第1章　私はある ……………………………………………………… 46
同じ道／欺いてくれ／私はある

第2章　私とは何か ……………………………………………………… 50
その私／人間である／機械である／思うこと／私を想像してみる／想像することと想像されるもの／私は思うものである／心の不思議

第3章　心の方がよくわかる ………………………………………… 62
アイスの例／感覚は変化をつながない／想像力も変化をつながない／精神の洞察／見てあると思うのではない／私のことがわかる／精神を馴らす

第三省察
私を真上に超える

第1章　思いの領域 ……………………………………………………… 74
フィーリングとイメージを括弧に入れる／明晰判明なもの／以前には明白で今は疑わしいもの／私は保証を要求する

第2章　精神を感覚から引き離すこと ……………………………… 80
探求の順序／思いの分類／観念／観念の分類

第3章　観念の第一の途 ……………………………………………… 86
本有観念／二つの「真理とは何か」／議論の底／外来観念と作為観念／外来観念はどうして外来観念なのか／同じ物を見る／自然の光／意志に依存しない／何かがあって，その何かについて知るとは言えない

第4章　観念の第二の途 ……………………………………………… 98
他の途／対象的実象性／絶対的他／無限ということ

第5章　形而上学の立論 ……………………………………………… 104
原因と理由／原因あるいは理由／因果の規則／様態・実体・無限

実体／対象的実象性と形相的実象性／因果の規則の対象的実象性への適用／対象的実象性は形相的実象性を要求する／最後の原因がなければならない／因果の規則から何が帰結するのか

第 6 章　絶対的他の第一証明 ……………………………………117
候補となる観念の分類／人間の観念と動物の観念／私自身の観念／物体の観念／熱いと冷たい／色，味，香り／質料的虚偽／実体／持続と数／延長／絶対的他が残る／無依存的，全知，全能／すべて／すべての使い方／事物と数の対応とすべて／限定なしのすべて／無限な実体は実在する／無限は有限の否定ではない／私は自分が欠けていると知っている／無限の観念の先行性／絶対的他と真理／真なる観念／私の無名性／可能態と現実態

第 7 章　絶対的他の第二証明 ……………………………………143
絶対的他の第二証明／私は私を創らなかった／私の実在は与えられたもの／自分によって，他によって

第 8 章　知と実在の根拠 …………………………………………148
私を超えて私でないもの／私からわれわれへ／あなたも同じく私として実在する／知の根拠としての無限という観念／底としての無限の観念／真理に至り着きうるという希望

第四省察
われわれにとっての真と偽

第 1 章　多くのことと僅かなこと ………………………………156
人間精神と絶対的他／それらが実在することの意味／真理への道／間違えること

第 2 章　誤りの原因の探索 ………………………………………162
真理を求める能力／嘘は弱さの現れ／欺くことができることと，欺こうとすること／能力は与えられている／手懸かり的見解／この見解は誤りを説明しない／包括的把握の不可能性／作り手の意図／全体と部分／世界と私との関係

第 3 章　誤りの由来 ………………………………………………176
いっそう私へ／意志と判断／意志と他の能力との差異／意志の自由／

非決定の自由／自由の三つの層／意志の働く三つの層／三つの層の事例

第4章　意志の正しい用い方 ………………………………………… 189
　　　意志の使い方／欠如

第5章　誤りの避け方 ………………………………………………… 193
　　　二つの可能性／誤らないという習慣／意志と知性の協働／意志と知性のずれとしての虚偽／判断するとは何をすることであったのか

第6章　真理の存在 …………………………………………………… 200
　　　〈ある〉ことと明証性という基準／真理はある

第五省察
物質的なものの本質

第1章　課題の提示 …………………………………………………… 206
　　　振り返ると／今日の課題は三つ／問いの端緒

第2章　物質の本質 …………………………………………………… 211
　　　物体と物質／物質の本質と数学／類種と個別／知性と想像力／観念と想像／個別的図形と底

第3章　純粋数学 ……………………………………………………… 219
　　　描くことなく知る／個々の広がりを思い起こす／見出された三角形／三角形の特性／知られ想像された三角形

第4章　永遠真理 ……………………………………………………… 226
　　　想像された特性の「ある」こと／不変にして永遠な本質／知総体の同型性／物質についての真理のあること／帰属の明証性

第5章　論証可能性 …………………………………………………… 234
　　　明晰判明ということと論証可能性／自明な知／論証するとは何をすることなのか／思いの領域から本質領域へ

第6章　絶対的他の第三証明 ………………………………………… 241
　　　必然性の範型／絶対的他のア・プリオリな証明／二つのものの結びつき／本質と実在／さまざまなあること／いわゆる「存在論的証明」

第7章　明証性，必然性，確実性 …………………………………… 254

　　　　結合の必然性と実在の必然性／明証性と確実性／確実性と事後性

第 8 章　記憶の在処 259
　　　　発見と説明／順序と推論／前提の知と記憶／注意の持続と広がり

第 9 章　人と分かち合える確かさの起源 265
　　　　思い出すこと／物質の本質と空間／確かさの起源

第六省察
身心の区別と物理学

第 1 章　最後の日に為されるべきことごと 274
　　　　さまざまな物体があること／最後の到達点に至るための四つのこと／
　　　　出発点としての物質的な事物が実在しうるということ／可能的実在
　　　　と明証性／想像力の方が物体に近い

第 2 章　想像力から物体の実在へ 280
　　　　知ることと想像することの違い／新しい緊張／想像することと物
　　　　体の実在

第 3 章　感覚についての振り返り 284
　　　　感覚から物体の実在へ／振り返りの順序

第 4 章　疑う前 286
　　　　感覚について疑う前／身体を感じる／感覚していたこと／そのときに
　　　　感覚についてどのように思っていたのか／身体が自分の物であると，
　　　　どうして思っていたのか／身体の感覚と心の思い

第 5 章　感覚知覚を疑いに呼び戻した理由 291
　　　　外的感覚と内的感覚／感覚に基づく判断を疑う二つの大きな理由／
　　　　疑わしい感覚への対策

第 6 章　わかりはじめている今 294
　　　　その今はどうなのか

第 7 章　物体と心との区別 296
　　　　明証性という基準／実象的区別／身心の区別

第 8 章　物質的な事物の実在証明 300
　　　　想像する能力と感覚する能力／心の能力，場所を変える能力／感覚

　　　　は受容能力／因果の規則をもう一度／物質的な事物は実在する／
　　　　物体があることの意味
　第9章　物理学の出発点 ……………………………………………………311
　　　　物理学と数学／物理学の対象／自然／自然の教えること／外界との関
　　　　係／しきたりから受け取ったもの／外的感覚／内的感覚の排除
　第10章　心と身体と合一体 …………………………………………………320
　　　　内的感覚の誤り／外的感覚の場合／自然的欲求の誤り／自然が誤る／
　　　　外的命名／心と身体の違い／心と身体との関係／心と身体の対応／
　　　　神経系の問題／頻度といっそうよいということ／私の弱さと強さ

あとがき ………………………………………………………………………341
事項索引 ………………………………………………………………………343

新デカルト的省察

第一省察

疑うことのできるもの

第1章

先入見というもの

―――――――

間違えたことがある

間違えたことがあると気がついたのはいつのことであろうか。子供の頃から，いろんなことで間違え，まわりの大人にその間違いを直されてきた。学校に入れば，間違えた解答をして先生に正された。そのような失敗には事欠かない。数限りなく失敗をしてきた。間違えを直され，次からは同じようにしない。間違えない。そのことでは注意を受けなくなる。そのように努力してきた。間違えなくなる。足し算や，引き算や，掛け算や，割り算を正しく行うことができるようになる。沢山の物の名前や，人の名前や，制度の名前や，出来事の名前を覚える。それらについて尋ねられると正しい名前を答えることができるようになる。それらの名前を使って推理をすることができるようになる。議論をして主張することができるようになる。答えるべき名前を忘れて，違った名前を答えることがある。有珠山と答えるべきなのに，昭和新山と答える。足し算を間違えるように，間違えた推論を作り上げることがある。「夜に夢を見る人もいる。けれども，夢を見ない人もいる。だから，世の中には夢をもたない人もいることになる」。そして「あっ，間違えた」と悟ることがある。覚えていたこととは違うこと，習ったこととは違うことを答えてしまった。間違えたと気がついたとき，何かしら正しいことに触れている。少なくとも，そのことが正しいのではないという仕方で，正しいことに触れている。そうでなければ，間違えたと気がつくはずもない。間違えに気がつくのは，何かしら真理に触れることを通してである。自動

第1章　先入見というもの

車を運転していて，交差点に入り，左に曲がってしまった。「しまった間違えた」と気がついたときには，右に曲がるのが正しかったということに気がついている。

間違えることと物差し

間違えたと気がつくときには何かしら真理に触れている。真理という言葉は，このように使うには少し重すぎるかもしれない。何が事実であるのか，何が本当か，ということに触れているとでも言ってみよう。だが問題はそんなに単純ではないのではないのか。こういう場合はどうだろう。自動車を運転していて，三叉路にさしかかったときに，右に曲がって間違えだと気づく。この場合に，まっすぐ進むのが正しいのか，左に進むのが正しいのか，まだわかっていないということもあるのではないか。それだけではない。本当に右に曲がったことが間違いなのか。この点にも確信がもてない。そういうこともある。しかし，自動車を止めて，地図を見て，目的地と現在の位置とを確認すれば，右に曲がったのが間違いであること，左に曲がるのが正しい選択であることがわかる。右に曲がって，間違ったと思ったのだけれども，それが正しい道順だったということがわかることもある。間違えたと気がつくとき，ちょうどそのようなしかたで真理に触れている。どうしたら選択の正しさと間違いとを判別できるのか。そのことが念頭に浮かんでいる。正しさと間違いとを見分ける，いわば，物差しのようなものに触れている。道順を辿る上で何を頼りにしているのかということがあらわになる。さしあたって，方向感覚や地図を頼りにしている。それらを物差しのように使っている。とはいっても，方向感覚を頼りにして間違えたこともあるし，地図の見方を間違えることもある。

尺度は当該の行為の外にある

小さいときに自分で何かをするようになってから，何かをするときにはいつも，その何かではない何かに頼っていた。小さな子供の頃，目の前のおいしそうなケーキを食べようとするときに，近くの親しい大人の視線や言葉を頼りにして，食べてよいのか，いけないのかを決めていた。

近くの大人に頼らなくなってからは，これまでの慣わしや習慣やしきたりと引きくらべながら，食べてよいのか，よくないのかを判定していた。もっと，自分で自分の行為を決めることができるようになると，自分の体調や，好みや，生活のリズムなどを素材にして「食べるべきか，食べざるべきか」を判断するようになる。「或ることが，こうである，ああである」と考えたり，述べたりする場合にはその「或ること」について正しく，間違いなく，何かを付け加えるための頼りになるものが，その「或ること」以外の何かに求められる。そのようにして，私たちは，さまざまな局面で，そのつど頼りになるものを蓄積して行く。蓄積されて重ねられた頼りになるものが，私たちの信念の拠り所になる。普通たいていは，これまでに自分の生活を支えてきた物事の尺度の上に立って，何かを信じ，その信念に裏付けられながら，私たちは行動する。

　この物事の尺度は，いつも同じというわけではない。少しずつ変わって行く。成長するにつれて変わって行くばかりでなく，環境に応じても変わって行く。大学生としての行動の尺度と，会社に入ってからの行動の尺度では異なるところがあるだろう。医者の物差しと行政官の物差しとを全く同じであると考える方がおかしい。医者は全体の調和を重視しつつも，しかしそれよりも，目の前の一人の患者の生命を重視しなければならない。医療行政を司るものにとっては，必ずしもこうとは言えまい。一人の患者の生命よりも，それを救おうとして犠牲になる多くの人たちの生命の方を重視しなければならない場合もあるだろう。このように行動の尺度が，たとえば環境によって，たとえば人の成長過程によって異なるのならば，この尺度をどのように表明すればいいのであろうか。「あなたの行為の一般的尺度を言ってください」と求められたとき，多くの人は途方に暮れてしまうだろう。一言では云えない。自分の通ってきた，過ごしてきた長い道のりについて語る以外に，この要求への応答ができるとは思えない。経験の蓄積とはそのようなものだと言いたくなる。

慣わし，しきたり，習慣を自分のものにする

自分のこれまで従ってきた物事の尺度を他人に説明しようと思うと途方

に暮れてしまう。それでは自分ではわかっているのだろうか。自分では自分が従ってきた自分の行動の物差しがどのようなものかわかっているのだろうか。もしわかっているとしたならば、これまで身につけてきた〈しきたり〉とか慣わしとか習慣を自分のものにしているということである。自分のものにするとは、今の場合には、自分を源にするということである。慣わしとかしきたりとか習慣というのは、多くの場合に、他なるものを源にしている。自分がそれの一員であっても、他なる人々が作り出した共同体を源にしている。私がその共同体のなかに入っていったのであり、私が作り出したのではない。家族のなかではこうなっている、学校のなかではこうなっている、社会のなかではこうなっている。それがしきたりとか習慣とか慣わしというものである。迷信とは、最初から、各人のうちに理由をもつことが拒まれている、押しつけられた風習である。私たちは、或る共同体のなかで「こうなっている」と言われていることを身につけて行いの天秤に使っている。それを自分のものにするとは、発生したところが他なるものであるそれらのことがらを、自分へと取り戻すことである。自分を基盤に、そこから物差しを作りなおすことである。習慣とか慣わしとかしきたりを自分のものにするとは、私を原理としてそれらを組み直すことである。そのことが、現実に、誰かによって、すっかり全部成し遂げられるかどうかわからない。しかし、慣わしやしきたりや習慣を、自分を源に据えることによって、捉え返すことができるのならば、行為の選択における迷いや、歪みは相当に軽減されるであろう。このことははっきりしている。

行為の一回性と「私」性

何かをしようとして迷ったり、戸惑ったりするということは、何を為すべきか問われたときに、選び方が決まっていないことを示している。個々の行為に関する選択を、何らかの法則に従って決定することができないのは、行為というものがその成立条件に時間空間的規定と、私によってなされるということを含んでいるからである。時空的規定のもとにしか行為が行為たりえないということは、行為の一回性の根拠である。行為が常に私（当事者）によってなされるということは、行為が私（当

事者）の全歴史の上に成り立つということを示している。このために，行為は行為者（当事者）を一般化することを妨げ，類化することを妨げる。行為は，このように，或る時に，或る場所で，或る人によって為される。それゆえに，時と場所と人のどれか一つでも異なりながら，しかも同じ行為として括ろうとする場合には，括り方が個別というレヴェルを越えることになる。同じ種類の行為であることを示すためには，時と場所と人との個別的規定を弛めていっそう大きな共通基盤のもとに行為を置き直すことが必要になる。

　たとえば，私が2010年の6月に相模原市で選挙に行こうかどうか迷った後に，投票をするという場合，投票行為という社会的な括り方をすれば，他の人の同じ日の同じ場所でなされた投票と同じ種類の行為と言える。しかし，その場合には，私が行こうかどうか迷ったということはこの行為の内容から除外される。投票行為として括られる場合には当事者の特定は付随的なことになる。つまり「私」性が失われる。しきたりとか習慣とか慣わしというものは，そのように外延の大小にかかわらず，共通基盤である共同体を前提にしている。その意味で一般的な規範，類的な規範である。それゆえ，習慣とか慣わしとかしきたりを実際の行為の場面に適用するためには，実際の行為は個別的であるのだから，それら一般的な規範を現実へと応用しなければならない。規範を個別例に応用する。応用するとは，つまるところ或る種の変様を加えて適用することである。別の側面から見れば「私」性を行使するということでもある。他を源にもつものを，自分へと取り戻しているならば，言い換えれば，一般的なものを個別のケースに適用できるような仕組みを自分のもとにもっているのならば，この応用は円滑に行われる。自分の考え，経験に基づいて習慣，慣わし，しきたりを説明できるならば，行為がなされる個別の場合にそれらを適用するときにも，その適用の理由を明らかにすることができるであろう。成功するかどうかは別にして，適用の理由を他人に説得するための材料をもつことができる。しきたりだから，慣わしなのだから，習慣なのだから，要するに「そうなっている」あるいは「そうしてきたのだからそうすべきである」という空虚な強制から脱することができる。

理由なき弾圧

自分が従ってきた自分の行動の物差しがどのようなものかわかっているのならば，このような空虚な強制から脱することができる。空虚な強制は，強制される側からするならば，理由なき弾圧である。理由がないから，反論することができない。強制が成り立つのは，力関係における強者から弱者へという方向においてである。力の弱い者が力の強い者を強制することはできない。強い者が弱い者を理由なしに強制する場合に，弱い者にとって残されている抵抗手段は暴力だけになってしまう。とても納得できないのに，これをしろと命令される。それが間違いであると主張する。自分だけにではなく，多くの人々に悪影響を与えると主張する。空虚な強制の発動として命令がなされる場合には，命令権をもつ強い者にとって，定義上，弱い者のこのような主張に答える内容がない，言葉がない。多弁を労しても，空虚な強制が説得に変わるはずがない。最後には，強い者は弾圧することになる。弱い者は集まって抵抗する以外にはない。連帯が可能でない場合には，適正な第三者に訴えるか，泣き寝入りをするか，爆発して自分の人生を苦難に満ちたものにするか，ということになる。

私たちが避けなければならないのは，説得したり，納得したりすることが，最初から成り立たないような場所に立ってしまうことである。説得も納得も成り立たないということは，理由が行為選択と無縁になるということである。理性を見失うということである。理由なしに行動するという点では，動物と同じである。人間並みの身体行動が可能な獣である。しかも，言葉だけは巧みに操る。理性の悪用である。人間が人間らしく振舞うという場合に求められているのは，理性の使用ではなく，理性の善用である。この行為に関する「よい，悪い」という点で，自らの自由の用い方が問われることになる。私たちは，これらについてもっとずっと後に考えることになるだろう。その点を今は別にして次のように言うことができる。自分の行動の物差しを自分で確認できるならば，自分の長い歴史を背景において自分の経験を語ることによって，自分の物差しを提示し，相手の物差しとの違いを見定め，交渉したり，妥協したり，同意したりすることができる。行為と

いうものは，その本性上，一回限りであり，私限りであるのだから，相互に意志している行為が掛け離れているということも起こりうる。それでも話し合うことができるのが，人間というものである。

尺度の再評価

しきたり，慣わし，習慣から自分の尺度を取り戻す。尺度である限りは，そんなに変わるものであってはならない。もちろん，先にも述べたように，行為の規範としての尺度は，進化することも深化することもありうる。その反面この尺度は確かなものに支えられていなければならない。この尺度は為すべきことを測る物差しである。行為とは，私が時間と空間のなかで，さまざまな他人に向かって行うことなのであるから，この尺度は自然法則のような決定性も安定性ももたない。或る場合には，尺度そのものを変様させながら適用しなければならない。しかし，その変様が見張られているのでなければ，そもそも尺度とは言えない。尺度の変様の妥当性が評価されなければならない。尺度がそのつど変化して，三年前の尺度と今の尺度が矛盾するという事態になったならば，最早それは尺度とは呼べない。尺度の応用の仕方にも理由が与えられなければならない。

　たいてい普通の場合に，私たちはことさら思い浮かべなくとも，おのずから自分の尺度に従って自分の行動を律している。つまり，自分の尺度を頼りに行為を選択している。この尺度にも適切な変様が必要になる。尺度の適用という事態において，迷いが生じたり，抵抗が生じたりして，尺度の変様が求められる場合には，尺度そのものをもう一度洗いなおさなければならなくなる。尺度の変様と尺度そのものの見直しとは，広範性においては異なるにせよ，同じく再評価するという点では同等である。生活して行くなかで，尺度の見直しということは稀なことではない。尺度の見直し，捉え直しとは，自分のものにした習慣，慣わし，しきたりを吟味し直すということである。尺度の捉え直し，しきたり，習慣，慣わしを自分のものにすること，それらは自分で納得して受け入れたわけではない，ひとたび怪しいと思われた習慣，慣わし，しきたりを疑ってみることを通してなされる。尺度の

再評価は，これまで自分が頼りにしていた尺度へと疑いを差し向けることによって為される。慣わし，しきたり，習慣を自分のものにするとは，疑って，その疑いをくぐり抜けたものを自分の尺度にするということである。それと反対に，理由がわからずに受け入れてしまっている見方を先入見という。先入見に従って生きる限り，人間らしく生きていることにならない。私たちは何故こうなるのか既に知っている。

行為の確かさ

そのなかを生きている環境と生きてきた歴史に応じて行為の尺度が人によって異なることがある。或る人にとって甘いものを食べることが健康に通じ，或る人にとっては病気に通じる。しかし，その異なりを，異なりとして捉える基準は，尺度の異なりを越えて共通である。健康を基準にするということはどちらにとっても同じである。一人一人が自分で身につけなければならない行為の物差しは，自分なりのものであり，人それぞれの歴史と環境が異なるのに応じて，他の人のそれとは異なる。しかし，人それぞれに異なる行為の物差しをそれとして把握し，相互の了解可能性を開くことができるのは，どの人にとっても，人である限り共通と言えるような基準の下においてである。一つの具体的な行為を，多くの人に共通な基準に照らして，直接，修正したり，改変したりすることは難しい。健康であることを基準にとっても，採用すべき具体的な方針は，それぞれの人の事情に応じて異なるように。しかし，その基準に照らして，具体的な行為に関する尺度を修正し，改変することはできる。たとえば，タバコを吸ってはいけないという尺度を作り出すこともできる。因縁をつけられたとき，体力と技に応じて，戦う方を尺度にする場合も，逃亡する方を尺度にする場合もある。両方とも，安全に身を保つという一つの基準を満たす。甘い物を食べた方がよい，甘い物を避けるべきだという二つの尺度も健康という一つの基準をもっている。それでも，戦う方がよい，逃げる方がよい，甘いものを食べた方がよい，甘いものを避けるべきだという二つの尺度のどちらを採用すべきなのか，その選択は状況に依存する。

　それに対して，健康と身の安全という基準は，個々の場合の違いに依

存することが少ない。基準として採用するか否かというときの目安になるのは，このような確かさである。ここで差し当たって，確かさとは，想定できるどのような場合にも，変更が迫られないということだと考えておく。想定されるどのような場合にも当てはまる何かを行為の確かさの基準だと看做そう。それが見出され，それに基づいて，行動の尺度を構築して行くならば，個々の行為の選択に係わる尺度に変更を迫られたとしても，戻って行くところがある。確かさの基準としたものにまで戻ればよい。このように言うと，とても困難なことをめざしているように思われるかもしれない。そうかもしれないが，上記のことを簡潔に言い直すと，次のようになる。第一に，自分のとった行為の理由を説明できるということ，第二に，その理由と当の行為以外の自分の行為の理由との間に一貫性が見出されるということである。そうしてはじめて私たちは一人の大人として尊重を受け取ることができるようになる。

先入見を脱する

間違いに気がついて，理由に裏付けられながら，確かに生きようとする。このことは，自分のなかに確かさの源を探すことから始まる。それは毎日することではない。一生に一度でよい。これから先の人生において変わることのない確かさを自分のなかに探して見出すことができれば，それを何度も繰り返す必要はない。もちろん，見出されたものを忘れないように，その確かなものを自分で自分に課す慣わしにしなければならない。他の人々，共同体から与えられた習慣，慣わし，しきたりを疑うことなく採用するということは，先入見を自分の意見にすることである。自分で理由がわかって選び取ることなしに，割り与えられたままを真であると看做すことは，自分の力で考えないということである。

考えずに，感じるままに生きるとき，人は利己的になる。私の感じていることを他人は感じない。あたかも感覚内容は，他人の一切の干渉から免れうるものであるかのように思われているからである。感じているのは私であって，他人ではない。それは事実である。しかし，この事実は当の感覚内容が制度，文化の所産の一つであるということと両立する。当の感覚内容をもつという点での秘匿性と，その感覚がかくかくの内容

をもつのは社会性の所産であるということとは両立する。感じるままに生きていると感じるとき，人は社会性を射程から取り除き，感覚の秘匿性，私秘性のなかに没入する。要するに，考えるのをやめている。一個の人間として振舞うことをやめる。私はさまざまなものを共同体から与えられ，それを受け取るときに選定をしてこなかった。そのようにして先入見，つまり吟味をせずに受け入れてしまった意見を私の行為の物差しにしていた。人々のなかで自ら一個の独立な存在者として生きようとするならば，同じことであるが，理由をもって自分の行為を問い直すことができるような仕方で確かに生きようとするならば，一生に一度は，先入見を洗いなおして，確実なものを探してみなければならない。

第 2 章

方法としての疑い

――――――

意見を疑う

本当のことを知りたいという強い願望をもって，確かなものを見つけるためには，一生に一度はそっくり土台から疑ってみなければならない。毎日毎日土台からひっくり返していては，いつまでたっても先に進めない。新しく何かを作り出すことができない。土台に信頼がおけないならば，その上に建つすべてのものへの信頼が揺らぐことになる。確かなものを探すために，土台に向かって掘り進む。疑わしいものを取り除きながら先に進む。確かなものとは疑わしくないもの，疑わしくないとはどこから疑ってみても疑えないということである。同じ原理，同じ出発点の上になり立つすべてのもののなかで，一つでも疑うことができるならば，原理をともにするすべてを疑わしいとする。そのように，地層を掘り進むように，土台を探ってゆき，私の意見がその上に立っている原理を見出す。その原理を自分の力で確かめてみる。疑ってみる。

　原理の層を，地層を穿ってゆくように掘り進めるのであるから，後で埋め戻せば，層構造としてはもとの状態が復元される。しかし，埋め戻すときには，どのような順序で原理が配列されているのか，原理が相互にどのような関係になっているのか，わかっている。どこがどう信頼でき，どこがどう信頼できないのかわかっている。自分の意見を疑うことを方法としてこのことを遂行する。私が私についてこれを為すのは，私が確かに知るのであって，一般的に確かに知るということはないからである。いつも，誰かが，誰であっても，その私が何かを知る。確かであ

ると言われている知識を，私がもつ場合にも，私が確かに知るのでなければ私にとって確かな知識にならない。私がもってしまっている意見を掘り下げ，疑えないものを探す。四方八方に疑いを差し向ける必要はない。或る種のまとまった意見がそこから発出してくる源，原理を撃てばよい。或る意見を疑うことのできる理由が一つでも見つかれば，その意見を偽とみなす。その意見を再評価するまでは，使わないで先に進む。確かなものを求めて旅立つ。しかし，そうではない疑い方もある。

嫌疑をかける

たとえば，私が後で食べようと思って，冷蔵庫にとっておいたケーキがなくなった。犯人は父親ではないかと疑う。嫌疑をかけられるだけで，かけられた本人は何か悪いことをしたかのように感じる。この場合に，父親は嫌疑をかけられている。嫌疑をかけた私は，嫌疑をかけることによって「父が，私のケーキを食べてしまったか，そうではないか，分からない」という地平に立つわけではない。私は父親が犯人ではないか，と想定しているのである。その想定の上に立って，証拠なり証言なりを探すのである。父親が「あのケーキは絶品だった」というように，自白をするならば，犯人が特定されたことになる。嫌疑はなくなる。個々の人を対象に嫌疑をかける場合には，おおよそ以上のような経過を辿り，解決するか，迷宮入りをするかということになる。この場合に嫌疑をかけるとは，証拠や証言が見つからないので，或る人を犯人であると特定できないが，傍証や状況によって犯人の候補と看做すということである。

　或る人に罪を犯したのではないかというように嫌疑をかけるとは，証拠を探しているが見つからないという状態を示している。つまり，この場合に疑いは，人，行為者に向けられている。嫌疑が晴れても，土台に向けて深まって行く何か確かな知が残るわけではない。一つの犯行が固まり，それに基づいて別の犯行が明らかになる。一つの嫌疑を取り除くことがもっと多くの嫌疑を浮かび上がらせ，組織的犯罪の全容が解明されるということもある。嫌疑が人，行為者を越えてしまう。そのようにして或る社会的構造が浮かび上がるということもありうるだろう。たとえば，或る種の行政組織のありさま自体が，その組織の一員を罪へと傾

向づけているというように。しかし，知るということの確かさを深めるということにはならない。今見てきたような嫌疑は，意見の確かさを測る手だてではなく，現実との照らし合わせといういわば意味論的調査の手だてである。現状把握の一方法である。要するに，父親が犯人であるということの上に立って，さらに確実なものを求めて先に進むということはできない。嫌疑がなくなれば，それでおしまいである。嫌疑が確定しても，探索はそれでおしまいである。逆に言えば，私たちは意見の強度を測るような疑いを求めなければならないということである。或る意見の強度を測るものは，その意見より強度の高いもの，いっそう強いものでなければならない。そのようにしていっそう確かな知を求める手だてが与えられる。

疑いの層構造

私たちが，ここで筋道を辿ろうとしている疑いは，犯人かどうかという嫌疑ではない。本当らしいと思われるのであるが，本当であるということの理由が明確ではない。そのような意見に疑いを差し向け，疑うことのできる理由が見つかるのならば，その意見を偽とみなす。証拠や証言を探すのではない。私たちは理由を探すのである。或る意見がおかしい，変だと思う理由を明らかにする。そのようにして理由が見つかるのならば，その理由に基づいて先の意見を疑っているのであるから，その理由には疑いが向けられてはいないことになる。或る意見を疑う理由は，その意見を疑っている限り，疑われてはいない。それだけではない。Aという意見を疑う理由がBという意見に基づいているとする。この場合に，疑いの理由を提供する意見の方が，疑われている意見よりもいっそう確かとされている。つまり，Bの方がいっそう信頼されている。

　父親は，どうも，常々夜中にお腹を空かすようだ。どうも，父親が怪しい。夜中にお腹を空かすことが多いということが，父親が犯人であることの理由になることもあろう。父親に対する嫌疑の理由である。この嫌疑の理由が，父親の犯人であるという嫌疑よりもいっそう確かだ，ということは，もしそのようなことがあっても，偶然的なことである。そういう場合もあれば，そうでない場合もある。嫌疑をかけられた事態よ

りも，嫌疑をかける理由の方が，いつも，いっそう確かであるということにはならない。父親の口にケーキのかけらが付着していた。否定のできない証拠が見つかった。それでおしまい。さまざまなことを考えて行く上での確かな土台が見つかったことにはならない。嫌疑をかけて犯人を特定するという筋道から，或る意見の底に眠る別の意見の層を探り当てる方法を取り出すことはできない。

強度を測る

或る意見を別の意見で疑ってみる。或る意見といっても，私の抱いている意見である。私が自分のもっている意見を疑う。自分が間違えたことがあると気がついて長い間信じていた意見，私のもっている意見を疑う。もし，或る意見を別の意見で疑うことができるならば，後者の意見の方が前者の意見よりも確かだということになる。Aという意見がpについての意見であり，Bという意見がqについての意見であるとする。この二つの意見の強度を較べようとするならば，AとBを較べる共通の尺度が必要になるとともに，pとqとの違いも考慮に入れなければならない。もし，このように，数え上げられるだけ沢山の個々の対象について，比較しようと試みるならば，切りのない作業になる。切りがないだけではなく，対象の差異をあたかも意見の差異として論じることになる。対象の数だけの意見を想定するということは，意見なしに対象を想定できるという思いを巻き込む。意見なしに対象を捕まえることができそうに思ってしまう。しかし，そう思ってしまうことも一つの意見になる。つまり，私の意見の強度を測ろうとして，対象との関係を考えようとしても，私の意見を通して対象に関わる以外に手はない。

そこで対象の数だけ意見があると，ここでは同じことになるのであるが，意見の数だけ対象があると考えてみる。もちろん，特定の対象にもっぱら適用される特定の意見の強度を，当の対象と当の意見との結びつきの強さで測ることはできない。なぜならば，意見と独立に対象を取り出すことはできないからである。これに対して，当の対象についての二つの別の意見相互の関係を考えることはできる。それは或る意見と別の意見を比べることである。意見を一つ一つさらけ出して，全部陳列し，

その関係を考えることはできない。全部陳列して関係を考えた途端に，もう一つ別の意見が生じるからである。意見と意見の関係を考えるということは，もう一つ高次の意見を考えることである。こうして，意見を疑うということが成立するためには，或る種の意見を一括りにするような意見の意見が必要になる。そこからさまざまな意見が生じてくるような，さまざまな意見がそれの確かさに与っているような，原理になる意見である。要するに，個々の意見を比較しても，強度は測れないということである。意見の強度を測るためには，別の仕方を考えなければならない。

自分の重さを測る

二つの意見の強度を測る尺度を探してみよう。Aという意見とBという意見との強度の差異を測る尺度がCという意見だとする。この場合には「Aという意見とBという意見との強度の差異を測る尺度がCという意見だ」という意見も，私の意見として生じてしまう。そんなまどろっこしいことを考えなくとも，意見の外に出て意見の強度を測ることができるのではないか。私が眼で見て，或る木の葉を薄紅色だと思う，つまりそのような意見をもつ。私にはその葉は薄紅色に見えている。そのように見えていると思っていることを薄紅色の葉で確かめることはできない。意見の外側の何かで意見を測ることはできない。そのように見えていることは，見えていると思っていることと切り離せない。見えていると思っていないならば，見えていないからである。切り離せないこの見えていることの確かさは，他の何かによって，他の考えによって，他の知識によって，他の意見によって確かめられる。結局のところ私の意見は私の他の意見によって測られる。

そうすると，最後にはその意見がその意見で測られるような意見に到り着くことになるであろう。すべての事物の重さを測る秤は自分という秤の重さを測らなければならない。Xという意見は，自分であるXという意見の強度を測ることができる。そのようなXが見つかるという予想がなければ，以上のような仕方で強度の差異を測る尺度を求めて行くことはできない。もちろん，「見つかるという予想」と言っても，天から

降ってきたようなものであってはならない。そのように予想できることの理由がなければならない。言い換えれば，自分が自分自身の確かさの尺度になるような，最後の自証的な意見へ到り着く道筋を示すことができなければならない。そのためには意見相互の確かさの上での関係が見出されなければならない。或る意見が別の意見よりも確かであると示すことができなければならない。最も確かである自証的意見が最も確かであると摑まれるためには，それがその他の意見よりも確かであるということが示されなければならない。このためには，確かさを測る，意見の強度を測る尺度が必要になる。そのような尺度があるのならば，あらためて意見の強度を測る尺度を探す必要はない。こうして振り出しに戻る。

確かさの測り方

或る意見の強度を測るときに，別の意見と比較する尺度として第三の意見を用いるならば，結局のところぐるぐるまわりをしてしまう。それではどのようにして意見の強度を測ることができるのだろうか。どのようにして意見を疑うことができるのだろうか。それは簡単で，疑う理由があればよい。図式的に言ってみるならば，或る意見Eは，Fという理由で疑わしいとする。先に少し見たように，この場合に，Fという理由がその上に乗っている意見は，Eという意見よりも確かだと思われている。EよりもFの方がもっと疑わしいならば，Fという理由でEを疑うことはできない。したがって，或る意見を疑うための理由が見つかるならば，それと共に或る意見よりもいっそう確かな意見が見つかったということになる。逆の方向から考えてみるならば，新たに見つかった意見Fが基礎になって，その上に最初の意見Eが成り立っている。或る意見がこういう理由で確かではない，つまり疑うことができるとわかるということは，疑わしいとするその理由に基づいて確かさを測ることができるということである。

　意見が地上五階まで層をなしているとしよう。実際の巨大建造物ではなく，それぞれ素材の異なるいくつかの積み木を組み合わせて，ビルディングの模型のようなものを作る，と考えてほしい。二階から五階までの積み木は，一階の積み木に支えられている。一階を基礎に二階

を建設することができる。二階は、一階とは異なる強度をもっているとしても、建造物全体のなかでの二階の強度は、一階に支えられているということの上で測られる。一番強度の強い素材でできた積み木を一階にもってきて、一番強度の弱い素材のものを最上階におく。二階の弱さは、一階と比較してわかる。こうして強度が測られるということは、強さ、確かさも測られるということである。これは単なる比喩に他ならないが、そのようにして、一階の強度が測られることを通して五階までの強度が測られるように、疑いの理由になった意見をもとに疑われた意見の弱さが測られる。たとえば、三階であるということが二階の確かさに理由を与える。疑いの道を通してこのことも明らかになるであろう。

実生活上の確かさと知識の上での確かさとは異なる

私は間違えたと気がついている。自分の受け入れてしまった意見（考え方のしきたり）に基づいて判断して間違えた。本当のことが知りたい。確かな知識を身につけたい。そのためにその上に立って私が判断してきた意見を疑う。それを信頼して間違えたことがあるのだから、それはすっかり信頼することはできない意見、疑わしい意見に違いない。一つでも疑わしい点があれば、その意見の全体を間違っているものとみなしてみる。それでも疑うことのできないものが残るならば、それこそ確かなものと言っていいのではないか。今、私は確かな知識を求めて疑おうとしている。

　行いの確かさを求めているのではない。時と場所と当事者とのうちのどれか一つでも異なるならば、異なるものとみなされる行為の確かさを探しているわけではない。実生活上の行為の確かさは、上の三つの条件の下に成立する確かさである。お店に行って、150円の品を買うために200円を出したら、50円のおつりをもらうことになっている。そういう確かさは、上の三つの条件に制約されている。200円を出して、待っていてもおつりをもらえないこともある。150円のものが、そこでは200円で売られているという場合もあるだろう。おつりを待っている間に地震が起きて、おつりがもらえなくなることもあるだろう。店員がご

まかす場合もあるかもしれない。しかし，200マイナス150が，時と場合によって30になったり，ゼロになったりすることはない。これから探して行こうとしているのは，知識の上での確かさである。誰によって，どこで，いつ知られても，知られている内容が，この三つの条件に依存しない，そのような知識を探している。

第3章

感覚的意見

―――――

錯　　覚

子供の頃にはたくさんの間違えたことを本当だと思っていた。星とか月とか太陽とか，それらは見かけとずいぶん違うということを教わるまでは，星は月よりも小さいと思っていたし，太陽は五円玉の円の中に入ると思っていた。まっすぐの道は遠くに行くほど小さくなるように思えたし，街でそれ違う犬は，とても大きく見えた。いろんなものが見えているとおりになっていると思っていた。大きくなった今でも，テープの声にだまされて，誰かが隣の部屋にいると思ったりもする。膨張色に塗られた箱を見て，見かけの大きさにだまされることもある。錯覚というものは，それ自体を誤りとは言えない。水の中に半分入れた棒は曲がって見える。光の屈折のゆえである。誰がいつ見ても曲がって見える。感覚器官は正常に働いている。正常に働くと，水の中に入れた棒は曲がって見える。何かを見ているときに何かが見えていること，何かを聞いているときに何かが聞こえていること，何かに触れているときに何かに触れていること，これらのことを「違う」というわけには行かない。しかし，向こうの方に狼が見えているときに，狼が見えていると考えて間違えることはある。水の流れる音を聞いているときに，雨の音が聞こえていると考えて間違えることもある。

感じて知る

私たちはさまざまなことを見て知り，聞いて知る。信号には赤と青と黄

色があると見て知る。赤の時には渡ってはいけないと聞いて知る。世界地図の中で日本がどこにあるのか見て知る。どれが日本かということは，最初には多くの場合聞いて知る。字を読んで（つまりは見て）知ることもある。字の読み方は，たいていの場合聞いて知る。ふりがながふってあれば，読んで（つまりは見て）知る。ひらがなの読み方は聞いて知る。甘いとか辛いということを味わいながら，聞いて知る。ハンバーグの焦げたにおいであることを，見たり，聞いたりして知る。これが熱いということだと，私たちはやはり聞いて知ることが多い。見たり，聞いたり，触れたり，香りをかいだり，味わったりして知る。そのようにして何かを知ったと思ったときに，間違える可能性が生じる。見たり，聞いたり，触れたり，香りをかいだり，味わったりだけならば，正しくも正しくなくもない。感じるだけである。知ったと思ったときに間違える可能性が生じる。甘い香りに誘われて，食べてみたら激しく辛かったとき，私たちはだまされたと思う。感じていることが感じられている通りになっていないと思うとき，私たちは間違えたと思う。

見間違い

後ろに車の音がしたように思って，思わず身を引いて，振り返ってみたら，車は逆方向に走り去っていった。電車が通り過ぎる音だと思ったら，工事中の音だった。きれいな薔薇の花だと思ったら，写真だった。薔薇の香りだと思ったら，すみれの香りだった。何かに触れたと思ったのに何もなかった。一口目は甘いと思ったのに，よく味わってみたら酸味があった。よくよく見たら，本当のことがわかった。何度か触れて確かめてみたら，実は小さな凸凹があった。見たり，聞いたり，触れたり，香りをかいだり，味わったりして知ったことを，見たり，聞いたり，触れたり，香りをかいだり，味わったりして確かめることができる。そういう場合もある。小さな凸凹が，触れることでは感じとれなくとも，虫眼鏡で見てわかるということもある。耳で聞いてわからなかったことが，目で見てわかることもある。

こうしたことはすべて，感覚し直すことによって確かめることのできる場合である。見間違いは，見直すことによって訂正できる。しかし，

見て知ったと思って間違える場合に、もう一度見直しても、その間違いを訂正できない場合がある。錯覚の場合もそうである。何度見てもそのようにしか見えないから錯覚なのである。だが、錯覚とは違った部類に入るものもある。「月が五円玉ぐらいの大きさだ」と見て知ったと思ったとき、何度見直しても、このように知ったことを訂正できない。錯覚でもない。「月が五円玉ぐらいの大きさだ」ということは、今の場合、見えていることに基づいて或る何かを主張している。主張されている知っていることの内容、主張内容は見えない。「月が五円玉ぐらいの大きさだ」ということ自体は見えない。見えることに基づいて、もはや見えない何かを主張する。感覚していることに基づいて、感覚を超えた何かを知っていると思う。この対応について間違えるとき、何度見直しても、聞き直しても、触れなおしても、間違いを訂正できない。

感じた通りになっている

見て、見たままになっていると知る。聞いて聞いたままだと知る。感覚に与えられたことをその通りであると受け入れる。人から話を聞いてそのままが真実だと思う。書物を読んで、読んだ通りが真実だと思う。真実だと思われるのは、音声でも、視覚像でもない。私が聞いて知ったと思ったこと、見て知ったと思ったこと、そのように知ったと思ったときの理由が問われる。理由が問われて、聞いたから、見たからと答える。そのように知ったと思ったときの知られたと思われたこと、それを感覚的意見と呼ぼう。五つの感覚を通して受け入れたと思われている内容で、しかもその内容が思われているのはなぜかと問われて、「実際に感覚したから」と答えるような種類の意見である。そのように感覚を通して知ったと思われていることを感覚的意見と呼ぶ。あの人が言ったのだから、辞書に書いてあったのだから、という答えから、この目で見た、この手で触れた、という答えまで、裾野は広い。私たちはこのように知ったと思ったものの上にさまざまな知見を積み重ね、自分なりに知識を作り上げてきたと思っている。その根本にあるのは、感じて知ったと思ったということである。知ったということは、その通りになっているということを含んでいる。このリンゴは赤いと知ったということは、知っている

通りにこのリンゴが赤いということである。感じて知ったと思ったということは，感じて感じた通りになっていると思ったということである。世界は私が感じた通りになっている。これが感覚的意見にとっての根本的主張である。

妄想を見る
世界が私の感じた通りになっている。感じられたとおりに実在する。これが感覚的意見の主張である。あの薔薇の花は白く見えるから，実際に白い。白い薔薇の花が実在する。そう思って間違えたことがある。私は今机の前に座っている。私は自分が今座っていることを，見て，触れて，知っているわけではない。しかし，このように知ることと，見ている風景，触れている感じとが無関係であるわけでもない。この手をもっているとか，この足をもっているとか，この身体をもっているということも同じである。五感に分解できるかどうかわからないが，感覚器官とのつながりの下に感じとっている。これらについて私は疑ってもみたことがない。

　しかし，思い直してみるならば，これらが幻覚ではないということを，私はどうして知っているのか。他の人に「その手はあなたのものです」と言ってもらえば，保証されるのか。そういう場合が全くないということはないかもしれない。たとえば，腕の感覚がなくなっていて，確かめたくなるときにそういうことがあるかもしれない。普通たいていは，自分の腕をそれとして感じとっていないにせよ，神経が麻痺していて無感覚な状態ではない。注意をそちらに向ければ，何かしら感じとれたり，動かせたりする。自分の思いのままに動いているという感覚があれば，たいていは，自分の腕だと安心できる。或る日，耳をなくしたという妄想に襲われる。他の人はあなたの耳はちゃんとあると言う。「鏡で見てごらん，見えるでしょ」と。鏡を見れば，確かに見える。しかし，それは私の耳ではない。「それでは，手で触ってごらん」と言われる。私は手で触ってみる。とても自分の耳とは思えない。自分は耳をなくしたのだとしか思えない。他の人は変だという。病気だと言う。しかし，何と言われても，私には自分の耳があるとは思えない。私にとって，私が感

じとる私の耳が，私が感じとっていないのに，あるわけがない。感じるとおりに世界があると思っているのだから，感じられないものは〈ないもの〉なのである。

夢を見る

夢とはそんなものである。この「夢」とは，夜でも昼でもよいが，眠ってみる夢のことである。夢のなかでは感じるままが現実である。起こったと思われている通りに起こっている。狼が襲ってきた。喰われる，と思った途端に，その狼が隣のお兄さんになる。狼が実は隣のお兄さんだったのではない。夢のなかで狼が襲ってきたとき，狼が襲ってきたのであり，それ以外の現実はない。狼が隣のお兄さんになったとき，隣のお兄さんになったのであり，それ以外の現実はない。夢を見ていない，目覚めた目で見ている世界においては，狼と思ったのが見間違い，思い違いだったということがありうる。しかし，夢のなかではそのようなことは生じない。感じられるとおりに事物がある。だから，感じられるとおりに事物があると思っていることを疑ってみるためには，夢を見ていると思ってみればいい。今，夢を見ている。決して現実を見てるのではない。こう想定してみる。夢のなかで見られている景色は，夢のなかなのだから，現実の景色ではない。それと同じように起きて，目覚めた目で見ている景色も，夢のなかの景色だと思ってみる。そのように想定してみるならば，今，私が見ているこの景色が，現実として実在するとは言えなくなる。見ているのだからあるはずだという思いを使うことができない。感じているのだからその通りだとは言えない。机の前に座って，ものを書いていると思っているからといって，現実にその通りだとは言えなくなる。感じるということを現実であることの証拠に使うことができなくなる。夢ではないかと思ったときに，感覚的意見は疑われる。

第 4 章

科学的意見

───────

夢から覚めたことのない科学者

夢をみていると想定しているのだから，見られたものは見られたとおりであるのだけれども，それは夢である。感じられているからといって，感じられたものが現実であるのではない。夢である。しかし，そうはいっても，その事物が現実の世界の一部をなしているとは言えないとしても，見られた事物は見られたとおりにあるのだから，その事物はその事物として本物の構造を映し出しているのではないのか。夢のなかで見られた世界は，それが実在する世界か否か，その点を棚上げにしても，しかし，構造として捉えた場合には，世界は世界で同じ世界なのではないのか。夢のなかで見られた雲であれ，太陽であれ，どのような物理現象であれ，それらが現実にあるとは言えないとしても，少なくとも現実にある雲とか，太陽とか，さまざまな物理現象を映し出しているのではないのか。もし，そのように言えるのならば，現実の世界を実際に見たことがなくとも，これらの物理現象を研究する人は科学者でありうるということになるだろう。データはすべて助手が集め，視覚的な情報は，画像として提供される。音に関する情報も，録音されたものを聞く。こうして野原に出なくとも，物理現象が生じているその場に行かなくとも，科学は可能なのではないか。生まれながら夢から覚めたことのない科学者は自然科学者でありうるのか。

実験と観測

量子力学的な粒子の運動は波動で表現される。量子力学とは，電子や陽子や中性子などの素粒子，もっと小さな基本粒子というレヴェルで生じる物理現象についての理論であると言われる。古典力学の場合には，時刻 t における粒子の位置と速度がわかるならば，ニュートンの運動方程式を用いて，それ以降の時刻における粒子の振舞いもわかる。つまり，予言ができる。しかし，量子力学の立場に従うならば，未来の粒子の振舞いについては，確率論的にしか言えない。シュレディンガーの波動方程式に基づいて確定できるのは，どこそこに粒子が見出される確率がどれくらいなのかということである。しかし，その場合にも，当然のことながら，時刻 t における粒子の位置を観測する実験をしなければならない。実験をして，それを観測する。計器を見たり，出力結果を見なければならない。観測して集められたデータに理論を適用する。視力のはるかに及ばぬ領域の実験に基づいて，或る理論が確認され，その理論が応用される。応用された結果，現実的効果をもたらすさまざまな装置，道具が作られる。私たちの生活の多くの部分がそのような物理学の成果の上に築かれている。コンピュータであれ，テレビであれ，大陸間弾道弾であれ，そうである。この点からすれば，量子力学であろうが，分子生物学であろうが，建築学であろうが，地質学であろうが，何かしら現実との係わりがなければ，学問としての意義を失う。自然科学者は目覚めた目で観察した結果を用いなければならない。

複雑なものは単純なものからできている

物理学であれ，工学であれ，生物学であれ，およそ自然科学の理論は，私たちが感じているとおりにあると思っているその思いに較べれば，ずっと堅固であり，もっと一般性，客観性をもっていると私たちは考えている。それはその通りである。物理現象に関する諸学問は，私たちが目にする現象を微少なレヴェルから組み上げて，緻密に，論理的に説明したり，一般的な規則を提示して説明したり，過去のデータから割り出せる限りのことを提起したりする。その限りで，私が思い込んでいる感覚的意見とは違って，これらの学問は，はるかに確かなことを私たちに伝

えるように思われる。しかし，これらの学問も，どこかで現実を捉えているということに支えられていなければ，学問として成り立たない。物理現象に関する諸学問が，観測も，実験も，装置も全く用いないならば，それは物理現象に関する学問ではないということになってしまう。建築学にしろ，天文学にしろ，微少な粒子を扱う学問にしろ，極微の細胞の構造に変更を加えようとする学問にしろ，現実世界を構成している要素とみなされているものを対象にしている。その対象が実在することを前提にしている。どれほど極小であれ，どれほど極大であれ，それがこの現実の世界の要素であると考えられている。さまざまな自然現象を複合されたものとして論じている。単純なものに戻って，一般規則を組み上げ，適用しながら，一層複雑な事態を解明する。複雑なものは単純なものからできている，と思われている。

大型加速器で電子と陽電子を光の速度まで加速して衝突させると一瞬一対の「B中間子」と「反B中間子」が生まれてすぐなくなる。粒子と反粒子が出会うと消滅して光（電磁波）だけが残る。ビックバンの後には反粒子がなくなったとされる。これが「対称性の破れ」と呼ばれるものである。微小な粒子と反粒子とを基本的な構成要素として宇宙の生成が説明される。このような説明は，宇宙の生成が粒子論的に説明されていることを示している。つまり，宇宙は微少なもの，単純なものから合成された複雑なものだと考えられている。分子レヴェルで生命現象を解明しようとする分子生物学も生命体に生じる事柄を要素的に捉える。生命現象がDNA，RNA，タンパク質に還元されて説明される。生物は分子からできたものとみなされる。たとえば，DNAの配列とその構造によって遺伝子を定義し，遺伝子の状態に応じて人体に生じることについての予測を立てる。この場合には，部分とそれらからの合成物である全体との往復が何らかの仕方でたどれるということが求められ，たどって行く道筋の細かさ，荒さによって確かさが測られる。この往復の可能性が合成物である人体に生じる出来事の説明可能であることの理由になる。

自然現象を調べる場合に，まず，何かを個体に選び，この個体について何かを観察したり，この個体とあの個体との差異を調べたりすること

がある。このように個体についての問いを立てるということは，常項を決めてその常項の変項に対する関係を考えることである。多くの変項を束ねることを通して常項の性質が見出される。あるいは，何かを個体に選ぶ場合に，変項の特定の組み合わせと，別の組み合わせの差異（ずれ）から或る個体を同定しようとし，識別しようとする。どちらの場合であるにせよ，個体として認められている当のものが自然物，言い換えれば，言語外のもので，観察を通して他人と相互に確認しあうような物体であるならば，当然，感覚を使用する。もし，そうでないならば，つまり，観察に依存することなしに他人と確認し合えるような何かであるならば，その何かは（論理学をも含めて）広い意味で数学的なものということになる。この場合には，当の個体，ないしは差異づけられたものについての知は，対象との感覚を介した直接的な確認作業を必要とすることなしに，安定した知になりうる。円周率を肉体の目で見なくとも，私たちは円の面積を計算する。

自然科学も社会科学も現実に届く

理論系が理論系のなかで終わるならば，夢見られたとおりの世界を構築できる。しかしながら，どこかで現実の世界と切り結ぶのでなければ，自然科学は，物理現象を扱う学問ではなくなってしまう。同じことは，社会現象を論じる諸学問についても，文化的現象を対象にする諸学問の限りの人文科学についても言える。自分たちの扱っている対象が夢ではないということが，その学問の成立にとって不可避の条件になる。現実を描き出そうとする学問は，その精確さについては，感覚的意見に依存してはいなくとも，現実を描き出そうとする限り，夢の外に出なければならない。その限りでは，これらの学問は感覚的意見に依存している。生まれてから一度も夢から覚めたことのない科学者は夢の世界の科学者である。現実の世界について語る科学者は，起きて目覚めた目で見るということを，自分の理論が真であることの足場の一つにしている。見られている事物の像の，事物としての組成を，精確に理論づけても，その像が像として見られているということを自分の研究の足場から取り除くことはできない。科学者は感じるということを現実であることの証拠と

して使う。一切が夢のなかで起こっていると想定するならば，物理学は本当のことを教えたことにはならない。

第5章

数学的意見

───────

数　　学

　ところで数学はどうなのだろうか。目覚めたことのない数学者は数学者たりえないのか。あるいは三角形についての証明をする場合，あるいは数の足し算をする場合，三角形や数の現実にあることが要求されるのだろうか。三角形，ないし，三角のかたちをした物体がこの世の中に何一つとしてないと想定してみても，三角形の内角の和は二直角である。三角形を紙の上に描いてみることは，たしかに，三角形のさまざまな性質・特性を考えてみる上で随分と役に立つ。一つの頂点から斜辺へと垂線を下ろすと，三角形の高さが得られる。紙に描いてみないとはっきりわかった気がしない。たとえそうであれ，紙に描かれなくとも，三角形の高さは一つの頂点から斜辺へとおろされた垂線の長さである。黒板に描こうが描くまいが，水面の上に描いてすぐ消えようが，このことに変わりはない。世の中に目に見える三角形が一つもなくとも，直角三角形についてピタゴラスの定理が成り立つ。三桁同士の掛け算を暗算で行うのはかなり難しい。紙に書いて計算をすれば，さほど難しいことではない。電卓を使えばもっと簡単である。電卓のなかに，もしも，365という記号に対応する何かがあったとしても，その何かは，紙に書いた365という記号に対応する世界のなかにある何かと同じではない。それどころか，世界のなかに実在する対応物を前提にしなければ，数の計算ができない，ということはない。5という数に対応するどんな物体も世界のなかになくとも，5足す5は10であるという計算をすることができる。

5足す5が10であることの真理性は，世界に事物のあることを想定しない。幾何学とか，数論とか，およそ数学は自分の真理性を主張するために，世界のなかに事物のあることを前提にしない。

現実にあるかないかを問わない

23引く7は16であるという計算は夢のなかであれ，真である。数学は，見る，聞く，触れる，味わう，嗅ぐということを自分の根拠に含んでいない。数学的意見の真理性は感覚に依拠しない。夢ではないかという疑いの理由は数学的意見には何の影響も与えない。この限りでは，生まれてから一度も目覚めたことのない数学者も数学者たりうる。しかし，その数学者が，言葉の使い方だけは知っていて，生まれて以来目覚めたことがないとするならば，当の数学者以外の誰も，彼が数学者であることがわからない。数学は目覚めた目で見るということを自分の真理性の足場にしない。それでは数学的意見の真理性は何に依拠しているのだろうか。3足す5が8であるということを，私たちはどうして真であるとするのであろうか。学校で習ったから，教科書に書いてあったから，なのか。学校で習うことはどうして真理なのか。教科書に書いてあることはどうして正しいのか。権威への盲信なのか。権威への盲信ということは，理由への探究を放棄することである。それゆえ，権威への盲信の根拠のなさを問うても，いっそう確かなものが見つかるわけではない。盲信ということが，そもそも理由のなさを示しているからである。ここで，私たちに課せられているのは，確かなものを求めるということ，そのために疑わしいものを拒絶するということである。疑わしいものを拒絶するためには，疑わしいと考えられる理由が一つでもあればよい。3足す5が8であるということは，あるいは，三角形の内角の和が二直角であるということは，どこから見ても疑わしくないのであろうか。

機械が答えない問い

ここには人間としての私への信頼ということがある。3足す5は8である。今は，このことが真である根拠，理由を探しているのではない。これが真であることを疑う理由を求めている。数学的な真理を言表するの

は、この私である。計算をして答えを出すのは人間である。たとえ、電卓が答えをはじき出そうとも、それを真であると受け取るのは、この私である。真であることの理由を電卓に尋ねることはできない。電卓が機械で発話能力を付与されていないからではない。たとえ、応答能力を与えられた電卓であれ、計算の仕方を組み入れたのは人間だからである。機械は作り手の作り方に応じて作動する。作り手の意図を超えた動きをしたとしても、やはりそうである。機械とはそのようなものだと私たちは思っている。数学的意見が真であるということの理由を、計算機能をもつ機械任せにはできない。それと同じように3足す5が8であることを疑う理由も、機械のなかに見つけることはできない。機械が故障していて、3足す5を99と表示しても、それをもって数学的意見の疑いの理由にすることはできない。機械が壊れることは数学的な意見の外側での偶然的な出来事だからである。

計算間違い

それでは私の計算間違いはどうなのか。他の人を見ていて、間違えようがないほど簡単な計算を間違える場に居合わすことがある。私だって同じように間違えないという保証はない。計算間違いをして、そのときには気がつかずに、後で気がつくということもある。計算間違いをしているその最中に間違いに気がつくならば、間違いを正して、正解に至ることができる。正解に至って、検算をする。何回検算しても同じ答えだったならば、自信をもって自分の答えを正解だとすることができる。このとき私は、なぜ、答えに自信をもつことができるのか。何度も繰り返して計算をして、同じ答えに至り着くならば、間違えないと思っているからであろう。なぜ、そうしたら間違えないと思えるのか。基本的に自分を信頼しているからである。何度繰り返しても同じ答えに行き着くことが真理の証のように考えているからである。その反面、間違えることもある。何度繰り返しても間違える可能性はある。ところで、私は繰り返せば繰り返すほど間違えないようになるという能力をもっているのか。あるいは、繰り返せば繰り返すほど間違えるようになるという能力をもっているのか。私は、繰り返せば繰り返すほど間違えないようになると

いう能力をもっていると思っている。それでは計算をする度に間違えるようにできてはいないということを，私はどこから知っているのか。いつも同じように間違えるのならば，どれほど繰り返しても，繰り返して同じ答えに行き着いても，間違えにしか至らない。私だけではない。みんながみんな同じ間違いをしているということがないと，どうして知ることができるのか。数学的意見の支えには，このような私への信頼がある。

私への信頼

間違えることが少なく，正しい答えに至り着くことが多ければ多いほど，私を信頼する機会が多くなる。正しい答えに至り着いたと考えることができるのは，何度繰り返してもそうなるからである。何度繰り返しても間違えるのならば，私は計算という点では私を信頼することができなくなる。夢を見ていて，その上計算が信頼できないということは，科学的意見への信頼が失われるということ，科学的意見が疑わしいという水準におかれるということである。数学的意見が疑われると，科学的意見も疑われる。夢を見ているという想定が続くならば，感覚的意見も疑われていることになる。数学的意見の支えには，私への信頼ということがあった。私への信頼とは，この場合には，私の能力への信頼である。他の人に頼ることなしに自分の能力を信頼できるのかということである。もし，他の人に頼ってよい，或る種の権威に頼ってよいということになれば，話は別である。しかし，私たちの課題は私が自分で納得できる何かを見出すということである。人の話や，権威を鵜呑みにするのではなく，自分に持ち前のものを使って納得できるのか，ということである。聞いたからそうだとか，教えてもらったからそうだとか，そうしないとこの社会では生きて行けないとか，私の能力を信頼するときにそれらを証拠にすることはできない。いずれも，理由のないことを信じることになるからである。

夢の錬金術師

聞いたからその通りだと思うとき，私たちは夢のなかと同じように現実

を生きていることになる。もし，夢のなかであるのならば，夢のなかでは聞いたことは聞いたとおりであるのだから，私には，この点で，間違えるということは生じない。夢のなかで物音を聞いたとき，実際に物音がしたかどうか，問われる必要もなく，私は物音を聞いている。夢ではなく現実に物音を聞いていると思っているときに，空耳ではないかという疑念が生じる。夢のなかで，豚のとさかとツバメのへそと山吹の実とを煮詰めて，パラケルススが愛人に書き送った手紙の一節を唱えて，黄金を捻り出したとしても，それは，私たちが現実と思っている世界のなかでは偽である。夢の世界のなかでは本当のことと思われたとしても。この食い違いが生じる場合には，そのようにして得られた意見（思い）は今のところ，疑わしいとしておくのである。或る円の面積を求めたり，或る球の面積を求めたりする場合には，その円や球が実際にこの物質的世界のなかにあろうがなかろうが，それらについての規定（半径）が与えられれば，計算ができる。夢のなかで計算をしていると思ってみても，正しく計算するならば，同じ答えが得られる。そのように私たちは思っている。

相互の信頼は二次的

数学的な問題については，夢のなかでも真なる答えに至り着けると思っている。数学的な事柄の真であることを，社会のなかで生きて行く上での規則によって裏付けることはできない。夢の内容が社会性，時代性，自分の歴史などなどを反映しているということと，或る計算の結果が真であることの裏付けとして人間社会の強制関係を用いるということとは異なる。いつもいつもそんな風に計算する癖がついているので，夢のなかでもそのように計算する。このことはその計算が正しいということの証拠にはならない。みんながみんなそのように計算する。これもその計算の正しさの理由にはならない。これらが理由にならないことには三つの理由がある。第一に，「みんながみんな」と言われ，そのことが事実確認されたかのように語られていながら，その確認は現実的には不可能なことだからである。「すべて」の人に尋ねて確かめてみることはできない。第二に，多くの人がそうするというように言い換えてみても，何

人が承認すれば，その計算が真になるのか，それを決めることはできないからである．最初から，或る特定の時代，或る特定の社会のなかだけで，真として通用する数学的真理を構想することには，ほとんど意味がない．「ほとんど」と付け加えたのは，発言は言語を越えた力をもつからである．つまり，何かしらの意図の下に人々の心を動かすために利用することはできる，ということである．第三に，そもそも，或ることが真であるかどうか他人に確認するためには，相互の共通性の由来，能力に関する信頼性の共通な源泉が足場として確保されていなければならないからである．

自分の能力への信頼

或る何らかの数学的な問題に対する一つの解答が真であるということを理由に基づいて説明しようとすると，どうしても自分の能力への信頼ということに行き着く．しかも，この信頼は，他の人々を信頼することに先だって保持されなければならない．もちろん，ここでの信頼とは，何らかの思い，知の内容が真であることの保証にかかわる信頼である．もはや疑えない，確実である，そのような知を求めて行くという道の上で出会っている信頼である．他の人の借金の保証人になる場合に，その人が約束をきちんと守り，社会生活もこれまで通りにして行くかどうか，そのような点で信頼できなければ，保証人にはなれない．対向して走ってきて，ぶつかりそうになったときに，お互いに相手が避けるであろうと想定している．町中を歩いたり，自動車を運転するときには，出会う人々に何かしらの信頼を寄せている．この信頼は，借金の保証人になるときの相手への信頼よりも，もっと深いところでの信頼である．つまり，個々の人柄ということに係わりなく，この社会で生きている相手に対する一般的な信頼である．これらの信頼の底には，お互いに人間として看做し合っているということが見つかるであろう．

これに対して，今私たちが問題にしている自分の能力への信頼ということは計算能力への信頼である．他の人も同じく同じ程度の計算能力をもっているということは基準となる何かによって測られる．たとえば，同じ計算問題を解いてみて，時間と正解率を調べる．しかし，疑いの道

の上ではっきりさせなければならないのは，そのような他人との比較ではない。そもそも正しく計算したと言えるのはどのような理由に基づいてなのか，ということである。他の人と同じ答えに到達したから，自分の答えが正しいというのは，自分への信頼の上に立って，しかもその他人への信頼をも当てにして成り立つことである。正しい計算をしたという自分への信頼を，他の人の計算能力を信頼することによって保証することはできない。というのも，その他の人の計算能力もまた何かによって保証されなければならないからである。最後には，自分が正しく計算をすれば，真理に至り着けることの理由が必要になる。

第6章

私の起源

私の取り戻し

自分の能力への信頼を裏付けなければ，数学的真理には裏付けがないことになる。何度も同じ答えに行き着き，それを正しい答えだとする。このように決めるとしても，そのように決めることに理由がなければならない。何度も同じ答えに行きつき，それを正しい答えだとして間違える，そのようなことが想定できないのか。何かしらの原因で，何度も同じ答えに行き着いていたが，それは間違えた答えであったという可能性を想定することはできないのか。いや，とんでもない。間違えた答えであることにも気づかないかもしれない。そもそも，〈何度も同じ答えに行き着き，それを正しい答えとして，間違える〉というようにはなっていないということを，私たちはどうして知っているのか。私がそのように欺かれていないということをどのようにして拒否できるのだろうか。

　小学校に入る前から，単純な足し算，引き算は教えられてきた。それ以来，ずっと，疑う機会などやってくることなく，2足す3は5であると信じてきた。ところが今，与えられてしまっていて，自分の考えの一部にしてしまっていたさまざまな意見を，もう一度洗い直して，自分のものにしようとしている。自分で納得できるのかどうか調べ直している。調べ直しの方法として疑っている。疑って，疑って，もはや疑うことができないものが見つかれば，そこを基点にして自分の知識を組み上げて行く。そうすれば，どうしてそれを真だと考えるのかという理由を手にしているのだから，社会生活のさまざまな局面で，さまざまなことがら

について説得したり，納得したりする必要に迫られたときに，手にしている理由に基づいて判断することができる。そのように自分の理由に基づいて判断してきてはじめて，自分が他の誰でもない自分になる。それこそが自分であり，他の人々のなかでの特有性をもった自分を作り上げたということになる。私は私を私に取り戻そうとしている。私を私のものにしようとしている。その最後のときに，信頼ということ，欺かれるということが生じてきている。

私の作り手

私は2足す3を計算する度ごとに，間違えて5という答えを出してしまう。私はこのように間違えて5という答えを出してしまうようにはできていない。私がそのように間違えを本当のことにしてしまう，そんなふうに欺かれてはいない。このことを，私はどうして知ることができるのか。どのような根拠に基づいてこのことを否定できるのか。私はどうあがいても，私がこんなふうに間違えっこないという根拠を自分のなかに探り当てることができない。自分の計算能力を正しく用いれば真理に至り着くというように，私ができているということを私が私に保証することはできない。もし私がそのように私を作り上げているのならば，私はそもそも間違えるように私を作りはしない。たとえ，或る場合には間違えるように私が私を作ったとしても，私はそのことを知っているのでなければならない。簡単な計算について私がいつも間違えているわけではないということを，私は私に保証することができない。〈私は2足す3を計算する度ごとに，間違えて5という答えを出してしまう〉のはなぜかという問題そのものが，私を超えている。私の能力の正しさは，私を超えたものによってしか保証されない。私の計算能力が，私にとって信頼できるものなのかどうか，私が保証することはできない。疑いの道を上り詰めている今の段階では，他の人に保証してもらう道も閉ざされている。私が正しく計算すれば，正しい答えに至り着くというようにできている。このことに理由を与えるためには私は私を超えなければならない。私を超えて，私をこのようにしている原因について問わなければならない。私の作り手を想定しなければならない。そうでなければ，理由なし

の盲信にとどまる以外にはない。

欺く者

私の計算能力が私に間違えた答えを与えるかもしれない。そのように私が作られているかもしれない。私たちは，昔から今もなお，神とか，世界の作り手とか，創造主とか，万物の起源とか，偶然的な何らかの大爆発であるとか，何らかの仕方で自分たちの生成の起源を考えることがある。それらはみな，それによって今の私たちが今のようである「それ」のことを指している。私が今のような私であるのも，何かしら私以外の何かによってである。私が私を作っているのならば，先程考えたように，私は自分でそれと知りつつわざと間違える以外には，間違えることはない。これら一切の事物を作ったと思われているその作り手がどのようにしてこの世界を作り，この私を作ったのかということを問うているのではない。確かな知を探していって，私の作り手に出会った。2足す3は5であるということは，私には，間違えっこないとしか思えない。しかし，そうとしか思えない理由がわからないのである。

そこでどうしても，私という括りのなかでは解決のつかない問題に出会ってしまう。この今の私が自分の能力を用いて簡単な計算問題をして間違えることが決してない，ということが言えない。そのように私を作った作り手がいないということが言えない。むしろ何ものかが，私が簡単な計算をする度に私が間違うようにしているかもしれない。その何者か，欺く者は〈2足す3は5ではない〉という事態をこしらえ上げるのではない。いつも私が間違えるとは，私の発言する内容がいつも偽だということである。〈2足す3は5である〉と私が言い出す度ごとに，それに対して偽という値を私に返す。私の作り手とこの欺く者とが同じであるかどうか。私にはわからない。しかし，少なくとも，計算間違いをするという可能性が私を超えた何者かを引き出したことに私は気づいている。私を超えたものに出会うときに，私の抱いている数学的意見は疑わしいということになる。

悪魔か神か

　私は何かによって今私がもっているような能力を与えられている。私がもっている計算能力を信頼できるかどうかということは、この与え手である何ものかに依存している。与えた者が信頼に足るのならば、与えられたものも信頼できることになる。信頼に足る作り手が私の能力をこしらえあげたのならば、私は私の能力を正しく用いれば真理を手にすることができる。どのようにすることが、自分の能力を正しく使うことになるのか、まだわからない。しかし、正しく為せば真理が得られるということがわかるだけでも大きなことである。今は、けれども、このこともわかっていない。作り手の信頼性をどのように評価したらよいのか、かいもくわからない。そのような作り手が存在するのかどうかもわからない。

　それにもかかわらず、数学的意見が私を超えた何ものかに出会うことを通して疑われたということはわかっている。欺く者に私が作られているのならば、私はその者に欺かれて間違うことになる。欺かないとされている神のような者に作られているのならば、私の計算能力も信頼できる。私は自分の能力を自分で鍛え上げてきたけれども、そっくり作り上げているわけではない。それでは、そもそも私の能力は作られていないのか。能力のあることは認めなければならない。作られていないのに与えられているということになるのか。こう考えることは、今現に能力のあることの理由がわからないとすることである。偶然的にこうなっている。2足す3はたまたま5である。もしそうならば、2足す3は、なぜたまたま6ではないのか。これに対して、数学的真理には何の裏付けもいらない、今までに真であったことを真とすればよい、と応答するのだろうか。この場合には、真理に至り着く過程の外側で真であるか否かを決めることになる。これは一つの暴力である。理由なしの真理を認めろという脅しになる。数学的真理にも理由を求めるとき、私たちは私たちの能力の作り手に、そしてその信頼性の値に応じて、欺く神か欺かない神かに直面せざるをえない。私は疑う理由を探している。数学的意見を疑う理由として欺く者という想定を手にしたことになる。

確かなものは何もない

感覚的意見も，科学的意見も，数学的意見も疑われてしまった。そうなると，確かなものは何もないように思えてくる。目覚めた目で見ているということがなければ，この世界が感じられていることと係わりをもっているのかどうかもわからない。感じられているという確かさは夢の世界の確かさでしかない。感じということだけでは目覚めを告げることができない。自然現象・社会現象・人間的現象の学問的な解明の仕方も，目覚めている人にとってだけ現実の説明になる。もし，対象にしている現象が夢であるのならば，夢の世界の説明にしかならない。しかし，学問的な解明は，感じられている通りに世界はなっているという境地とは比べものにならない確かさをもっているように思われている。既知の要素や規則や法則やモデルに基づいて，未知の複雑な現象を説明してくれる。その確かさを支えているのは，数学であり，論理学である。数学や論理学の基本的な問題への解答は，その対象とするところが現実の世界を構成しているかどうかということを用いない。目覚めているということを自分の主張の支えにしない。

それではいったい何に支えられているのだろうか。私たちは能力への信頼に支えられていることを見つけた。果たして私の能力は信頼できるのだろうか。そのことはどのようにして保証されるのか。数学的意見の支えは私の作り手へと棚上げされてしまった。その作り手が信頼できるものであるのかどうか，わからない。それどころか，そのようなものが存在するかどうかもわからない。どうやら確かなものは何もない，ということになりそうに思えてくる。確かなものを求めて，疑い，疑いの理由を探してきた。そして作り手にまで至り着いた。これまでに手にした一番強力な疑いの理由は欺く者という想定である。この疑いの理由を，当分の間，私は私に課し続けなければならない。疑いを弛めてしまっては元も子もない。欺く者という想定を理由に数学的意見を疑ったのだから，数学的意見よりも，作り手についての私たちの意見の方が確かだということになる。だからといってここで行き詰まったのかどうか，これ以上の先があるのかないのか，まだ，わからない。それでも先に進もうとするのだろうか。ボードレールの描き出すシメールを背負った人々の

ように。しかし，彼らと違って，私には何を求めて進もうとしているのかわかっている。

第二省察

始まりは知ること

第 1 章

私 は あ る

同じ道

欺く者が見張っている。私が今現に目覚めた目で見ていると思っているこの景色は夢かもしれない。夢かもしれないと疑えるものは夢だとしておく。プラスティク製品が人工的な合成物であり，樅の木が自然物だと思っているが，それも本当ではないかもしれない。本当ではないかもしれないと疑えることは，仮に偽であるとしておく。平面図形としての正方形の面積は一辺の長さを二乗すれば求められる。しかし，それも私が欺かれてそう思っているのかもしれない。私にはどう考えても「2足す3は5である」としか考えられない。そういうふうに私ができていて，実はそれが間違えている。この可能性を想定することができる。逆に言えば，同じことの不可能性を否定できない。正方形の一辺の長さを二乗すればそれの面積になる。このことが真であるということの理由もわからない。そういうわけで数学が教えてくれることも偽であると想定しておく。偽であると想定しておくということは，その意見，そのような種類の考えを使わないということである。感じることを真理の証拠に使わない。学問の教えてくれるところを使わない。最も単純な数の計算も本当だとはしないで，確かなものを求めてゆく。文化的遺産として伝承されてきた意見をも使わない。私たちの思考に受け継がれている神も仏も，どのような超越的存在者も，存在するかどうかわからない。

しかし，単純な計算の結果を疑うことができた。このことを通して，

私への，私のありさまへの信頼が俎上に乗ることになった。私の計算能力を私が保証することはできない。そこで私たちは私の作り手に出会う。究極の懐疑理由はその作り手が欺く者であるという点にある。もはやどのようにしても疑うことのできない確かなものを見つけるためには，この究極の懐疑理由を手離してはならない。手なずけて疑いの道の見張り人に仕立て上げなければならない。同じ道をさらに先に進まなければならない。確かなことの何もない不安な日々を気晴らしのなかでやり過ごそうとするのならば，戻ればよい。確かに生きようとするならば，進まなければならない。たとえ，今は，確かなものは何もないという恐怖にさいなまれようとも。恐れることはない。今，さいなまれている恐怖は，明日の生活への恐怖ではない。本当のことを知りたいだけである。それも私自身のこととして。どんなに疑っていても，時間がくれば腹はへり，喉は渇き，眠くもなる。私は世界のなかで生きている。確かなものを探したいだけである。恐れることは何もない。

欺いてくれ

何でもかんでも疑えそうに思えている。それならば欺く者が欺いていることも疑えるのではないのか。もし，このことを疑う理由が見つかるのならば，欺く者が欺いているのか，それとも欺いていないのか，どちらともわからないとすることができる。私が欺かれているかもしれず，欺かれていないのかもしれない。そうならば，しかし，私は疑いの道の方針に従って，確かなものを求めて，偽の可能性の方を選ばなければならない。欺かれているということにする。そのように自分を説得する。私の能力を真理の証拠として用いることはできない。このように思い定める。それでも，私が私の作り手によって欺かれているという考えを，その意見を，もう一段越えて疑いを進めることができるのではないだろうか。どうして疑いの種がここで尽きてしまっていると思えるのか。なぜ疑いはどこまでも続かないのか。どこまでも疑いが続くのならば，何も確かなことはないということが確かなことになるのではないのか。

否，どこまでも続かないということはわかっているのではないのか。私の作り手を，それが欺く者であれ，欺かない者であれ，神と呼ぶこと

ができるかもしれない。これを超えて疑いを差し向けることができない。この私の作り手の，さらに作り手の作り手というように，繰り返すことは進んだことにはならない。というのも，このことによって何かが変わるということがないからである。疑いの道が，作り手とそれによって作られている者との関係に行き着いたときに，先がなくなった。作り手が私に欺きの間違えた思いを送り込んでいる。そこで先がなくなったのならば，この作り手が存在するかどうかは不明であるにせよ，そしてこの作り手が欺く者かどうかも不明であるにせよ，作り手と作られている者という関係が残るのならば，私は何かであるのではないのか。何かであると言ってみても，私が感じ取っていることがそのまま確かであることを，私は否定したのだから，私が身体をもっているということは確かではない。そのように自分に説得した。そもそも山があったり，川が流れていたり，森が緑であったり，そのような世界について何か確かなことを言うことは，今はできない。そのようにも自分を説得した。もし，世界のなかに確かな何もないのならば，私にも確かなところは何もないのではないか。私はないのかもしれない。

私はある

子供の時から，長い間をかけてさまざまな意見を本当だと思ってきた。そして自分で自分の意見を間違えていたと気づき，本当のことを知りたいと願い，それらの意見を疑ってみた。或る意見を疑うことの理由が見つかるならば，その意見は偽であると私は自分に説得してきた。そのようにして，疑って，疑われたものを偽であると想定してきた。曲がった棒をまっすぐにするために反対側に曲げてやるように，これまで本当とみえていて実は疑わしいとわかったことを，偽であると自分に説得してきた。そのようにして，世界のなかには何もないと私は自分に説得した。目の前の机や，窓からみえる桜の木も，確かさという点で言えば，ないようなものである。そういうものはないと自分を説得した。

それならば，私もないのではないのか。いや，私が私に説得したのならば，私はあったのではないのか。ないものがないものに説得するということはない。だが待ってほしい。私は，私をどのようにでも作ること

のできる欺く者を想定したのではないか。その欺く者が〈私が私に何かを説得した〉と欺いているのではないのか。私が何かを疑っていると欺いて私に思わせているのではないのか。もしそうならば，それでよい。欺くだけ欺けばよい。欺く者が欺くだけ，欺かれる私はあることになる。私が私に何事かを説得したのかどうか疑わしいとしても，言い換えるならば，私が私に説得した内容が疑わしいとしても，私が私は何かであると思っている，そのかぎり欺く者は私が何ものでもないというようにすることができない。私が私は何かであると思う，その思われているな̇か̇み̇に欺く者の欺きが及んでも，私が私は何かであると思う，その思うことに欺く者の欺きはどうしても届かない。な̇か̇み̇のある欺きの思いを私に注入しようとすればするほど，私は何かであると私は思う。こうして「私はある，私は実在する」ということは，私が思っているそのかぎり，これを疑うことはできない。私はここに確かさの出発点を見出す。

第2章

私とは何か

その私

　最後の疑いを乗り越えて，私はある，私は実在するということの確かさに至り着いた。このことは，疑いの究極において，私の作り手と顔と顔とを向かい合わせたあとに見出された。作り手と顔と顔とを向かい合わせることによって，欺かれようが，どのような思いを送り込まれようが，私が何かであると思っているそのかぎり，私のあること，私の実在することの残ってしまうことがわかった。しかし，まだ，そのような私が一体何であるのか，私は十分知るには至っていない。私の何であるかについて，少しは知り始めているにせよ，確かなこととして知るためには，これまでたどってきた疑いの道のなかで疑われてしまった意見を使ってはならない。不確かなことで私の何であるかを埋め合わせてはならない。これ以上確かなものはない，これ以上明らかなことはない，そこに違ったものが入ってきてしまったならば，出発点において既に迷ってしまうことになる。気を弛めることなく，注意深く一歩一歩進んでゆかなければならない。私はいったい何であるのか。何を手がかりにこのことを考えてゆけばよいのだろうか。疑いの道に踏み込む前に，私は自分のことを何と考えていたのか。欺く者の目の前で，その道筋をもう一度たどりなおしながら，確かにつかむことのできることを探してゆこう。私が「私とはこういうものである」と考えていたときの，その考えを疑いにさらしてみて，何が残るか試してみる。何かが残るのならば，その何かは疑いを超えた確かなものという資格を受け取ることになる。

人間である

以前に，私は自分のことを何であると考えていたのか。私は自分のことを「人間」であると考えていた。「人間」とは何か。「人間」ということで何を考えていたのか。「人間」は，たとえば，かつては「理性的動物」と定義されることもあった。あるいは，霊長類のなかの「ヒト科」でもよい。あるいは，「羽根のない二足動物」でもよいかもしれない。あるいはまた，「社会的動物」でも，「言語能力をもつ動物」でもよいかもしれない。自発性とか自由とかを他の動物との隔たりの印として定義されることもあるだろう。「人間」とは何かということを考えようとすると，どうしても，生命体であれ，無生物であれ，単なる機械であれ，他の物との差異のなかで「人間」の規定を探すことになる。「人間」とは何かという問いは，世界のなかに実在するさまざまな事物との違いを計りながら答えられる。たとえば，人間とチンパンジーの区別のなかで人間の特徴を考えようとするときには，既にチンパンジーとそれ以外の猿との区別が組み込まれていることになる。もしそうでないとするならば，「人間とは何か」という問いは，人間はチンパンジーではないということにしか到達しない。たとえば，チンパンジーとの体毛の分布の違いで「人間」を特徴づけても，「人間とは何か」という問いに答えたことにはならない。チンパンジーが人間以外の動物の代表であり，動物と植物の差異，鉱物との差異，その他のこの世に実在すると思われている物との差異がチンパンジーと人間との間に組み込まれているからこそ，この差異が「人間」の固有性を見出すことに役立つのである。

　何らかの一定の組織だった知の体系が成立していることと，このような定義の仕方が成功することとは，深く結びついている。実在する事物のネットワークについての知を想定して初めて，そのなかでの差異として，「人間」の特徴を規定することができる。もちろん，そのようなネットワークが，その細部まで紛れのない仕方で与えられてから，「人間」の特徴がつかまれるのではない。相互的に揺れ戻し合いながら規定されてゆくのかもしれない。ネットワークの枠組み自体を固定してから関係が探されるのかもしれない。あるいは，枠組みを定めず，

ネットワークの項をなすと想定される物をいくつか定めておいて、そこから網を投げるということも考えられる。いずれにせよ、与えられたさまざまな知を使わなければ、「人間とは何であるのか」という問いに答えることができない。簡単に要点だけを繰り返せば、「人間とは何か」という問いが他の実在する事物との関係を求めるからである。「私は人間である」と言ってみても、私を確かな仕方でつかまえたことにはならない。

機械である

「人間」のように、言ってみれば、文化の伝承の上に立つ知のネットワークを前提にするような答えではなく、もっと、自分が自分を思ってきたことに即して、私自身の足下に近いところで考えてみよう。私が「自分とは何であろう」と考えていたときに、どのように考えていたのか。何がおのずから浮かび上がっていたのか。私は顔を持っている。手足、胴体も持っている。こういう物から組み上げられた機構の全体、それが私であるように考えていた。そういう機構の全体ならば、死体もそれを具えている。私はそれを身体という呼び方で指していた。自分とは何かと考えたときに、おのずと、一定の機構を具えた全体であるこの身体が思い浮かんでいた。その他には、栄養を摂ったり、歩いたり、感じたり、思ったりするということが思い浮かんでいた。これらは大脳に支配されたり、制御されたりすると考えられていた。大脳とはどんな物だろうかと想像してみたときには、図版でよく目にするあのしわしわの多い、上から見ると二つに分かれた頭蓋骨の中に収まっている物体を思い描いていた。そこから私の身体の諸部分へと神経系を介して、多くの場合に、さまざまな指令が伝えられる、と考えていた。

　昔から言われている魂はそこにあるとも思っていた。私に思い浮かんでいたのは、外界から刺激を受け取り、中枢系を介して反応を送り返す、そういう機構の全体である。このような機械は物体であるが、物体について、私には疑わしいところなどなく、はっきりとわかるものであると考えていた。はっきりとわかっていると思っていたことを

説明せよと言われたならば，次のようになったであろう。形を持っていて，その形によって境界がつけられ，何らかの場所のなかに位置をもち，他の物体をそこから押しのけるというように空間を満たしている。あるいは触れることができ，あるいは見ることができ，あるいは叩けば音を聞くことができ，あるいは味わうこともでき，あるいは香りもある。そのように五つの感覚器官のどれかで知覚できるし，それ自身では動かないが，他のものによって動かされる。「物体」ということでこの記述を満たすような何かを考えていた。これに対して，何の指令もなしに自分自身を自分で動かす力をもっていたり，感覚する力をもっていたり，思う力をもっていたりすることは，物体の本性には適合しないと判断していた。だから，このような力をもっているかのような物体を見ると，驚きや好奇心が先に立つのであった。ロボットがサッカーをする。それは一つの見物(みもの)である。しかし，そのロボットがロボットと看做されているかぎり，操られていると思っていた。

　今は，夢のなかでもあれば，究極の懐疑理由としての欺く者が見張っているとも想定している。夢と欺く者という疑いの理由によって疑われないものが残ってはじめて確かなものを手にすることができる。欺く者は私が〈自分は何かである〉と主張しようとすると，そのことごとくに偽という値を返してくる。2足す3は5であるということを不確かさのなかに投げ入れてしまったのもこの欺く者である。さて，すぐ上で，私が物体の本性であると書き連ねたリストのなかに，夢の欺きと欺く者の疑いをかいくぐる何かがあるだろうか。或る何かが形を持つかどうか，普通は目覚めた目で確かめなければならない。素晴らしい形をした壺の夢を見たとしても，目が覚めてその壺を有楽町に実在する古物商のところに行って探すときには，夢のなかで見たことを現実にあることの証拠にはしない。むしろ通常は，現実に見たことのあるものを夢のなかで見たと思っている。或る形をしているということに関する確かさにせよ，およそ五つの感覚器官を用いて知覚されることの確かさは，夢という疑いの理由を突破することができない。夢のなかでは，感じている通りの姿で事物は実在する。その通りに感じている。そうではないという理由がない。今，現に，この時に，この場所で，目覚めた目で見ているとい

うことの理由を、感じられている内容のなかに探し出すことはできない。ロボットについても、いやもっと広く物体についても、目覚めている私によって実物に触れていると思っていた。しかし、目覚めていることを本当であることの証拠に使うことは今や疑われてしまっている。「私が身体、つまり、一定の機構を備えた全体である」ということは、こうして今の状況では確かな知とは言えないことがわかる。

　思うこと
先に提示したリストの項目をにらみながら、何度も何度も考え直してみる。疑う余地のないものはないのか。どれもこれも疑わしく思えてくる。2足す3は5であるということの確かさまで奪われて、それでも確かなことが残っているとは思えない。どこかに糸口がないか。栄養を摂ったり、歩いたり、感じたり、思ったりするという働きについてはどうであろうか。大脳は物体とされているのだから、それについての考えを確かなものとしてつかまえることはできない。というのも、大脳の様子を知るためには目覚めた目で見ることが要求されるからである。歩くことはどうか。身体という機構を想定しなければ歩くことを説明することはできない。身体も物体であり、現状ではそれについて確かに知ったと言えなくて困っている。夢を見ていると想定しているときに、それらについて如何にこまごまと語ってみても、空想との区別がつかない。感覚することはどうか。感覚することは受動的であれ、感覚器官の働きを巻き込む。感覚器官は身体の一部である。夢という想定をも足下に従えている欺く者の張り巡らした罠のなかでは、身体を巻き込む以上、感覚することを確かなものとして捉えることができない。

　最後に残った「思うこと」はどうか。これである。思うことこそ私から引き剥がすことができない。振り返ってみれば「私はある、私は実在する」という認識は、疑いの道を辿り辿りして、欺く者を他とする終着において獲得され、今や確実なことになっている。それも、どのかぎりかと言えば、私が思っているかぎりであった。あの強力きわまりない欺く者がどのように欺こうとも、私があると思うのでなければ欺くこともできないのであった。私が思わないならば、私は欺かれることもない、

第 2 章 私とは何か

欺かれる私もない。思うことをいっさい剥奪するならば，私はあることをやめてしまう。「私」とはそのあることが思うことである比類なき存在なのである。そこにおいて私の「あること」の確かさと私の「思うこと」の確かさは一つのことである。その成果の上に立って，これまで私が私についてもっていた意見を，疑いの道中で明らかになった二つの理由にさらしながら吟味し直してみる。これが今たどり着いている地点である。

この地点に立って〈私の何であるか〉を，それだけで抜き出して言ってみるならば，「私は思うもの」である。このことが判明した。繰り返して確認するならば，「思うこと」がなければ「あること」もない何か，それが私なのである。この思うものを精神と言っても，心と言っても，知性と言っても，理性と言ってもよい。これらの言葉の意味するところを，私はこれまで精確につかめないでいた。しかしこれからは，精神とか，心とか，知性とか，理性という表現を用いるときに，思うものということを足場に説明できることがわかった。疑いの途切れた地平で得られたことはもはや疑いえないことなのだから，私が思うものであるということは確実なことであり，「思うものである」私のあることは真なることである。その意味でまた思うものである私は真なるものである。その一方でまた，顧みれば，この「私」は本当のことを知りたいと願い，間違えたことがあると気づいた私でもある。日々のなかで人々との語らいをとおして経験を積んできた私である。そのようにあること，人々の間で実在すること，そのことの意味するところが定かではないにしろ，疑いの道のよって立つ基盤に根付きながら言い直してみるならば，疑うことの尽きた地点で「思うもの」である私が実在することも確かなこと，その意味で真なることである。こうして，精神とか，心とか，知性とか，理性ということがどのようなことであるのか，このことを探って行くときの出発点が手に入ったばかりではなく，「ある」とか，「実在する」ということを探索して行く場合の出発点も，「私が思うものである」という認識にあることがわかったのである。「私はあり，私は実在する」，そのことと「私は思うものである」ということが一つになっていることが見出された。私のあることは思うことである。それに対して，私の実在

することが一体どのような事態に係わっているのか。私はそれにまだ届いていない。しかし、「実在」の意味に向かっての探究も私が実在することから登って行く探究であるということは判明した。

私を想像してみる

「私とは何であるのか」、この問いの答えを探して「思うもの」という答えを見つけた。これ以外に私は何であるのか。私が私についてもっていた意見を頼りにするのではなく、想像するという働きを用いてさらにこのことを探ってみよう。私は何であるのか、想像してみよう、思いを拡張的に使用してみよう。そのようにして思い描かれたものはどのようなものであるのか。たとえば、私はさまざまな臓器からなる或る種の構造体、あるいは、マイクロチップに制御された基盤と装置群の或る組織体である。それを人体と呼んでみるならば、私は人体と呼ばれる或る種の結合体であると自分を想像していることになる。肌の下にどのようなものが埋め込まれていようとも、肌をめくってみれば血が滴り、血管が見えたり、筋肉組織が見えたり、心臓が見えたりする。埋め戻してみた途端にマイクロチップに姿を変える。あるいはボルトとナットに姿を変える。あるいはどろっとした不定型な液体が人体と私の呼んでいる袋のなかを占めている。いや、この袋は青空を包み込んでいるかもしれない。どのように想像してもよい。私が人体と呼んだものは単純な部分から合成された或る複合体である。この点は変わらない。この単純なものの合成として事物を捉えるという考えは、すでに疑いの道筋のなかで疑われていた。一つには、単純なものから複合体に至るどこの段階かは別にして、どこかの段階では当のものは目に見られるもの、あるいは、手で触れられるもの、一言で云えば、感覚器官を使って観察可能なものでなければならないからである。その限りで夢という想定によって疑われることになる。もう一つには、単純なものから組み上げて複合体を構成する場合の確かさが、数学の確かさに支えられているからである。数学的な意見は欺く者という私の能力への信頼を揺るがす疑いの理由によって、今は使えないことになっている。私が遺伝子を源にもつとか、細胞から成り立っているとか、タンパク質を構成素にしているとか、想像してみ

第2章 私とは何か

る。しかし，私がここで求めている確かさの水準に立ってみるならば，人体というそのような意見は胡散臭いばかりである。というのも，疑うことのできた意見，その意見を足場に用いる意見は確かな知識を求める上では「ない」と看做さなければならないからである。私を構成していると想像された要素は今のところどれも「ない」ものである。そこから合成された人体も確かさという点では「ない」ものとしなければならない。

しかし，それはどこかおかしいのではないのか。想像されて思い描かれたものを，私は私のところに当てはめて，それは疑われるから「ない」とする，と言っている。そのように「ない」などと私は言ってはならないのではないか。私が「ない」と想定するからといって，「ない」ことになるはずがないのではないか。私は私をさまざまな分子の結合体だと想像する。「分子」とか「結合体」について，まだ，私は確かなことを言えない。それらについてはっきりした知識をもっていない。私はそれらについて知らないだけであって，私の知らないところでは，私は実は分子の結合体なのではないのか。このように私の知らないところで既に決まっているのではないのか。もしそうであるのならば，私は物質の結合体なのではないか。そのことを認めるべきではないのか。私は自分を物質の結合体だと想像してみたが，しかし，そのことについて知ってはいない。そのように想像された人体が疑わしいとはしているが，確かに知っているわけではない。今私が求めているのは私の知っていることとして私が何であるのかということである。知っていることについてしか，疑いを免れて見出されたことについてしか，私は判断を下すことができない。私は私が実在することを知っている。今問われていることは，そのことを知っているその私が何であるのか，ということである。この確かさは，未だ知られていないことの不確かさに依存していない。分子からなる結合体という考えを疑った，疑ってそのようなものは実在しないと想定した。そのように実在しないと想定されているものを，実在することが確かであるその私とは何であるかという問いの答えに当てはめることはできない。

想像することと想像されるもの

　私が何であるか想像してみる。想像するとは，何らかのイメージを思い描くことである。実在するものかどうかは別にして，何らかの像を思い描くことである。像として描かれたものは何らかの形をもつものとして描かれる。形は，たとえそれが現実にはありそうにない形だとしても，空間的な広がりをもったものの形である。想像された像は，想像されているかぎりにおいては，夢見られた像と異ならない。像そのもののなかに現実という印はない。そのようにわかってみるならば，私が何であるかということを判明に認識しようとして，想像しようとすることは，夢見られたことを手がかりにその答えを探そうとするようなものである。幻である可能性のあるものを，最も確かな仕方で獲得された知のなかに紛れ込ますようなものである。想像された内容は何であれ，私が何であるかという問いの答えに含めてはならない。それが確かであるかどうかまだ知られていないからである。私は私が思うものであることをすでに知っている。想像することによっては，想像された内容がこの確かさまでには至らないこともわかった。その本質を抜き出して捉え出そうとする自己知の探究のなかに想像力を紛れ込ませることは自己知を損なうことである。もう少し広く考えるのならば，私の何であるかを探る上では，確かさの順序として，知られる内容の方が想像される内容よりも上に来る。私の知らないところで私の何であるかが決まっているという想定はこの確かさの順序を転倒している。獲得された確かさのレヴェルで私の「何であるか」を求めてゆく。その道筋の上では想像力はむしろ入念に遠ざけられなければならない。知られていないものを巻き込むことになるからである。

　しかしながら，こうして想像するという働きが行使されたことを私は知る。想像するということはイメージを思い描くことである。何をどのように思い描こうとも，描き出しているということ，想像しているということには疑わしい点はない。樫の木の根を上に，大きな幹と葉ぶりとを下に思い描き，はじめは血脈のように力強く，直ちに繊細になって行く樫の木の根の先端，そこにつながった見事な水芭蕉を想像しようとも，そのように想像していることの確かさは，私の思っていることの確かさ

そのままである。私が実在すると私の知っていることの確かさを通して，想像することの働きとしての確かさも知られる。感覚することについても同断である。私が感覚している通りにその何かがなっているということは，夢の疑いによって知ることに関する値をなくしているとしても，何をどのように私が感覚しているのであれ，私が感覚しているかぎり，私が感覚していることは疑いの外にある。感覚された内容も，想像された内容も，それがその通り真実である，あるいは現実であるという考えは疑われた。それゆえ，その二つの能力が「私の何であるか」という問いの答えを，疑いを免れた仕方で与えることはできない。しかし，想像すること，感覚することは私の思いの働きの一つであるという点に疑いが紛れ込む余地はない。それは確かなことである。私は想像すること，感覚することの確かさの由来を知ったのである。

私は思うものである

疑いの道とは，疑い，知り，肯定し，否定し，しようとし，するまいとし，また，想像もし，そして感覚もすることを通してたどられた道である。これらの心の働きは，思うことを分節したものであり，欺く者という疑いの理由をくぐり抜けている。これらの働きの働くということ，そのこと自体に間違いということはない。欺かれるという要因をもっていない。私は思うものである。思うとは何か。疑い，知り，肯定し，否定し，しようとし，するまいとし，また想像もし，そして感覚もするものである。これらすべてが私に属しているとするならば，少なくはない。私があり，私が実在するという一点を解きほぐし，その私から引き剥がせないこととして「思う」ことを見出し，精神とか心とか知性とか理性という言葉を用いるときの拠点を手に入れた。それとともに真なるもの，真に実在するものという展開に向けての基盤として「思うもの」という規定も獲得した。私である「思うもの」こそ真なるものであり，真に実在するものである。この規定をさらに展開させて思うという働きの分節を手にした。

こうして得られたことは，けっして少ないことではない。私は私についていくらかのことを知った。この私は，真なることを肯定し，他のこ

とを否定し，そのように意志を働かせ，もっと知ろうとし，欺かれまいとし，多くのことを想像し，また多くのことが感覚を介してやってきたと思う，その私であることを知った。想像されている何かが実際にあるとか，感覚されている何かが感覚されている通りに実際にあるとか，そのような考えの確かさは疑われてしまった。しかしながら，私が想像するという働きをしており，それが思うことの一つをなしているということを私はいまや知っている。想像することが思うことであり，想像するのが私であることの確認できた今，このことを疑うすべはない。夢のなかであろうと，誰が欺こうとも，私が想像しているときに想像していることを偽に転ずることはできない。また，現に，いろどられた世界のさまざまな色を見ており，物音を聞いており，暑いと感じている，それもこの私である。感じたとおりに世界がなっているという考えは疑われたが，感じていると思っていることを疑うことはできない。そこでは欺かれるということが成立しない。私が見ていると思い，聞いていると思い，暖かいと感じていると思う，そのかぎりで，そう思っていることは確かなことである。そのように肝心要のところを抜き出して捉えられた見ること，聞くこと，およそ感じることは思うことの一つである。

心の不思議

思うということを取り除くと，私があるということもわからなくなる。「私がある」ということは「私が思う」ということによって，その意味するところが，言い換えれば，その何であるかがわかる。その思うということには，知性，意志のような働きとともに，想像するという働き，感覚するという働きも含まれていることがわかった。想像されている事柄，感覚されている内容が，夢と欺く者という疑いを理由にして疑われうるということがわかった。しかし，想像するという思い方の一つ，感覚するという思い方の一つは，「思うこと」は疑えないと判明するに至った道筋に支えられながら，確かであること，偽に転じることがないということもわかった。そのようにして私は自分が何であるのかを幾分かずつ知るに至った。私は思うものである。その思うということのなかには上に挙げたすべての働きが含まれている。精神，心という言葉は，思

うものとして意味づけられる。知性は思うものの知る働きとして，理性は思うものの理解する働きとして，その何であるかを説明できる。「思うこと」は心の働きを総称している。このように心については確かなことをいくらかずつ知り始めている。しかしそれでも，思い描かれた物，感覚された物，たとえば，机の前に座って思い出しているあなたの姿，手で触れているこの机，それらの方が「私は思うものである」ということよりもずっとはっきりと摑まえられているようにみえる。見ていると思われていることの確実さよりも，見られているこの森の方がずっと確実であるかのように感じ取ってしまう。

　そう考えてみると，私は疑うことのできない確実なことを手に入れた反面，沢山のことが疑わしいままに，知られていないままに残されている。その疑わしいもの，知られていないものの方を，確かに知っているものよりも，むしろはっきりと摑まえているかのように私には感じられる。掌中のものよりも，手を伸ばしても届かない物の方が馴染みやすいと見てしまう。知っているものの方が，知らないものよりも遠くに感じる。不思議と言えば，不思議なことである。しかし，どうしてそのようになるのか，私にはわかる。私の精神はさまようことを好み，やっと到達した境地に慣れていないので，真理の枠のなかに閉じこめられるのにまだ耐えられない。しっかりした筋道に縛られるのを嫌い，糸の切れた凧のように振舞う。振り向けば糸が切れているのに，筋道がついていないのに，わかった，わかったと思ってしまう。そうならば，一度，糸の切れたままに放っておくことにしてみよう。知らないものの方が知っているものよりも確かだと思ってしまう。私の精神の手綱を弛めて，好むままにさせてみよう。その後で，よい機会をとらえて，もう一度手綱を引き締めることにしよう。こうしてみれば，真理を求める道を逸れてしまうのがどうしてなのかわかるであろう。それを実地に行ってみるならば，自分をどのように律したらよいのか，そのことも見えてくるであろう。

第3章

心の方がよくわかる

───────

アイスの例

「この蜜蠟のかけらを例に採ってみよう」。17世紀にデカルトはそのように書いている。ところで，蜜蠟とは一体なんぞや。蜜蠟とは，ものの本によれば，ミツバチの巣を熱して，圧縮し，そこから採取した蠟のことである。蠟燭やつやだし剤として用いられる。映画か何かで見たことがないだろうか。棒状になっている蜜蠟を火であぶり，溶かして，たとえば，巻物とか封筒の上にたらし，まだ柔らかいうちに上から印鑑を押し，封緘に使う。できたては圧縮されているので堅いが，火であぶると溶けてしまう。そういう物体である。普通に蠟燭として使うロウを考えてもいい。蜜蠟は，デカルトの時代の或る種の人々には馴染み深いものでも，私たちにはあまり馴染みのあるものではない。そこで別の例を探そう。

何でもよいのであるが，姿が変わりやすい物の方が，例としてわかりやすくなる。アイスクリームだって，ゼリーだっていいが，今はアイスクリームを例に採ることにしよう。アイスクリームといっても，「アイスクリームというもの」ではない。アイスクリームとは何か，と尋ねられるのならば，ちょっと答えるのに厄介だし，人によって答え方が違うということもあるかもしれない。答えようとすると，答えがはっきりしなくなって，わかっているはずなのに，ぼんやりしてしまう。そういう食べ物の内の一つの種類である「アイスクリーム」ではなく，目の前に置かれた一個のこのアイスクリームを例に採ることにしよう。目の前に

アイスクリームを置かれるならば，それがアイスクリームだということはたいていの場合一目瞭然である。「これはアイスクリームですよ」と言われるならば，そんなこと言われなくてもわかっていると思う。みんなが知っているように思われる。しかし，それでも「これがアイスクリームだ」ということを，私はどのようにわかっているのだろうか。

感覚は変化をつながない

冷凍庫から出されたばかりのアイスクリームは食べられないほど堅い。香りも，味も，ないとは言えないが，冷凍状態であれば，ほとんどない。冷凍庫から取り出してすぐに，皿の上に取り出しておけば，色も，形も，大きさも，はっきりしていて，堅くて，冷たくて，スプーンで叩けば音がする。これは物体である。物体として具えるべき条件をみんな具えているように思える。しかし，しばらく放っておくと，だんだん溶けてくる。味がはっきりしてくる。色は変わってくる。形は次第にくずれる。大きさも変わる。温度が上昇して，触れてもそんなに冷たくはなくなる。スプーンで叩いても音がしない。これがあの同じアイスクリームなのか。当たり前だ。同じアイスクリームがそこにあり続けた。誰もこのことを否定しないだろう。徐々に変わって行くのだから，どこから変わったのか，区切りを入れることはできない。どんどん変わっていっても，この変化に立ち合っている人はアイスクリームであることを認めざるをえない。

冷凍庫から取り出されたばかりのアイスクリームについて五感を総動員して感じ取っていたことと，溶けて食べ頃を越えてしまったアイスクリームについて同じように感じ取ることとのなかに，同じと言えることはあるのだろうか。凍っているときのあの舌を刺す感じもきわめて薄弱な香りも今はない。今は甘く感じ，強いストロベリーの香りがする。形はすっかり変わってしまった。大きさもどう比べてよいのかわからない。今では，触れるとベトッとして気持ちが悪い。さてさて，感覚されていたことのなかで，冷凍状態のアイスクリームと，ほとんど溶けているアイスクリームの間で，同じと言えるものが何かあるのだろうか。いや，何もない。それでも私たちは，凍っていたアイスクリームもアイスクリ

ームであれば、溶けたものもアイスクリームだと言う。感覚器官に与えられていると思われていることは「これがアイスクリームだ」とわかってわかられていることとは異なる。意地の悪い人は、私がまばたきをする間に別のアイスクリームになっている可能性がある、と難問を呈するかもしれない。しかし、それでもかまわない。「このアイスクリーム」がアイスクリームの側で、ずっと「これ」として同じかどうか、それが問題なのではない。つまり、個体としての同一性のありさまを問うているわけではない。凍っていても、溶けてしまっても、同じアイスクリームだとわかっているということが問題なのである。そのようにわかっているときにわかられていることは何だろう、思い方はどのようであろう、と問い尋ねている。

想像力も変化をつながない

そう、以前には堅くて、形がはっきりしていて、舌を刺す味がし、色は白っぽかったが、今は液状で、叩いてもビシャという音しかしない、形もはっきりせず、やたらと甘く、ピンク色をしている、そのように私に現れる物体、それが「このアイスクリーム」である。これらのなかに「以前」と「今」をつなぐものは何かないのだろうか。このつなぐものは感覚することからは得られなかったので、今度は想像してみよう。想像するとは像を思い描くことである。私たちの慣用では多くの場合に、目の前にない事物について「想像する」と言うであろう。しかし、考えてみれば、眼前の事物の形を心に描き出してみるとき、それは思い方のどのような働きと言ったらよいであろうか。それも想像力の働きになると考えられる。アイスクリームについてその形を思い描いてみよう。「以前」と「今」の違いを超えて、「アイスクリーム」であると言えるような共通な何かが見つかるであろうか。この目の前の一個のアイスクリームが溶けてしまっても、それでも「これはアイスクリームだ」とわかる、そのわかっていることのなかみとなるような何かはないだろうか。凍っていたときにも、溶けてしまった後でも、このアイスクリームは形をもっている。はっきりしなくても形はもっている。色ももっているが、白とピンクとを感覚でつなぐことはできない。形は、たとえば、立方体

から，次第次第に溶けて，形が変化してゆき，北海道のような形になるまで，想像力で追いかけて行くことができそうに思える。たとえ精確ではなくとも，形を追いかけることはできるのではないのか。

　これに対して，舌を刺す味から，甘い味まで，つながるように追いかけることはできない。コーンという音から，ビシャという音までをどのようにつなげてゆくのか。おそらく音の波長をずらし，そのずらした波長の音を発生させ，それを聞く，ということであろう。このとき聴覚はつなげて聞くことができるように調整されて与えられた音を受け取っている。「このアイスクリーム」の場合には，手で叩いて音を聞かなければならない。このように考えてゆくと，そもそも時間のなかで変わって行くものである感覚内容によって，変化の前後をつなぐということが，どのようにすることなのかわからなくなる。たとえば，スクリーンに鮮やかな赤を映し出す。その明度を少しずつ落としてゆく。最後に黒くなる。赤いパンダが黒いパンダになったと思うとき，色の変化に着目して，こう思っているのだろうか。どうもそうは思えない。パンダの形が変わらないから，パンダが色を変えたと思っているのではないか。形まで変わったら，パンダはいなくなる。もし，形も同時に変わって行くならば，ラクダの形のなかにパンダの形が隠れていたと思うかもしれない。感覚されたなかみよりも，想像されたなかみの方が，時間の前後をつなぐという点では，安定しているようにみえる。

　もう少し考えてみよう。目の前のアイスクリームがどんどん形を変えてゆく。それを追って見ている。形の変化を追いかける。広がっていって，ぐにょぐにょ曲がっていって，どんどん変わる。いくらでも変わって行く。形が変わって行くことはわかっても，どのような形からどのような形に変わったのか，次第にわからなくなってゆく。或る形から別の或る形へと変化したということがわからなければ，形のありさまでアイスクリームの変化をつなぐことはできない。もし，つなぐことができれば，次のように言うことができるだろう。以前にこういう形をしていたものがこのように変わっていって今のこの形になっているのだから，以前にアイスクリームだと思っていたものが今もアイスクリームなのである，と。しかし，どんどん変わってゆく形をそのまま追いかけて行くこ

とはできても，そのときどきの形は時の流れのなかに置き去りにされ，それを或る形として留め，次の形へと引き継ぐことができない。そのようにできないのは変化が私たちの識別能力を超えて早いからではない。変化の多様性が私たちの識別能力を越えているからである。三角形から四角形に変わる場合でも，さまざまな変わり方が予想され，私には変わり方をどのような仕方でも汲み尽くすことができない。三角形から四角形への図形としての変化過程を1ミリの方眼紙に描くとする。三角形の一つの頂点から，一つの辺に沿って1ミリ横の点を1ミリだけ元の三角形の辺からはみ出すように移動しても，四角形はできる。もちろん，最初の動きで同時に何十かの点が同時に動くという変化を考えることもできる。最終的に四角形にまで至ればよいのだから，途中で円形になろうが球形になろうがかまわない。さらにまた，今は1ミリの方眼紙で考えているが，0.1ミリの方眼紙でも，1ミクロンの方眼紙でもよい。このような類の汲み尽くしがたさを無際限と呼んでおこう。きりがない。或る場合を限定して，これでおしまいという地点に到達した途端に，その限定を超えた新しい場合が浮かび上がる。これを想像力で追い続けることはできない。想像力は必ずパンクするということが私にわかる。

　しかし，その一方で，想像力によって描くことができない無際限な形も，形であることは最初からわかっている。形とはいつも何らかの広がりの形である。つまり，広がりが形として捉えられる。アイスクリームの変化してゆく形を追いかけているときに，広がったものの形を描こうとしている。その場合に，アイスクリームが広がっている，広がりをもっているということもわかっている。「このアイスクリーム」について私のわかっていた，そしてわかっていることは，想像力の容量を超えた「この広がりをもった何か」ということである。そのようにわかっているということは，わかっていることが想像力によって与えられているのではないことを示している。想像力は形の変化を追いかけるだけである。追いかけても追いきれないということを想像力は教えない。「これはアイスクリーム」だとわかってわかられていることには形があるということが含まれている。しかし，形があるということは想像力を超えた摑まえ方である。「広がりをもった何か」としてわかるのでなければ，形で

あれ，音であれ，色であれ，味であれ，香りであれ，結びつくところがなくなってしまう。この「広がりをもった何か」という捉え方がなければ，「以前」と「今」との変化を超えてなお「このアイスクリーム」であると思っている思いのなかみを示すことができない。

精神の洞察

この「広がりをもった何か」ということを私はどのようにして摑んだのか。感覚でも，想像力でもないことだけははっきりしている。凍っているときから，溶けてしまうまで，私はじっと看ていた。肉の目で見ていたのだけれども，このように見られた色，触れられた冷たさなどから「広がりをもった何か」ということがわかっていたのではない。見られたことがらのなかに，凍っているときと，溶けてしまった後とで，同じものは何一つなかった。それでも，じっと看ていたからこそ，感覚のな̇か̇み̇と，想像のな̇か̇み̇との変化を超えて，「広がりをもった何か」を「このアイスクリーム」として摑んでいた。「このアイスクリーム」を「広がりをもった何か」としてわかっていたからこそ，あのアイスクリームが溶けてしまったので，こんなになってしまったと思う。そのようにわかっていたのは感覚によるのでも，想像力によるのでもない。

感覚によるのでも，想像力によるのでもないので，これを精神の眼による，あるいは，精神の洞察によると言っておこう。「このアイスクリーム」がアイスクリームであるとわかっていたのは，この精神の眼によってだったのである。感覚が与えるものや想像力を駆使して得られるものを取り除いて，「アイスクリーム」と思っている思いのなかみを取り抜くならば，「広がりをもった何か」になる。凍っているときも，溶けてしまった後でも，この思いに変わりはない。このアイスクリームは，以前には堅くて，形がはっきりしていて，舌を刺す味がし，色は白っぽく，香りもしないが，今は液状で，叩いてもビシャという音しかしない，形もはっきりせず，やたらと甘く，ピンク色をしていて，強いストロベリーの香りがする，そのような「広がりをもった何か」なのである。最初にはわからなかったことが，今やはっきりわかるようになった。「広がりをもった何か」ということを，言い換えれば，物体であるというこ

とを看て取っていたからこそ、「これがアイスクリームである」ということが当たり前のことに思われていたのである。このように考えてみると、最初には、答えようとすると答えがはっきりしなくなって、わかっているはずなのにぼんやりしてしまう、と思われていた「アイスクリームというもの」の方が、いっそうはっきり紛れなく捉えられていることがわかる。なぜならば、この目の前のアイスクリームは、どんどん変化してしまうのに、食べ物の種類の一つとしての「アイスクリーム」には、時がたつにつれてどんどん変化するということがないからである。そうではなく、「広がりをもった何か」としてしっかりと摑まれているのである。このように摑む働きを先には精神の眼とか精神の洞察と言ってみた。しかし、今はこれが感覚と想像力から区別された知性の働きとわかる。

見てあると思うのではない

「このアイスクリーム」は私に「アイスクリーム」とわかっていたのであるが、それは五つの感覚によるのでも、形の把握によるのでもないということがわかってみると、物事を捉える精神がどれほど誤りやすいのかということに気がつく。感覚することも、想像することも精神の働きである。「精神の洞察」、あるいは、先の二つの働きから区別して知性と言ったことも、精神の働きである。精神の洞察によって「このアイスクリーム」という思いの核心が形成されていたのに、それにもかかわらず私は見てわかると思っていたのである。目の前にアイスクリームを置かれるならば、私たちは「アイスクリームを見ている」と言う。しかし、このときに私たちが見ているのは、色であり、形である。溶けてしまった後も残っていると私たちが思っている「アイスクリーム」は見えない。その「アイスクリーム」は精神の眼によって捉えられるのであり、肉体の目に見えるのではない。それでも、私たちは「その形や色などからアイスクリームがそこにあると判断する」とは言わない。「アイスクリームを見ている」としか言わない。日常的な言葉の使い方からすれば、「アイスクリームを見ている」という表現と、「アイスクリームがある」という表現とは、ほとんど等価である。この言い方に即するならば、私たちはアイスクリームを見ることを通してアイスクリームがあると判断

する，ということになりそうである。しかし，私は「アイスクリーム」そのものを肉眼では見てはいなかったのである。

　そういえばそうだ。冬の，雪がしきりに降る日に三階の窓から街路を歩く人を見る。そのときに見えているのは帽子とコートである。私に見えているのがそれだけだとしても，私は「人が歩いている」と判断する。帽子とコートの下に隠れている何かを見て判断するのではない。肉の目に見えていること，そのように見られている何かが「人間である」ということではない。私の精神がもっている判断する働きによって私はそれが人間であるとしている。日常的な言葉の使い方を批判しようとしているのではない。目とか耳，およそ体の表面から得られる情報（感覚），それを貯めておいて加工すると思われているような私たちの能力（想像力），それらの働きが「アイスクリーム」の何であるかを教えると思われていた。そのときには「アイスクリーム」とは何であるのかという問いに答えようとしておぼつかない思いにおそわれた。今は，私のもっている「このアイスクリーム」についての思いがどのようであるのかわかっている。私がアイスクリームでない物をアイスクリームだと判断するとしても，人間精神なしにはこのことは可能ではない。だからといって，もちろん，感覚されている事柄，想像されていることが誤りだということではない。感覚や想像力から得られたことを合わせれば「このアイスクリーム」についてもっと多くのことを私は知ることになる。「このアイスクリーム」をもっとはっきり知ったことになる。しかしそのときには精神の洞察によって「アイスクリーム」であると捉えられていなければならない。

私のことがわかる

私とは「思うもの」である。思うもののことを精神と呼んでも，心と呼んでもよい。これは確かなことであった。このアイスクリームを知覚していた私はこの精神である私であった。このアイスクリームが何であるのかを探して，何が得られたのか。私の精神の仕組みの一端が明らかになった。このアイスクリームが緑色であると判断するときに，その判断が間違えているとしても，緑色を見ていると思っていることに間違いは

ない。精神の働きに着目するとき，見ているとはいつも見ていると思っていることである。そのようにアイスクリームという対象を前にして，精神の働きが浮き出してきた。或る物体を四角形であると見るときに，その物体が四角形であるかどうか判明しなくとも，私が四角形を思い描いているということは疑いえない。私が物体を前にしてその物体についての何かを得たと思ったときには，私は何かを思っている。つまり，物体について何かを知るときにはいつも精神について同じだけのことを知ることになる。

　それどころではない。精神の働きがなければ「アイスクリーム」を「アイスクリーム」として捉えることもできない。或る物体が当の物体であることは，精神の働きによって捉えられる。もし，アイスクリームを見ているということから「アイスクリームがある」と私が判断するならば，その判断は誤りであるかもしれない。ところがそれとは違って，誤りのない仕方で，私がアイスクリームを見ているということから，私が実在することが導き出される。私が見ていると思っていること，そのことだけから私が目を持っているということを疑いのない仕方で帰結することはできない。しかし，私が見ていると思っているかぎり私はあるのでなければならない。アイスクリームを例に採ったが私の外にあると思われているものならば何でもよい。およそ，どんな物体であれ，物体についての知覚は，私の精神の本性をいっそうはっきり，いっそう明証的に示すことになる。

　私は精神の手綱を弛め，精神を赴くままにしておいてここまで至り着いた。見ていると思われていることの確かさよりも，見られているこの森の方がずっと確実であるかのように感じ取ってしまっていたのは，どうしてなのか，それがわかった。感じるとおりに，思い描くとおりに，世界がなっているという，私にとってしきたりとなってしまっている考え方のためであり，そして言葉の使い方もその流れに棹をさす。そのようにして，掌中のものよりも手を伸ばしても届かない物の方が馴染みやすいとみてしまっていた。物体は感覚や想像力によってではなく，知性によってその何であるかが捉えられること，それとともに物体の何であるかよりも，精神の何であるかの方がいっそう紛れなく，いっそう容易

に認識されるということもわかった。物体についてわかったと思っているときには，それ以上に確かに，それ以上のことが，私自身についてわかっているのである。

精神を馴らす

疑い抜くことを通して確かなものを手にした。かくて出発点は定まった。私はある，私は実在するということ，私が思うものであること，これが出発点である。振り返ってみれば，私は思いの領域のなかで知性を用いて心のありさまを探っていた。思いの領域のなかで確かなことを探すためには，感覚を用いても，想像力を用いてもならないということがわかった。逆に，それらは遠ざけられなければならない。しかし，私はこの新しい考え方にまだ慣れていない。どうしても感じるままに事物があるように思ってしまう。事物が私の想像するままの形をもっていると思ってしまう。そういう考え方を思いの領域のなかでの探索に紛れ込ませてしまう。今は夢のなかでも確かだと言えることだけを求めている。欺く者が見張っていてもそれでも確かだと言えることを求めている。そのためには感覚や想像力を用いずに思いを先に進めるように私は自分を馴らさなければならない。しかし，私は感覚や想像力を用いながら生きてきたし，今もそのように生きている。そのことが間違いなのではない。それどころか日常を生きるということの大半は感覚と想像力を頼りにしてなされている。今は，思われていることのなかに確かなものを求めている。さまざまな対象について真理を見出してゆくためには，どのようにしたらよいのかということを探している。私は食事をしたり，音楽を聴いたり，街を歩いたり，絵画を楽しんだり，人々との語らいのなかに憩いを見出したりする。病気に苦しんだり，裏切られて悩んだり，愛する者の不幸を嘆いたり，希望を見失いそうになる。私はそのように世の中に実在している。このような日々の生活のなかで，確かなものを求めて疑いの道に踏み込んだ。その果てに見出された確実なこと，それが思うものである私が実在するということである。これがどのようなことであれ，何であれ，知ることの出発点である。そこから数学の確かさがどのような根拠をもつのか，科学的知識の基礎はどこにあるのか，これらの

問いに答えを探してゆく。さらに，私たちは生きて行く上で感覚することや，想像することを上手に使わなければならない。しかし，どのような局面で，どのようにそれらの能力を使用したら正しく用いたことになるのか，この問いの答えを探してゆく。その出発点を確保した今，感覚も想像力も紛れ込ますことなく，思いの領域を踏査するように私の精神を馴らさなければならない。

第三省察

私を真上に超える

第 1 章

思いの領域

―――――――

フィーリングとイメージを括弧に入れる

　疑いの果てに確保できた思いの領域のなかに何を発見できるのか。もう一度振り返ってみよう。「私はあり，私は実在する」。これは疑いえない第一の認識であった。そこで見つけられたのは〈私のあることが私の思うことである〉という事態である。しかしながら，「私が実在する」ということは私の思うことには何かしら収まりきれない。そのことは，私が人々との語らいのなかで経験を積んできて，その私が疑いを進め，確かな認識に至り着いたということと係わっている。「私が実在する」ということは「思うこと」が「あること」であるのとは何かしら異なる点を明るみに出す。その異なりが「ある」だけではなく「実在する」ということで示されていることはわかっている。また，この「実在」の意味についての探究もやはり出発点を私にもつということも摑まえられている。最後に「思いの領域」という表現を前にして，「私が実在する」ということが思いの領域の切り拓きとして思いの領域の縁(へり)を示しているのか，外を示しているのか，いずれにせよ思いの領域をはずれているということに気づく。なぜならば〈私が「私は実在する」と思っているから，私が実在する〉というのではないからである。別の言い方をするならば，私の実在は思われたものとも，思うものとも，思うこととも等価でない。

　何を思おうが，何かであると思うということが，「他」からの跳ね返しのもとに，私のあることを否定しがたいこととして顕わした。その私が「思うもの」であるということは，思うということと〈あること〉の

私における引き離しがたさを通して摑まれた。思うものである私がある。その限りで，思うものである私に私は思われている。私は思うものと思われたものである。この両義性を見逃してはなるまい。私が思うものでも，思われたものでもあるということは，私が私を思うものとして思っているということに支えられている。この〈私によって思われたもの〉という把握が，私を先へと追いやる。私の実在は私の思うことを通してそこへと届くにもかかわらず，思われたことに収まりきれない。そのようにして私は私が思い，そのことによって思われながら，何かしらの閉ざしに気づくことになる。しかし，だからといって私の実在することを私の思いによって意味づけることができるとは思っていない。私の実在することが私の思いからの超過分をもっているからである。それが「閉ざす」ということの意味である。私の実在することが閉ざしの印であることに基づいて，私の思いを領域として摑むことが可能になっている。私が実在するということの確かさに支えられて思いの領域が結界をむすぶ。その領域のなかでは，疑いの理由が尽きているということが確かさの証になる。夢のなかの出来事であると想定しても，欺かれていると想定しても，偽に転化してしまうことのないもの，それが今望みうる確かなことである。これに対して感覚されたこと，想像されたことは，現実と夢の区別を足場にしてはじめて真であると主張されうる。

　思いの領域のなかで思いを凝らすということは，感覚内容と想像内容のもってしまっている存在措定を括弧に入れるということである。見ているのだから本当だと言いたいとき，言いたいことのなかには「それは夢ではない」ということが含まれている。私が，不在のあなたの姿を想像するとき，その思い描かれた姿は夢見られたものであるとしても，あなたは現実に出会ったことのあるあなたである。もし，そのあなたも夢のなかのあなたであるとしても，思い描かれているあなたの姿はどこかで現実に見たことのある人たちの姿にはぐくまれている。想像内容も，迂回を辿るにせよ，現実に届くことを支えにしている。今は，現実の多様性を確かに評価するために，現実の多様性に揺るがされない，あるいは，時の流れと所の差異に染まらない確かな知を求めている。そのために目をつぶって，耳をふさいで，その他の感覚も閉ざしてしまう。いや，

いや，そんなことをしても，何も感じないという状況を作ることはできない。それどころか，何も感じないということで一体何を言おうとしているのか判明しない。そもそも感覚知覚をゼロにするという想定はどのような値をもっているのだろうか。そのような思考実験をしてみるということの意義は何か。私が今求められていることはそのようなことではない。目に見えているもの，耳に聞こえているもの，触れて感じていること，味，香りを信用しないということ，思い描いた像を信用しないということである。信用しないとは，ここでは，それらを使って考えを先に進めないということである。フィーリングとイメージを封印しよう。このことはまた，知性を用いるということでもある。

明晰判明なもの

今，私がしっかりと手にしていることは次の二つのことである。第一に，思うということが心の働きを総称していて，知ること，意志すること，想像すること，感覚することなどを含んでいるということ，第二に，感覚内容，想像内容は現実との係わりという点での確かさはゼロであると想定しているが，感覚されていることも，想像されていることも，それとしてだけ捉えるのならば，心のありさまの一つであり，この点でそれらは確かなのである。この二つのことは，私が思うものであるという最初の認識を繰り広げて得られたことである。ところで，最初の認識を繰り広げて行くなかで，私が精神の眼をそちらの方へとまだ振り向けていないような何かはないのだろうか。思いの領域のなかにまだ注意を向けていないことはないのか。思いの領域のなかでは思われたものは思われたものの限りでは疑いようがない。しかし，思われたものが思われたものとして何であるのか示されるのでなければ，言い換えるならば，心のどのようなありさまを表しているのか摑まえられるのでなければ，何をしていることにもならない。たとえば「私は思うものである」と括ることによってはじめて思われたものがはっきりすることになる。思われたものは，それが或る思われたものとしてはっきりすることによって確かなものになる。

思いの領域のなかでは，はっきりと明らかに浮かび上がってくること，

思われたものが一つの焦点を結ぶこと，このことが思われた何かを確かに捉えたということである。思いの領域のなかでは，私が明晰判明に捉えることのできたものが，確かなことであり，真であるように思われる。そう考えてみれば，私が思うものであるという第一の認識を振り返って，その認識のありさまを捉え直してみれば，〈私が明晰判明に捉えたことは真である〉と，このように言ってよいように思われる。しかしながら，もっと以前を振り返ってみれば，最初には疑わしくないと考えていたことでも，後になって疑わしいとわかったこともあった。月は木星よりも大きく見えるから大きいと思ったり，月の光のもとで木の葉が白く見えたので白いと思ったり，類似の事例には事欠かない。それでも，これまでにわかったことからこれらのことを言い直してみるならば，次のように言うことができる。大きく見えると思うこと，白く見えると思うこと，これらのことに疑わしい点はない，と。そのように括られて摑まえることのできる思い，それを広く解した場合の観念と言っておくが，それらは私の心のなかに顕れており，捉えられている。

以前には明白で今は疑わしいもの
しかし，そうは言うものの，こうしたことで私は間違えたことがあったのではないのか。月は木星よりも大きいと肯定するとき，木の葉は白いと判断するとき，間違いをおかす可能性が生じた。大きく見えるというそのこと自体ははっきりしていて疑いの余地がないのに，私の外に月と木星があって，その月が木星よりも大きいと判断すると間違える。月の大きさと木星の大きさが見えるとおりだと，そして見えるとおりに事物はなっている，そのように思い込むしきたりに応じて判断を下して間違える。外から情報がやってきて，それを受け留める，その情報通りに判断を下す。その情報は当の事物からやってくるのだから，その通りに判断を下せば，間違えっこない。そう思い込んでいて間違えた。もし，たまたま本当のことを射抜いていても，それは与えられた通りに受け取っていると思い込んでのことであった。自分の知る力で真相を摑んでいるのではなかった。それでは私の外に実物があるなどと思うこともない数学的なことはどうだろう。後になって疑いの理由を見出す前には，

2足す3は5であるというようなきわめて単純な数学上の事柄を、私は明晰に看て取っていたし疑いの余地もないと思っていた。

　しかし、単純な計算でも間違えたことがあった。私にはそのような経験がある。ここから疑いがもちあがり、その疑いが能力への信頼性の問題へと私を導き、私はその能力の作り手と対面することになった。私がこのような単純な計算をする場合にも、間違いをしないというように作られていないという理由が見つからない。私が2足す3は5であるとするたびごとに、欺く者によって偽という値が返される。そのように私の能力は宙ぶらりんになっている。数学的真理だとて私がそれの作者であるわけではない。もし私が数学的真理の作者ならば、私はそれらの真理に至るための能力の作者でもある。そうなれば、私が間違えるなどということはない。私は自分の能力を駆使して、私のこしらえ上げたのではない真理に至り着くことがどうしてできるのか。私の計算結果のままに真理はなっているのかどうか。このことを私はどうして知ることができるのか。それを明らかにするためには、私の私への信頼を評価しなければならない。しかし、このためには、さらに私の信頼性を測るための物差しが必要になる。ところが私だけでは自分の能力を測ることができない。私が真理を捉えることができるように作られているということを、私は自分で保証することはできない。

私は保証を要求する

それでも、2足す3は5であることの明らかさといったら、とても欺かれているとは思えないほどである。自分の心の明らかさを担保にかける限り、どうしても他のようには考えられない。その反面、私の力をとてつもなく超えている絶対的な欺く者という想定をしてしまうと、自分の心の明らかさが真理獲得のための担保に値するのかどうかわからないと言わざるをえない。だから数学的な知が真実を捉えているのかどうか、このことを吟味の俎上に乗せるためには、その前に私の作り手について探りを入れなければならない。私が私を実在せしめることはない。それゆえ、現にあることを確認できたその私を、現にあらしめている何者かについて究明するのでなければ、この宙ぶらりんの状態を脱することは

できない。私の心に明晰判明に捉えられるものがあっても，それがどのような場合に真理であるのか，宙ぶらりんのままではこれに答えることができない。私の作り手が実在して，それが欺く者ではないことを明確にできないならば，やはり宙ぶらりんのままである。私が実在していて，それを実在せしめているものが無であるとするならば，私が「実在する」と私が言い張っても，それは私の言い張りに終わり，いわば妄想の拠点を得たに他ならないということになるであろう。

　私を作った者の実在を確認できたとしても，それが欺く者であるとしたならば，私が何かを真理と捉えたと思ったとたん，空手形を摑んだに過ぎなかったということになる。私の起源の作者が実在するのでなければ，私が実在するということの意味が私の心のうちで閉塞してしまう。私の起源の作者は，それを通して私が私の力を評価できる何者かなのであるから，私ではないであろう。そのものを絶対的他と呼んでおこう。絶対的他は実在し，欺く者ではない。このことがわからなければ，私は2足す3は5であるということさえも，それが真であることの理由を示すこともできない。疑いの理由を取り除くためにまずもってしなければならないことは，この絶対的他について知ることである。これについて認識するのでなければ，他のすべてについての確実な知識を望むことはできない。

第 2 章

精神を感覚から引き離すこと

―――――――

探求の順序

絶対的他，これに向かって進んでいかなければならない。方向は決まった，出発点も決まっている。思いの領域である。思いの領域のなかでは，明晰判明に捉えられたことが真であるように思われる。だからといって，これを盾にとって先に進もうにも，真であるということ，偽であるということが，思いのどのような局面で成り立つのかわからない。否，それどころか，思いを超えて何かにぶつかっているのかどうか，このこともわかっていない。明晰判明に捉えられることが真であると思われたのは，理由のないことではない。疑いが尽きているということである。そこには疑い抜いて疑えないという理由がある。しかし，思いの領域に現れるすべての思いについて，このことが言えるのだろうか。確かに，見ていると思っているときに，思われていること自体は疑いえない。けれども，思われていることが真理を射抜いているかどうか，それはまた別なのではないのか。

　思われていることが思いの領域をはずれているときには，思いの領域を超えて何かにぶつかって真であるとされる。もちろん，思われている内容が，私によって思われているということは確かなことである。しかし，思われている内容が感覚したり，想像したりすることによって得られたものであるのならば，その感覚内容，想像内容が事実であるかどうか疑わしい。今のところそこまで明晰判明であるということが届く保証は得られていない。かくかくの感覚内容を抱いているとい

うことには誤りがないとしても，事態が感覚内容の通りであると思うならば，それは疑わしい。このリンゴは赤いと思っていること自体には誤りがなくとも，このリンゴが赤いかどうかという点には疑いの余地がある。疑いの余地のあることを先へと進むステップにはしないというように，私は定めている。思いの領域の上に立ちながら，どのような局面で真とか，偽とかということに巻き込まれてゆくのだろうか。このことを調べるために，思いにはどのような種類があるのか，その分類から取りかかるのが順序というものだろう。そうすれば，どこで私が欺かれるのか，どこがぎりぎりのところ私が私を超えていかねばならない地点なのか，そのこともわかるだろう。

思いの分類

私によって思われている思いはどのように分けられるのだろうか。私は何かを思っている。そのように思われている思いは何ものかについての思いである。たとえば，私は人間について思い，シメールについて思い，宇宙について思い，天使について思い，絶対的他について思う。そのように思われている思いを，人間の観念，シメールの観念，宇宙の観念，天使の観念，絶対的他の観念と呼ぶことにしよう。「観念」という言葉はさまざまな意味で使われることがある。「観念しろ」と言われるならば，諦めろということである。「あの人の言うことは観念的だ」と言われるならば，事実から懸け離れているということであろう。仏教的な意味合いを採れば，仏の姿や真理に向けて精神を集中して熟考するということにでもなろうか。今は，それらについて気にしないで，たとえば，人間について思われているときに思われていることを人間の「観念」と呼んでおこう。

　思いを分類しようとして第一に出会う項目は観念ということになる。何を思っているのかという問いに対して，「このこと」あるいは「このもの」を思っていると答えるとするならば，そのような答えに対応するのが「このこと」ないしは「このもの」の観念である。その他に私は，何かをしようとしたり，何かを恐れたり，何かを肯定・否定したりする。これらの働きは思うことのなかに入り，それらが私の働きであることに

は今や疑いの余地はない。ここで問われているのは，何かをしようとすること，つまり，何かへの志向であり，何かへの恐れであり，何かを判断することである。何かへの志向とは意志のことである。〈何かをしようとする〉ということが意志するということである。「あなたは何をしたいのですか」と尋ねられたときに，「水を飲みたいのです」と答える。何かへの志向，何かへと向かおうとすることは，意志することとして捉え直される。「水を飲みたい」と答えるときに思われている水は，私によって思われているものとしては水の観念である。「何かへの志向」の志向が，その何かとは別個に成立する，と言っているのではない。「しようとする」ことがいつも何かといわば〈コミ〉になっていることを否定しているのではない。そうではなく，「何かをしようとする」という事態のなかから，その「何か」を引き抜くことができるということを主張しているのである。「何かをしようとする」その「何か」についてもう一度考え直すこともできる。「ワインを飲もうか，ビールにしようか」と迷うことができる。迷って，昨日もビールを飲んだと思い返すことができる。

　そのように「しようとする」，何かへの志向，つまるところ意志の発動は，「しようとする」こと，志向，意志だけでは収まらない。どういう仕方かは別にして，思われた「何か」つまりは観念と関わっている。判断することについても同じである。何かについて判断するというように何かを要請する。感情の場合はどうであろうか。檻に入っているライオンが襲いかかってきそうで怖い。ライオンを恐れる。恐れる，おびえるということはその対象が現実のものかどうかは別にして，いつも何かを恐れ，おびえることである。たいていの場合はこうである。しかし，私にはえもしれぬ不安におそわれることもある。その場合には，何かについての不安だとはとうてい思えない。不安そのものが私をさいなむ。何かについての不安だとは言えなくて，何ものについての不安でもないならば，それは思いの領域のなかに閉じ籠もる不安である。気分が気分である限り，それを何かに結びつけない限り，同じことである。そこには真もなければ，偽もない。出来(しゅったい)それ自体に対処しなければ，このような不安は解消されない。この不安は感情ととても似ているとしても，感

情を受け取るもの，受動として捉える場合の感情とは異なる。私の思いそのものが原因も理由もないのに色づけられていると思われているときの思いである。朝目覚めたら陰鬱な色合いに心が染められていることに気づく場合のように。輝く色合いに染められているときには心は自ずと外へと向かうので，対処の必要がない。しつこい不安の場合には，それなりの対処が必要になる。しかし，これについて今は関わる必要はない。私の向かうところはどうしたって私でないもの，絶対的他だからである。

観　念

思いの領域のなかで，一纏まりに思われているものを観念と呼んだ。しようとしたり，恐れたり，判断したりすることは観念との連係のもとに行われる。心の働きは働きの限りでは疑われるということも，それゆえ誤りということもない。観念は思われているものであるから働きそのものではない。働きの結んだ焦点のようなものである。だから，意志や感情や判断の現出に関与しつつ，それらとは別個に扱うことができる。こうして私の間違いの可能性は観念との連係に求められるのではないか，と思われてくる。しかし，観念をそれだけで取り上げてみるならば，偽であるということはない。なぜならば，私に思われていることが思われていることとしてだけ看られるならば，そのことが思われているという点に疑念の余地はないからである。キマエラを想像する。シメールとはキマエラの近代版である。そのキマエラとはギリシャ神話で，ライオンの頭とヤギの胴と蛇の尾をもち，口から火を吐く怪獣のことだそうである。ヤギを想像しても，キマエラを想像しても，想像されている限りでは真も偽もない。私によってヤギが思い描かれていることも，キマエラが思い描かれていることも，そう思われている限りではどちらが真で，どちらが偽ということはない。

　そのように観念を他の何かに関係づけることなしに，それだけで捉えてみれば，そこにあるのは思われているものだけなのである。だから，真とか偽とかいうことは本来はないはずである。そしてまた，思うという働きに真も偽もないこともわかっている。そうだとすると意志や感情や判断との連係が問題になる。「何かをしようとする」ことは，その

「何か」に何が入っても偽になるということはない。「空を飛ぼうとする」そのこと自体は偽ではない。「空を飛ぼうとする」ことは「しようとすること」であり，していることでも，したことでもない，まだしていないことである。そのように望むことは，望まれていることをそれ自体として見るならば，何を望もうとも，望まれていること以上でも以下でもない。真でも偽でもない。恐れることも，何を恐れようとも，恐れているそのときにその何かが恐れられていることに誤りはない。ライオンが恐ろしくても，子猫ちゃんが恐ろしくても，恐れているということ自体に真も偽もない。残っているのは判断である。何かについての判断とは何かについて何々であると肯定したり，否定したりすることである。そして私たちのよく犯しがちな誤りは，感覚的意見の場合にそうであったように，観念と同じ，あるいは，似たものが実際にあるということに存する。思われていることがその通り，あるいは，似た仕方で現実に起こっている。この机は私が思っている机と大して変わりがない。私の思っている人間と，実際の人間は同じとは言えなくとも，似ていないと困る。そのように観念と私の外にあると思われている事物とを似ているということ，同じということで結びつける。これが私のしばしば犯していた誤りである。観念を他のものに関係づけないならば，誤りの素材になることはなさそうに思える。

観念の分類

そこで順序として次に，観念に基づいて判断して間違えたり，合ったりすることがどのようなことであるのか，考えてみなければならない。外界から刺激を受け取って，その刺激に基づいて判断を下して外界に或る種の態度をとる。何らかのものの観念を肯定することによって判断を下す。その観念を私が外側から受け取ったのならば，それを肯定することによって，私は私の外側の事物の真相を射抜くことができるように思われる。思いの領域のなかの或る種の思いの纏まり，或る種の観念が，その由来を外側にもち，それゆえ観念とその源が似ているのであるならば，観念を「そうである」とそのまま肯定して，外側の真理に到達することができる。そのように思われる。果たして，そのように思っていること

の理由は何であろうか。もし，そのように思って欺かれるのならば，それはどのようにしてだろうか。観念には，元々あったと思えるもの，外側に由来をもつように思われるもの，自分でこしらえ上げたと思えるもの，この三つの種類を想定することができる。これらをそれぞれ，仮に，本有観念，外来観念，作為観念と呼んでおこう。

第3章

観念の第一の途

本有観念

たとえば,「真理とは何であるのか」ということを私は他の人から聞いて知ったり,本を読んで知ったのかもしれない。それだからこそ,真理についての見方にはいくつかあって,対応説と呼ばれる考え方や,整合説と呼ばれる考え方,あるいはその他の考え方があるのを私は知っている。それぞれについて簡潔にだけ言うならば,対応説とは,考えられていること,あるいは,言われたことが事実と一致する場合に真であるとする立場であり,整合説とは,議論の脈略のなかで辻褄が合っている場合に真であるとする立場である。それらはいずれも,私がどのように捉えたときに私の主張が真になるのかということを示している。別の言い方をするならば,対応説とか整合説というのは,何らかの言明,あるいは,主張内容が真であることの条件にかかわっている。たとえば,私にはよくわからないが,現に今,外で雨が降っているとき,そのときに限って,「今雨が降っている」という言明は真である,と言われたりする。

このような真理条件という考え方は強すぎて,現実の社会生活にはあまり有効ではないというので,「そう言ってもよい」という条件（言明可能性条件）が代わりに提案されたりもする。これらはいずれにせよ,どのような場合に私が或ることを真であると主張できるのかという条件を示している。条件を満たすことによって真という値を獲得することができる。その条件は,別の仕方で検証されるであろうし,変更も可能であろう。ところで真ということは,真理条件への探索の際にもよりどこ

第3章　観念の第一の途　　　　　　　　　　　87

ろになっているはずである。何かについて別の何かを付け加えて得られる文についての真偽と、その真偽をどのような条件で見分けるのかという条件について言われる真偽とは、レヴェルが異なると言われる。では、まったく二つの縁のない真偽があるのかというと、そうとも言えそうにない。さまざまなレヴェルの主張にさまざまなレヴェルの真偽を当てはめる。

二つの「真理とは何か」

しかし、どのようなレヴェルで真理条件が問い直されようとも、その究明のどのような局面においてでも、「真理とは何か」ということが、その条件を探るためにあらかじめ立てられているのでなければならない。或る条件を満たせば、その言明は真であると言われる。それは「真理とは何か」という問いに対する一つの答え方である。「かくかくの条件を満たしている言明を真という」。このように「真理とは何か」という問いに答えることができる。この答えが真理条件探求の一つの結果であるならば、この探求の始まりに〈「真理とは何か」という問い〉がなければならない。この始まりにある〈「真理とは何か」という問い〉は、そもそも何もわからない問いなのではない。それでも「真理とは何か」ということが何であるのか、説明しろと言われると、途方に暮れてしまう。このように言うと、ちょっと混乱してしまうかもしれない。ここで直面しているのは「真理とは何か」に対する答えと、「真理とは何か」という問いについての答えとが違うということである。

　仮に今、人間の定義を「笑う動物」としてみる。すると、「人間とは何か」という問いには「笑う動物である」と答える。この答えは「真理とは何か」という問いに対する答えと平行していると考えてよい。一方、〈「人間とは何か」という問い〉に対する答えとは、「人間とは何か」という問いの意義を問う問いである。そういう点で、何かしらへんてこな問いである。もしその方が理解しやすいのならば、「真理とは何か」ということ、そのこと自体を問う、と表現してもよい。この場合に、「真理とは何か」で言いたいことは何かしらわかっている。何もわかっていないのではない。闇を前にしているのではない。〈「真理とは何か」とい

う問い〉というこの問いに，答えを見出す方向を与えて，もっと答えやすい問いの形に直してみるならば，たとえば次のようになるだろう。「真理とは何か」という問題は「存在する」ということ，あるいは「知る」ということなどと，どのような関連をもつのか。真理論と存在論との関係はどのようなものなのか。あるいは，真理と知識はどのような関連のもとに捉えられるのか。たとえばこのような問題になるであろう。「真理とは何か」という問いのもっている意味を探ることになる。この問いの答えを，さらにもっと根底的などのような問いを地盤にして求めて行くことができるのか，このことが問われる。

議論の底

しかし，真理条件を探して進んでいるときには，「真理とは何か」の意味を探求することはしない。どのような場合に言明は真であり，どのような場合に言明は偽であるのか，このことを解明しようとしているときに，「真理とは何か」という問いの意味を問うことはない。「真理とは何か」について何かわかっていて，それを出発点にして進む。それ以外に方法はないし，それでよい。そういう意味で，「真理とは何か」ということは，わかっているとされて元々あったと言うべき何かである。或る問題系列の最初におかれてしまっている，そういう点で，聞いて知ったということも，本で読んだということも，そのことの説明にはならない。「或る問題系列の最初」と言ってみても，いくつそのような問題系列があるのか，明らかなわけではない。「最初」と言ってみても，それ以上さかのぼれないというのでもない。今の場合には，「真理とは何か」ということの意味の解明という仕方でさかのぼることはありうる。その場合には真理条件を探すのとは違う道筋を進むことになる。このような言い方は落ち着かなくて気持ちが悪いかもしれない。しかし，私たちが通常よくしていることである。私たちは暗黙のうちに議論の底を決めている。日本経済における物価の安定と景気低迷との関係について語るときに，存在論を問題にはしない。議論の底に当たる何かは，たとえ，別の見方をすれば，どこかで仕入れたネタだとしても，議論の底を形成している限り，元々あったという位置におかれる。「真理とは何か」とか，

「ものとは何か」とか,「思いとは何か」などは,それより先を考えにくい。そういう点で,本有観念の代表と言ってよいのである。

外来観念と作為観念
外来観念と作為観念とを説明するのには,これほどの難しさはない。どうしてかと言うならば,たとえば,太陽があってそれを私が見て,太陽を見ていると,私は考えてきたからである。物音が聞こえるのは,音をたてる物があって,その物が音をたてているその音を聞いていると思ってきた。そのように私は,私の外にあると思っているさまざまな事物からそれの観念を受け取っていると思っていた。つまり,太陽の観念とか,物音の観念とかを外来観念と思っていたのである。それとともに,私はこの世の中にありそうもない,あるいは,私の見たことのないものを思い描くこともある。シメールだってそうである。しかし,これはどこかで画像を見たことがあって,その画像という私の外にあると思われているものから,私が受け取った観念なのかもしれない。それでも,今ここで,目の前にある丸い時計に,馬の目鼻立ちを,頭のなかで描き込むということもできる。部分部分は,どこかで見たものかもしれないが,そこから新しい合成を作り出すことができる。

　しかし,それさえも,どこかで私が見たものに影響されているかもしれない。たとえそうであっても,私の作り上げた新しい合成物を説明するときに,そのものズバリ現実化されている画像なり,模型なりを提示できない,それほどズバリの物はないならば,それは,やはり,私が作り上げた観念だと言ってよいであろう。とはいうもののそれでも,いや,やっぱり,実は去年,そのような絵画をニュールンベルクの博物館で見た,ということもあるかもしれない。あるいは,太陽の観念だとて,もともと私のうちにあって,それを実物の太陽に当てはめているのかもしれない。いやいや,全部が全部私のでっち上げた観念かもしれない。観念と観念によって摑まれていると思われている何かとの対応については,今のところ何もわかってはいないのだから,すべてが外来観念なのかもしれないし,すべてが本有観念なのかもしれないし,すべてが作為観念なのかもしれない。私は決め手をもっていない。

外来観念はどうして外来観念なのか

2足す3が5であること，このことを私は私の思いの領域のなかでは保証することができない。私にはっきりわかっているからといって，それで真であるということにはならない。思いの領域のなかで思われているだけならば，明晰判明に私が知覚しているものは真であるとしておいてもよい。しかし，私の思いを超えて真である，と私が主張するためには，私によって思われている思いが私の能力に即して保証されなければならない。この保証ということは私を超えたことである。そのために，私は私の思いの調査に向かった。そして観念という思いの括り方を見出した。本有観念という捉え方，作為観念という捉え方は，私を超えなくとも，それがどのような思いであるのかを説明することができる捉え方である。それらの観念は，思いの領域のなかで自足する可能性をもっている。

それに対して，外来観念という捉え方は，私の外に事物があって，その事物から私は観念を受け取る，という考え方の上に成り立つ。もしそれがしっかりした基礎のある考え方であるならば，この基礎を担保にして，真理を手に入れることができそうに思える。たとえば「月にクレーターがある」という文章は，観測された結果を言い表しているだけなのだから，観測さえ正しければ，この言表は真だと言えるのではないか。「観測さえ正しければ」と書いたが，このことはどのようにして言えるのだろうか。「正しい観測」とは，見られたものが見られた通りであるということなのだろうか。観測には観測器具が必要になる。さまざまな観測器具が対象を歪みなく捉えていることが正しい観測の条件なのだろうか。

そんなに単純ではなくとも，一定の電磁波をさまざまな角度から対象に当てて像を描き出す。そのようにして，たとえば，脳疾患の部位を探し当てる。単に見られた通りになっているということではないかもしれない。肉眼では見えない部分に探りを入れているのだから。単純でないところは，学問的知見に支えられているところである。或る特定の電磁波はどのような物質ならば通過して，どのような物質には反射するのか。それどころか数知れない実験の結果に裏付けられている。さらにさまざまな理論に裏付けられて，脳の状態が視覚化されている。いずれにせよ，

観察対象を精確に反映しているということが肝心要のところである。CTスキャンの，あるいはMRIの結果として得られた映像に基づいて，手術をすると実際その通りになっている。これは装置によって得られた映像と肉眼で得られたこととの対応の合致を示している。見えているとおりの部所に腫瘍ができていて，それを摘出する。見えている通りになっていると，固く信じているから私たちは生きていけるのである。しかし，どうしてそのことを信じることができるのか。

同じ物を見る

思い直してみるならば，私は今夢を見ていることになっている。夢のなかでは思っていることがそのまま現実である。その点で間違えるということが生じるわけはない。思いの領域に留まるとはそのようなことである。すべてが見えている通りに，感じている通りになっている。しかし，どうしてそうなっているのか，私にはわからない。見えている通りになっていると固く信じることができるのは，どのような理由に基づいてなのか。それが私にはわからない。そのような理由などわからなくてもよい。もし，そう固執するのならば，目の前の景色が闇に融解していっても，目の前に黒い点が飛び回っても，病院に行くことはない。見えている通りになっているということは，私にとって見えている通りになっていることなのである。あなたが見て，そのことによって見られているものを，私は，あなたが見ていると私の考えている対象を私が見ることによってしか見ることができない。精確さを期して言い直せば，あなたが見ているまさしくそのものを私は見ることがない。同じものを見ていると言うことは，少なくとも視覚の場合には，同じ対象に保証される以外にはない。私によって見られているその同じ物があなたによっても見られていると想定することに，これ以外の支えはない。それにもかかわらず，私に感じられるがままに世界はあるのだ，と言い張るのならば，この思いが思い上がり以外の何ものでもないことは，夢という想定を持ち出さなくとも納得できるだろう。

自然ということ，意志に依存しないこと見られたものが見られた通りになっているということ，その思い自身が何らかの意見・理論の上に立

っている。その理論の足場は外来観念ということにある。つまり，対象からやって来た何かを捉えて，その何かに基づいて対象についての認識がなされる，ということである。この理論をさらに展開すれば，次のような簡潔な表現が得られる。外にある対象をそのまま，ゆがめずに受容するならば，対象の真理を捉えたことになる，と。それでは，外来観念が外来観念である，つまり，外からやって来たと思えるのはどうしてだろうか。私が見ている桜の木は，桜の木だから桜の木だと私は見ているのであり，だから桜の木であることに間違いはない。あまりにも当たり前に思える。誰から教わったわけでもない。家が目の前にあれば，家だと思う。それは目の前にあるのが家だからだ，と思う。そうとしか思えない。

　こう考えるのに，何か理由が必要だと思っていたわけではない。そのようになっているのだと思っていた。その上，目の前にレンゲが咲いているとき，目を開けさえすればレンゲが見えてしまう。見たくない汚いものであれ，目を開ければ見えてしまう。日差しが強くなり，暖かくなれば，私が求めようが，求めまいが，私は暖かく感じる。聞きたくなくとも，外の物音が聞こえる。私の意志とは関わりなく，見え，聞こえ，感じる。それならば，やはりそのようなものは向こうからやって来たのである。向こうからやって来て，やって来たものがそれの何であるかを私に与えている。そう受け取るように私はなっているのだし，このことは私の意志にも依存しない。だから，外来観念は外来観念なのである。外からやって来て，私に対象の真実を伝えている。そのように考えるのは自然だと思う。外来観念ということの核心に，意志に依存しないということと，自然だということが見出された。それではこれらのことで，何が言われているのか考えてみよう。

自然の光

目の前に犬が見えているのだから，犬がそこにいるのは当然だ。そう考えるのはしごく自然のことである。お腹がすいているのだから，目の前のものを食べたくなるのは自然だけれども，店先のものを無断で食べてしまうのは当然のことではない。私は喉が渇けば水を飲みたくなるよう

にできている。それは自然なことである。それと同じように，道路を走っている自動車を見て，自動車が走っていると判断するのは自然なことなのだろうか。太陽の観念や，樹木の観念や，動物の観念は向こうからやって来ているのだから，それらの観念と類似のものが向こうにあると思う。当の物を見て，その物を捉えているのだから，私によって捉えられている内容は当の物と類似している。そういうふうになっている。それが当たり前だと思う。机というものは，上部の表面が平らで，その上に書類を置き，書類にボールペンで書き込む，それに適したものである。それはそもそも机というものがそういうものだから，そのように私は考えている。

　机を見たり，机に触れたり，実際に使いながらそのように考えるようになった。見たり，触れたり，使いながら得られた事柄が，机という物の内容になっている。なぜなのか。なぜ私は，現物としての机からそれの写しのような観念を得てきていると思っているのか。机を見て机だと思う。そのことにいったい何の理由がいるのか。喉が渇けば，水が飲みたくなるのと同じように，私にとってあまりにも当たり前のことなのではないのか。当たり前すぎて理由など必要としない。いや，理由を問うていないのではないのか。お腹がすけば食べたくなる。それは自然的欲求である。それを，いつも，そのまま受け入れるわけには行かない。食べたくなるけれども，我慢をしなければならないときもある。自然的欲求がどうして生じるのか，普通たいていはその理由を問うことはしない。しかし，自然的欲求を，今ここで満たしてよいのかどうか。それには理由が必要になる。飢餓状況のなかで，他人に分け与えられた食料まで，その人の申し出があっても食べてよいのかどうか。そういう場合には理性が求められる。理性が求められるような事柄ならば，理由も求められる。

　それに対して，電話の音を聞いて電話の音だと思うのは電話の音を受け取ったからなのだから，自然なことだ。その自然というのは，自然的欲求と同じように，理由を問わなくてよいということである。太陽の観念は外来観念なのだから，外の実物を写しているのが当然だと思っている。それはそれ以上理由を探るのをやめるということに他ならない。理

性的な対応というよりも，欲求的な対応なのである。理性も欲求も，どちらも，私には自然であるのだけれども，この二つには随分と違いがある。見える通りにあると思っていたのは，理由への問いを遮断するという点で欲求のままになっていた，言い換えれば，そのように思う傾向性があるということである。与えられていると思っている能力にも違いがあり，喉が渇けば水を飲みたくなるような欲求も，これから長くドライブをしなければならないから，今は水を控えた方がよいと自分に言い聞かせる理性も，ともに私にとって自然なことなのである。前者の方を自然的欲求と呼び，後者の方を自然の光と呼ぶ。何かが当然そうである，しかも，それは欲求にかかわる事柄ではない，その場合に自然の光によって明らかであると言う。自然の光によって明らかなものは，私たちの通常のものの考え方の，底の方にあって，当然だと思われていることが多い。ふつうたいていはことさら理由を尋ねることはないけれども，尋ねようとすれば通常の考え方の底を割ることになる。

意志に依存しない

外に実物があってそれの観念を受け取るというように思われたことの，もう一つの理由は，その観念を受け取ることが，私の意志に依存しないということであった。私の思っていることが，私がそれを思おうとして得られたことではないから，それは私と違うところからやって来た。たしかに，聞きたくない騒音を聞かされる。いわば，暴力的に騒音が私にやってくる。私が自分の感覚器官を開いたり閉じたりすることとは関係がない。いや，音であるのならば，物理的手段によってかなりの程度は遮断できる。しかし，このことは，私が或る特定の音を聞くまいとして，つまり私の意志の力で，そのことに成功しているということを示してはいない。マイルス・デイヴィスが吹くトランペットのCの音だけを聞くまいとして成功することには，通常の見ようとする，聞こうとすることとは，比較を絶した訓練が要求されるであろう。何を見ようとしないのか，何を聞こうとしないのか，どのような感じにだけ触れようとしないのか，どのような味だけ味わうまいとするのか，どのような香りだけ避けて嗅ぎたいのか。このことは私たちの感覚の限界を示している。もち

ろん，この限界は人によって，場合によって異なるであろう。

しかし，今問題にしていることは，物理的刺激の選択的受容のことではない。私が受け取ろうとしないのに，一括りの思いが私の思いの領域に現れてくる。このことが問題なのである。受け取ろうとするかどうかということと，その思いが当の一括りの思いであるかどうかということとは，別の事態であるということが事の核心をなす。たとえば，目を閉ざすということと，草原を疾走する馬の群を見まいとすることとは，別の事態なのである。目を閉ざすということは，視覚を否定する意志の発動である。草原を疾走する馬の群を見ないようにするために目を閉ざすことはできる。ここにはいつも「ために」という繋ぎが入ってしまう。目を閉ざすことは馬の群を見まいとすることをいつもはみだしてしまう。あの人の姿を見たくないのでテレビを消す。目的は達成される。しかし，あの人ではない人の姿も見ないようにしている。そのことを意志していたわけではないのに。そもそも，目の前に積まれている書類を見ないようにするということで，私たちは何を言おうとしているのだろう。要するに，その書類の処理が避けられない重荷であるということを言っているに過ぎない。見ないようにしたからと言って，そちらの方に肉の眼差しを向けているのに見えていないという状態を作り出せるわけではない。無視しようとしているだけである。

もう一度思いのレヴェルに話を戻すならば，私が疾走する馬の観念を私が意図しないのにもってしまうという事態が問われている。そのような一括りの思いが，私の意図しないのに私に現れる。私の思いとはまったく別のところに原因があって，そのようにして私はその原因に類似したこの一括りの思いを抱くに至った。たとえそういうことがたまたまあったとしても，しかし，この原因が私の抱くに至った一括りの思いと類似しているということについては，どうしても言えない。この原因と私の一括りの思いとを比べることができないからである。こうして，私が今疾走している馬の群の観念を抱いているから，今私は疾走している馬の群を見ていると言うことはできないということがわかる。それだけではない。いつか，草原で，私が馬の群れが疾走しているのを見たことがあるから，それが原型になって私が馬の群の観念をもつことができる，

ということも言えない。どうしてこのことも言えないのか。それは原型とそれの模造という関係で，私のもっている観念の由来を考える根拠がないからである。もう少し精確に言い直さなければならない。私が抱く一括りの思いが，或る一括りの思いとして現れてくることの，一括りの思いの生成の原因を説明するために，思いの領域の外側に原型があって，その模造が一括りの思いとして形成される，という考えを用いることができない。もっと簡潔に言えば，観念の由来をその原型である事物に求めることはできない。どれほど単純な観念であれ，そうである。白い物を見て白いという観念をもつという場合であれ，誰でもが同じような白いという観念をもつということは，人間としての，あるいは制度的な，あるいは言語的な共通性に依存しつつ，事実的に確かめることができるという想定のもとに言えることである。観念を印象で染めるのでなければ，原理的には，白い物を見て赤いという観念をもつことを妨げることはできない。

何かがあって，その何かについて知るとは言えない

観念の由来を三つに分けてみた。もし外来観念という説明方式が納得のゆくものであるのならば，思いの領域の外側に何か現物があって，そこから類似性を保ちつつ思いの領域のなかに一括りの思い，つまり，観念が生成する，と言うことができる。しかし，結局のところ，思っているとおりに何かが実在すると思っているのは，水を飲みたいから飲ませろと要求するようなものであり，思いもかけず何かを考えてしまうからといって，考えられた内容の由来が思いの領域の外にあることにはならない。外来観念に基づいて判断を下して真理を射抜くということの理由が見つからない。判断を下すとは，何かを真であると肯定することである。真であると主張することは，主張内容が，私にとってだけ真であるのではないということを含んでいる。真であるという主張は私を超えている。あなたにとっても真であると言える理由がなければ，私はそのことについて真であると主張できない。真理とはそのような何かであることが私にはわかっている。

判断においてよくする誤りは，思っていることを思っている通りにな

第3章 観念の第一の途

っていると思って肯定するという誤りである。その誤りがどのような誤りであるのか，私にはわかるようになった。観念をその由来という点から見ていっても，真であると主張するにはどのようにしたらよいのかということに近づいていかなかった。太陽の観念にせよ，外来観念と考えることも，作為観念と考えることも，本有観念と考えることもできる。あの太陽を原型にして，見て抱いた観念だと思って捉えている太陽の観念に依拠するならば，太陽ははなはだ小さい。その太陽をさまざまに描き出し，さまざまに変形してみせることもできる。その作為観念としてみられたいくつかの太陽は，ミロの太陽とゴッホの太陽が異なるように異なるかもしれない。天文学的知見の教える太陽は赤道半径が69万6千キロほどあるとされる。天体の現象を考えるときには，或る理論系の産物として私によって作られたのではなく，現状の物理理論に則るときに既に受け入れられている巨大さとして，その意味で，太陽の巨大さの観念はもともとあったと言えるかもしれない。

　観念の由来をどのように考えるにせよ，私たちにとっていっそう精確だと思われている太陽の大きさは，外来観念という説明方式から帰結する大きさとはまったく異なる。私には69万6千キロほどということの方が本当に思えている。そんな大きさは，私には見えないにもかかわらず。こうしてわかることは，一括りの思いの生成を，私の外に実在するとされるその元のものから辿って観念にまで至るという仕方で明らかにすることはできない，ということである。それでは，私は真なる判断をどのようにして下すことができるのだろうか。私が抱いている思いを，どのようにして抱くに至ったのかということを探る途の上には，これに対する答えはなかった。観念の由来を探るという途は，確かさに届く前に行き止まりになってしまう。

第4章

観念の第二の途

他の途

それでもなお他の途が拓けてくる。観念を通して何らかの事物が私の外に実在しているかどうかを探求するための途である。観念生成の由来を探索する途が閉ざされて拓けてくるのは，観念そのものに着目するという第二の途である。観念そのものに着目するとは，その観念が何であるかに着目することである。観念の何であるかといっても，観念が私によって思われているという点では，さまざまな観念は同列であり，相互に違いがない。観念は私によって思われているさま，思われている一つの姿であり，これを思いの様態と言うが，その点では相互に何らの不等性もない。すべての観念が思いの様態である。しかし，或る観念が何かを表しているという点に着目するならば，さまざまな観念の違いが浮かび上がる。ひとまずは犬の観念と猫の観念が違うように，少なくともそれぞれの観念によって示されることは異なる。次に茶色の犬の観念と白い犬の観念を比べてみると，犬という点では不等性が見出されないとしても，色という点では異なる。さらに犬の観念と茶色の観念とを比べると，違うということははっきりわかるけれども，上の二つの場合の違いとはちょっと異なるように思われる。

「この犬は白いけれど，あの犬は茶色である」。「こっちの白い方は四角形をしているけれど，あっちの茶色の方は丸い」。私たちは何かについて何かであると言う。よく言われる表現を用いれば，主語と述語ということになる。或る主語を立てて，それに述語を付け加える。多くの場

合に，そのようにして文章を作る。「あ，女の人が走っている」。「あそこに走っているのは，女の人だ」。言い方としては，事態の摑まえ方としては，どちらの場合もある。しかし，何かについて何かを加えているという点では変わりない。この「何かについて」の「何か」のことを実体と呼んでおく。そしてこれに加えられる「何か」の方を様態あるいは偶性と呼んでおく。様態とか偶性と呼んでおくものは，それが変化しても「何かについて」の「何か」がなくなってしまうことのない，そのような性質を示していると考えておけばよい。今のところ，「女の人」が実体の位置に来ることも，「走っている（もの）」が実体の位置に来ることもある。それぞれに何が入るか，それは場合によって異なるかもしれない。

対象的実象性

しかしながら，何かに別の何かを付け加えるということに変わりはない。言葉を用いて知られた事柄を表現する場合には，このような形式を踏むと思われる。「何かが何かである」という形式で述べられると，私たちにはわかった気になることのできる場合が多い。「何か」だけではどうもおさまりがわるい。「虹だ」と言われるならば，空に虹が見えていると思う。「（空に）虹がある（見えている）」ということだと理解する。「赤いなあ」と言われるならば，もちろん場合によるが，暮れなずむ時間帯ならば，「空が赤い」つまり赤い夕焼けが見えていると理解する。いずれにせよ，何かが何かであるという形式を見出すことができる。必ずこの形式を備えていなければ理解が得られないとか，この形式さえ備えていれば必ず理解が得られるとか，そのように言おうとしているのではない。しかし，これが知識を安定させるのに適した表現形式であるということは認められるであろう。

「何かについて何かを加える」という形式の最初の方の項を実体，後の方の項を様態ないし偶性と呼ぶことにした。そうすると自ずから，最初の「何か」がなければ，後の「何か」が宙に浮いてしまうということがわかる。実体を立てなければ，様態や偶性の落ち着きどころがない。実体があると言えなければ，それの様態（偶性）があるとも言えない。

そこに不等性が見出される。実体の観念が表していることと，様態の観念が表していることとの間の不等性がこれである。このような実体と様態との差異を〈もの〉における差異と言っておこう。実体の方が様態よりもいっそう〈もの〉らしいということになる。これを実体の観念と様態の観念の表している内容という点から，前者の観念の方が後者の観念よりも，いっそう対象に関する〈ものらしさ〉を表現している，と言うことにしよう。

　対象と言っても，世の中に現に実在するかどうか，そんなことはお構いなしに，観念によって表されているということを示している。観念が何かを表している，その表されている内容に差異が見出される。それを〈いっそう〉対象に関する〈ものらしさ〉を示しているかどうか，というように表現した。このややこしい言い方を換えて，もっと簡潔に，対象的実象性（思いのなかで対象のもっているリアリティ）という言葉を使うことにしよう。実体の観念は様態の観念よりもいっそうの対象的実象性を表している。いっそうリアルに思える。この「いっそう」ということで示されていることは，ちょうど実体と様態の違い，「何かについて」の「何か」とそれに加えられる別の「何か」との違いである。
〈いっそうものらしい〉というふうに考えてよい。もし，実体がなければ様態がないとするならば，実体の観念が表している内容の方が，様態の観念が表している内容よりも〈いっそうありそう〉に思える。実象性の度合いは，何かしら存在に関わっているようにもみえる。対象的実象性ということに基づいて観念を考察するとは，観念を「もの」の観念という把握に基準をおいて考察することである。

絶対的他

実体と様態の違いといっても，何が実体に入り，何が様態に入るのか決まっているということではない。実体の観念が表していることと，様態の観念が表していることとの間に，〈いっそうものである〉という点での差異が見出されたということである。言い換えれば，何かについて何かが言われる，その，最初の何かを実体と呼び，それについて何かであるその何かを様態と呼ぶということである。ところで，その実体の観念

のなかでも〈いっそうものである〉という点での違いが見出されるような，それほど大きな違いを表している観念があるのだろうか。実体のなかでの差異なのであるから，その一番大きい差異としては有限実体と無限実体の差異を考えればよいのではないか。この差異をどのように評価したらよいのか。

ひとまずそのことは後にしても，様態よりも実体が〈いっそうものである〉としたならば，実体よりも無限実体の方が〈いっそうものである〉ということになりそうに思える。しかし，もしこのように言えたとしても，様態と実体との関係として見つけられた〈いっそうものである〉ということと，有限実体と無限実体の間にありそうに見える〈いっそうものである〉という関係とは同じなのであろうか。このことを考えてゆくために，無限実体ということで何を考えたらよいのか，少し調べてみなければならない。

無限実体ということで，昔は神と呼ばれていたものが喚起される。私は，今のところそれを絶対的他と呼んでいる。先に私は，疑いの道の最後の段階で私の起源の作者を絶対的他と呼ぶことにした。この絶対的他ということで私が考えていることは，私を超えて私を実在せしめ，私を私たらしめているような何かである。つまり，作者であり，創造者である。この作り手の方を無限実体と呼び，作られているものの方を有限実体と呼んでみよう。作られているものは，作られているという点で限定されている。作るものの方は，作るものという点で限定されているが，作らないこともできるという点でこの限定を免れている。もちろん，作るものがすべて無限実体であるわけではない。しかし，当の作るものが無限実体でないのは，その作るものが作られるものでもあるからである。もはや作られるものではない作るものは限定性を超えている。

無限ということ

限定性を超えているということを無限であるとしておく。いったん限定性を超えてしまえば，限定性を超えた呼び方がすべてそれに結びつくことになる。絶対的他は，無限であり，永遠であり，全知であり，全能であり，自分以外のすべての作者である。無限であるとは，限定性を超え

ているということ，そのことの表現である。何らかの規定をそれに与えるといつもその規定をはみ出してしまうのである。さらに，永遠とは，時に関しての限定性を超えているということ，全知とは知ることに関して限定性を超えていること，全能とは為すことに関して限定性を超えていることを表現している。自分以外のすべての作者であるとは，自分が作り手であり，他に作り手をもたないという点で限定性を超えている。或る規定に対してその限定性を超えているということは，私にとってわからぬことではない。

　全知とはすべてのことを知っているということである。すべてのことを知るということがどのようなことであるのか，それはわかる。しかし，何をどのように知ったならば，すべてを知ったことになるのか，それは私にはわからぬことである。全能とはすべてのことを為しうるということである。全知の場合と同じように，すべてのことができるということは理解できる。しかし，何をどのようにしたら，あらゆることをしたことになるのか，私にはわからない。永遠とはすべての時間規定をいっさい受け付けない，あらゆる時を超えているということである。時の流れのなかにあるものにとっては，生まれるということがあり，死ぬということがある，つまり生成消滅ということがある。生成消滅のうちにあるとは，何かしら変化をするということでもある。永遠ということには始まりも終わりもない。そのように永遠ということが意味するところを知っている。その一方，私は永遠ではない。このことも私は知っている。

　これらすべての規定について，私にはその規定によって示されていることはわかるけれども，それによって規定されるものがいつもこの規定を超えてしまうということもわかる。それが無限なもの，絶対的他のありようだと考えておこう。これらの規定はどれも「すべて」ということを受け入れている。無限であるとは，限定のない仕方で「すべて」を受け入れることと関わっている。そういう無限なもの，言い換えれば，絶対的他が実在するかどうかわからない。しかし，もし実在するとするならば，もっとも実在しそうなものであるとは言える。なぜなら，それによって作られているそれの方が，それによって作られているものよりも，いっそうあって当然だからである。無限実体の方が有限実体よりもいっ

そうの実象性をもっている，〈いっそうものらしい〉，〈いっそうありそう〉だということになる。様態よりも実体の方が，実体よりも無限実体の方がいっそうの実象性をもっている。

第5章

形而上学の立論

―――――――

原因と理由

これから明らかにしなければならないことは，私の起源である絶対的他が実在するかどうか，実在するならばそれが欺く者であるかどうか，ということである。起源の作者，つまりは，作り手と作られるものという関係は，私を原因と結果という関係に導く。それゆえ，起源の作者への探索に際しては，理由と帰結の関係という狭い言い方ではことたりない。通常言われるような理由と帰結の関係からは産出ということが排除されるからである。私が求めているのは，私があることの原因だけではなく，私が私であることの理由でもある。求められていることは，私が自分の力を正しく用いるならば真理に至り着くことができるということの理由でもある。そして事の次第から，私の実在の原因と私であることの理由とを引き離すことができない。私が思うものであるということを理由に私の実在することがわかり，その私は私が思うかぎりにおいてあると摑まれた。その実在する私の原因に向かって，私は歩み始めている。

ここで理由と原因との関係に突き当たる。原因はあくまでも原因であって理由ではないと言われるだろうか。それはそれで一つの語り分けの仕方であろう。一本のタバコの投げ捨てがもとになって火事が起きたときに，タバコの投げ捨てによる失火であると言われる。このとき，タバコの投げ捨ては火事の原因である。なぜタバコを投げ捨てたのか。タバコを投げ捨てた人に公徳心がなかったからである。公徳心がないということは，その人がタバコを投げ捨てたことの原因なのだろうか理由な

だろうか。他人の迷惑を考えないということは，タバコの投げ捨ての理由になるのだろうか，原因になるのだろうか。「あなたはなぜ今の職業を選んだのですか」と尋ねられたとする。これの答えになるのは普通たいていは職業選択の理由である。職業選択の原因とはあまり言わない。どうも身体的な，あるいは，物質（物体）ないしそれらに関わる現象を引き合いに出すときに，人々は原因と言うように思われる。そしてまた，産出，何かを生み出すとか，作り出すということについては，多くの場合に原因という表現が用いられる。人々が目にする，あるいは目にすることができると思われている出来事間の関係に原因とか結果という概念が適用されるのかもしれない。

それに対して，出来事を説明する場合に，人あるいは人々の心持ち，あるいは，考えられていることが提示されることも多い。こちらの場合には理由を説明すると言う。何か前提があって，そこから何らかの論理的手続きを経て帰結が導かれるというように説明される場合に，理由が示されたと言う。このように理由と帰結の関係は論理的であり，原因と結果の関係は出来事的であるように思われる。この場合の「論理的」と「出来事的」というのは別の見方なのだろうか。つまり，一つの事態が一方では論理的にも整理され，他方では出来事的にも整理されるということが許されるのであろうか。誰かがタバコを投げ捨て，そのタバコが他のものに引火して，火事になったとする。この場合に，三つの出来事間の関係が因果的関係として捉えられる。これを理由と帰結の関係で捉えようとするとどうなるのであろうか。おそらく三つの文章からなる推論を作り，その間の関係を考えることになるのであろう。推論として組み上げられている場合には，前提と帰結の関係が成立していると考えられ，その推論が妥当であるならば，前提は帰結に対して理由の位置に来ると想定されている。通常は，前提が原因となって，帰結が結果するとはあまり言わない。

このように考えてくると，原因と結果の関係が物理的な関係をモデルに捉えられており，理由と帰結の関係はどうもそうではない。心の仕組み，あるいは，それを離れても，考え方の仕組み（論理）を支えにしているように思われる。マッチを擦ったから紙に火がついた。マッチを擦

ることが紙に火のついたことの原因である。摂氏何度になったら紙は燃えはじめるのか。原因と結果の関係を観察に基づいていっそう精密に調べて行くことができる。あの子が私に抵抗する理由は何か。昨日，私があの子に言ったことを，あの子は誤解したのではないのか。あの子は，私があの子のことを頭ごなしに咎めたと思い込んで，私に抵抗しているのではないのか。昨日の私の発言が原因になっている。あの子がしかられたと思ったことが，あの子の反抗の理由だと考えられている。あの子の非行の原因は私の発言にある。あの子の非行の理由はあの子の私の発言についての誤解にある。あの子は，私が自分の身に覚えのないことを咎め立てたことを理由にして，私に抵抗している。

　原因の方は，なにかしら他の人々によっても観察可能な事柄であり，理由の方は，当人の感じ方，心持ちに求められているように思われる。観察可能な出来事，物理的現象，社会的現象，これらの方に「原因」という概念が適用され，観察できそうもない出来事，心理的現象，論理的な事柄，これらの方に「理由」という概念が適用されることが多いように思われる。そのように語り分けることを通して，私たちは，語られた事態，述べられている事態について，あらかじめの区切りを入れて読みとり，聞き取る。

原因あるいは理由

しかし，今は観念の表していることの源を探ろうとしている。そのときに原因と理由という語り分けは許されない。一つには，観察可能とか観察不可能ということ自体が，たとえば，さまざまな人々がお互いに存在を認めあい，しかもそれぞれの間で或る種の約束事が成立していると思っている，そのような枠組みのなかでのことだからである。何かを物理的現象だと分類し，それに対してこちらの方は心理的現象だと分類する。そのような分類は，少なくとも，それなりの権威をもって主張されうるような，そのような社会生活の上での語り分けである。しかし，未だ自分自身では試し直しをしていない，受け入れるがままに本当だと思い込んできた，さまざまな考え方のしきたり，意見を，自分のものとして，納得できるものとして，摑み直そうとしている。これが私のおかれてい

る現状である。目覚めているということを足場にしなくとも，真であると言えるようなことを探し，数学的真理さえも，その通りになっていると主張できる根拠を失っている。

　そのような推移を経て思いの領域のなかで，一括りの思いが見出された。それを観念と呼んだ。実体の観念，様態の観念というのがそのようなものであった。それらの観念が何かを表している。その表されていることの原因を求めている。この「原因」を，私が今現にそれを求めているその境地において，物体とか心とかに分別することはできない。私たちが先に見た語り分けに従う場合に「原因」になるのか「理由」になるのか，そのように問いただすことは私のわかっていることのなかに，わからないものを持ち込んで事柄を紛糾させるだけである。もう一つには，先に述べたように，探求されるべきことは観念の表している実象性の源だからである。この源への遡及は合わせて一つに収斂する原因と理由の探索である。対象的実象性という結果に対する原因の探索である。それはまた「なぜ」という問いへの答えの探索でもある。なぜ私があり，なぜ私であるのかということの探索でもある。二つの途があるのではない。私が求めているのが実在の原因だけではなく真理の理由でもあるということを見失ってはならない。この語り分ければ二つになる一つの途を，観念が表している対象的実象性の原因を探索する途と呼ぶことにする。

因果の規則

結果から進んで原因を探索する。このように結果から原因へと進むために，原因と結果の関係を律している仕組みを獲得しておかなければならない。〈或る結果を作るためのすべてをもっている原因（作用的で且つ全体的な原因），この原因のなかには，当の結果のなかにあるのと少なくとも同じだけの実象性がなければならない〉。このことは当然のこととして，自然の光に基づいて明らかである。なぜだろうか。私がまな板を作る場合に，私はまな板を作るための作り手という点での原因にはなるけれども，素材の原因ではない。私がまな板を作っても，私はまな板の作用的で全体的な原因ではない。また，たとえば，水素と酸素が反応して水ができるとする。水素も酸素も水の全体的原因ではないし，作り

手というわけでもない。一人の女と一人の男が合して子が産出されるという場合もそうである。二人のうちのどちらも産出された子の全体的原因とは言えない。私が私の汗の全体的原因とも言えない。水分を補給しなければならないし，私の身体維持が私の身体を閉じた系としてなされるとは考えられないからである。

このように考えてくるならば，何かが別の何かに対する作用的で且つ全体的原因であるということ自体どのように捉えたらよいのかわからなくなる。そんなものがあるのだろうか。結果のなかにあるすべての実象性を自分のなかにもっている，あるいは，それ以上であるような原因とはどのようなものであろうか。実象性とは〈ものである〉という水準における「事物のどのようであるか」を示す。言い換えれば，も・の・の・も・の・であることの規定性として様態，（有限）実体，無限実体という〈あることの度合い〉に展開している。

様態・実体・無限実体

既に見たように実象性には度合いがある。実体の方が様態よりもいっそう実象性の度合いが高い。この点で実体は様態の原因であると言えるかもしれない。しかし，実体は様態を作るとか，様態の全体的な原因であると言えるのだろうか。無限実体は有限実体よりも〈いっそうものである〉と私は言った。無限ということについて幾分かわかってきた今，実体と様態の〈いっそうものである〉という関係と，無限実体と有限実体の〈いっそうものである〉という関係について問い直してみよう。無限実体つまり絶対的他と有限実体との間には，作り手と作られるものとの関係が見出された。その点で絶対的他の方がその他の実体よりも〈いっそうものであり〉，もし実在するとしたならば，絶対的他の方がいっそう実在しそうである，ということがわかった。実体と様態との間にも，たしかに，何かがなければそれに付け加える別の何かというものもない，という関係が見出された。それは必ずしも作るという関係ではない。逆に，絶対的他を立てるのでなければ，有限な実体について語ることができないということはない。ということは，二つの関係がまったく同じということはないということである。先に実体と様態との関係を記述様式

第5章　形而上学の立論

に引きつけて知識のありようとの係わりで考えてみた。「何かについて何かである」という整理の仕方が，知識を提示する上で標準的な形式であろう，と。このことは無限実体と有限なものとの関係には当てはまらない。というのも，この二種の実体間の関係は知ることの形式をそれとして示している関係ではないからである。このように二つの関係の差異を見出すこともできる。

　しかし，作り手と作られるものという関係のなかでの，何かがなければもう一方の何かがないという関係は，また，何かについてでなければ，それに付け加えられるもう一方の何かもないという実体と様態の関係とともに，一方が他方よりも〈いっそうものである〉，〈いっそうある〉という関係として一つに括ることができる。この〈いっそう〉という度合いの表現，あるいは重みの表現は，様態，実体，有限実体，無限実体という展開軸をもっている。この重みの表現は，しかし，次第に明らかになるように，もう少し木理の細かい度合いへも広がっている。その関係を総じて統括する規則として，〈或る結果を作るためのすべてをもっている原因（作用的で且つ全体的な原因），この原因のなかには，当の結果のなかにあるのと少なくとも同じだけの実象性がなければならない〉という規則がある。これはおよそ〈もの〉ならば何であれ適用できる規則である。この規則を立ててしまうと，何らかのものが無から生じることはないとか，〈いっそうものでない〉ような〈もの〉から，それよりも〈いっそうものである〉ような〈もの〉は生じえないということも帰結することになる。結果があると認定されるかぎり原因を探索できる。作用的で且つ全体的な原因からの結果として生じるものは，当の原因のなかになかった何ものも含んではいない。これを，そのような原因の方が当の結果よりも〈いっそうものである〉，あるいは，〈いっそう完全である〉と言うことにしよう。

　いっそう実象性をもつ，つまり，実象性の度合いが上であるということは，いっそう完全であるということを示す。いくつかの実象性をもつものが，それより少ない実象性をもつものよりも完全だということも，一つの実象性しかもたなくとも，いくつかの実象性をもつものよりも完全だということも，どちらの場合も可能である。実象性の数という点で

比較することができる場合もあれば，そうも行かない場合もあるということになる。同じく自動車であれば，機能が多い方がより完全だと言われる場合もあるだろう。しかし，機能の数が少なくとも，多くの機能を凌駕するような数少ない機能しかもっていないものの方が完全だと言われる場合もあるだろう。たとえば，制動システムを五通り備えており，時速40キロメートルで急ブレーキをかけたときに，20メートルで静止できる自動車よりも，もし可能ならば，制動システムも何もないのに，一通りの仕方であらゆる危機を回避できるようなシステムを備えている自動車の方が，いっそう優秀であり，いっそう完全であろう。しかし，だからといって，後者が前者の全体的で且つ作用的な原因というわけではない。そうではないけれども，全体的で且つ作用的な原因の結果が，この原因がもっていない何かをもっているとしたならば，結果はこの何かを，どうして，どこからもつに至ったのか。

対象的実象性と形相的実象性

観念の対象的実象性ということで，観念が表している内容の度合いが示されている。この内容の度合いということはどのような実象性をもつのかということ，どの程度の〈ものらしさ〉かということである。これに応じて，ものがそのものとしてもっている実象性を形相的実象性と呼ぶ。実象性とはものの度合い，完全性の段階に相当する。そしてものそのものがもっているのが形相的実象性であり，観念が表しているのが対象的実象性である。この形相的実象性と対象的実象性という区別は，ものの実象性と観念が表している実象性の区別である。この区別の上に立ってみるならば，先ほどの原因と結果との間の関係の規則が，形相的実象性について適用されていたことがわかる。それとともに，先の規則は総じて実象性について適用されるのであるから，対象的実象性にも適用されて当然である。まず，形相的実象性の方から考えてみよう。

　たとえば，以前になかった石がありはじめるとする。石がありはじめるからには，何らかの原因があったはずである。その原因が何であるのか，それは特定できないかもしれない。もし特定できなくとも，その原因は石を構成するものの全体を，そのまま含んでいるか，それを凌駕す

るかたちで含んでいる。目の前に石ができてしまったとする。この石を作るためには，まず素材が必要である。だが，素材だけではできない。作る人がいて，素材があって，作るための道具，ないしは，機械が必要である。そういうものの寄せ集めがこの石の全体的原因であるとする。とするならば，この石のなかにあって，この寄せ集めの全体のなかにないものはない。

　これはほとんど自明なことである。自明であるということはまた，現実の役にはあまり立たないということでもある。芸術作品の制作とか，人間生活に有益なものを作るとか，およそ何かを作ろうとするときに，この因果の規則を知っていて役に立つということは何もない。個々の現象の変化を説明するための役には立たない。たとえば，冷たかった物が熱くなったとする。熱くなるためにはそれなりの全体的で且つ作用的な原因がなければならない。その原因は，そのものが熱くなるという結果を引き起こすためには，その結果と少なくとも同じかそれ以上の〈ものらしさ〉をもっていなければならない。たとえば，結果以上の熱量か，そのような熱量をもった物ということになるであろう。そのように〈いっそうものらしい〉ということは様態，実体という基礎的な区切りよりも木理が細かくなる場合がある。いずれにせよ，この例に関して先の因果の規則を用いて言えることはそれだけである。現象の変化の説明には何もならない。

因果の規則の対象的実象性への適用

さて，この規則は実象性に適用される規則なのであるから，形相的実象性に適用されるばかりでなく対象的実象性にも適用される。たとえば，私が熱いと思う，あるいは，石について考えるとする。同じことであるが，熱いという観念，あるいは，石の観念をもっているとする。石の観念の場合，私は石がさまざまな性質をもった物であると考えている。私がそのように考えることには原因がなければならない。もし，ここで「原因」という言葉が理解の差し障りになるとするならば「理由」と言い換えてもよい。石はさまざまな性質をもった物であると私は考えている。そう考えるからには，何らかの理由・原因がなければならない。今，

問うているのは，どうして他のことではなくこのことを考えたのかという理由ではない。また，「石」あるいは「熱い」という言葉を用いることのできる原因ないし理由でもない。

　石の観念は，さまざまな性質をもった物であるという内容を表している。求められているのはその内容の全体的で且つ作用的な原因である。先に見たように，なかった石が作られて実在することの原因は，作られた結果としての石がもっている〈ものらしさ〉と少なくとも同じかそれ以上の〈ものらしさ〉をもっていなければならない。つまり，ここで求められている原因は結果の作用的で且つ全体的な原因でなければならない。これと同じように，石の観念が表している内容の原因も，石の観念が表している〈ものらしさ〉と少なくとも同じかそれ以上の〈ものらしさ〉をもっていなければならない。石の観念の表している内容が「さまざまな性質をもった物」ということであるのならば，その内容の原因となるものは，「さまざまな性質をもった物」以上でなければならない。熱いという観念の場合についてみてみるならば，今の場合には，私は何らかの物が熱い，その「熱い」ということを考えている。冷えていた物が暖められて熱くなる，そのような「熱い」ということである。熱いという観念が表している内容は，何らかの物が「熱い」，そのような何かである。石の観念が表しているようには「物」ということを表していない。物があって，それについて見出される何かとして「熱い」ということを考えている。この熱いという観念が表している内容の原因も，何かが「熱い」という場合の「熱い」の位置に来るという〈ものらしさ〉と少なくとも同じかそれ以上の〈ものらしさ〉をもっていなければならない。

　要するに対象的実象性も，原因を求め，その原因は少なくとも同じかそれ以上の実象性をもつものでなければならない。或る観念が或る内容をもち，別の観念が別の内容をもつ。この内容がないのでなく，あるのであるからには，その原因を求めることができる。或る観念が或る内容を表すことの原因がなければならない。こうして先の因果の規則が対象的実象性にも適用されるということが確認された。その一方，およそ観念であるかぎり，私の思いの姿であり，思いの様態であるかぎり，観念

が観念として成立することの原因は私であり，私の思うということである。観念が観念としてもつ〈ものらしさ〉つまり形相的実象性の原因は私である。つまり，私のもつ観念が観念であるかぎりの原因は私であって，他のものではない。しかし，私のもつ観念がこの観念であって，あの観念ではないというかぎりでの観念の表す内容の原因についてみれば，それは私であるかもしれないし，私でないかもしれない。

対象的実象性は形相的実象性を要求する

観念の表している「ものとしての内容」，それを対象的実象性と呼んでいる。観念によって表されている度つきの〈ものらしさ〉である。とりわけてもそれが〈ものらしさ〉の度合い，あるいは重みを含んでいることに注意して欲しい。どうしてそのような対象的実象性が私のうちにあるのか。あるからにはその原因がなければならない。その原因も対象的実象性でよいのか。石の観念は「さまざまな性質をもった物」を少なくとも表示している。このように観念によって実象性が表示されているというのは，観念についての特有なあり方である。これの原因もやはり対象的な実象性である，言い換えれば，この原因も〈表されている〉というあり方をする実象性であるということは，とても考えにくい。しかしそれでも許容されることかもしれない。私が抱いている石の観念の実象内容は「さまざまな性質をもった物」という表されている内容，つまり，そのような対象的実象性である。この場合の対象的実象性も，やはり私の別の観念が表している実象性である，ということが許容されるのだろうか。

　もし，たとえば，山の観念が表している「さまざまな性質をもった物」という表されている内容が，石の観念の対象的実象性の原因だとしてみよう。実象性の度合いとしては「物である」という点ではまず少なくとも同じ段階とは言えるであろう。そこでこれを原因として認めることにしよう。次に，この山の観念が表している内容の原因は何に求められるのだろうか。たとえば，地球の観念の対象的実象性かもしれない。このように考えを進めるとするならば，留まるところがないように思われる。留まるところがないと思えるのは，「さまざまな性質をもった物」とい

う点に実象性を押さえ込み，それと等しい実象性を原因として探しているからである。しかし，求められている原因は，全体的で作用的な原因である。もし，一つの観念のもつ対象的実象性と，その原因である別の観念のもつ対象的実象性とが同じであるならば，原因は結果に対して全体的であるのだから，二つの実象性は同じということになり，異なる観念ではないということになる。どこまでも同じ内容を表示している観念は同じ観念である。別の思いとして括ることができない。

最後の原因がなければならない

しかし，翻って考えてみるならば，石の観念の対象的実象性の原因に山の観念の対象的実象性をあてがうということは，また前者よりも後者の方が〈いっそうもの〉であると考えられているということである。つまり，石の観念が山の観念と異なる実象内容を表していると看做されている。とするならば，片方が他方の対象的実象性の原因になりえても，逆にはなりえないということになる。逆になりえないならば，原因を求める方向は一つの方向にだけ開けていて，双方向ではない。結局のところ，最後の原因がなければならない。その最後の原因も対象的実象性だということは，最早ありえない。なぜならば，観念の表す実象性は結果であるのだから。対象的実象性であるかぎり，あるのであるからにはその原因を求めることが可能である。とするならば，最後の原因は対象的実象性ではなく，形相的実象性をもっているものでなければならない。しかも，それまでの原因の系列すべてを締め括る原因なのであるから，経過してきた結果がもっている実象性のすべてを形相的にもっていることになる。

そのように考えてみると，観念が何かを表しているということは，表されているだけではない何かを要求しているということがわかる。何かを表現することは，それを表現する，その「それ」のあることを求める。表現されている内容を，結果であると認定し，表現されている内容のもとになる何かを探してゆき，さらに，次第に内容がゆたかになる方向で，もとのものを探してゆくならば，表現を超えることになる。なぜ原因もまた表現であるという点に留まらないのか。第一に，内容がゆたかにな

る方向で原因を求めているからであり、第二に、表現が結果であり原因を問えるものだからであり、第三に、表現されている内容が結果と原因との間で、全面的に等しくなってしかも原因も表現である場合には、原因と結果の区別がつかなくなり、原因を求めたことにならないからである。このように理由を追って考えてくるならば、次のことは当たり前のこと、自然な結論であることがわかる。つまり、私のもっている観念が表している内容は、その内容がそこから得られてくる原因となるものがもっている完全性の度合いの、ほんの一部にしか相応していないのだから、観念の表している内容の方が、「もと」よりもいっそう完全であるということはないということ、このことは自然の光によって明らかなのである。

因果の規則から何が帰結するのか

以上によって、結果としての観念の内容からその原因を探索するための原因と結果を結ぶ規則を手に入れたことになる。観念はその表している内容という点でしか、相互に区別されえない。そして思いの領域のなかで、それを手がかりに判断の真偽がどこで成立するのかということを考察してゆくことのできるものは、この観念の表す内容以外にはない。なぜならば、私は思っている内容を肯定ないし否定するときに、真理に至り着いたり虚偽をおかしたりするからである。さて観念において表されているこの結果としての対象的実象性に因果の規則を適用して、何が得られるのだろうか。もし、私のもっている観念のなかの或るものの対象的実象性がきわめて大きく、当の実象性が私のうちにはそのままの仕方でも、それを凌駕する仕方でもないということが示されるのならば、その実象性をもっているのは私ではなく、したがって当の観念の原因も私ではないということが私にとって確実になる。

このことが確立されるならば、私だけが世界にあるのではなく、その観念の原因もまた実在するということが必然的に帰結する。このような仕方で思いの領域を超えたものが見つかるならば、そのものは実在する。なぜならば、私は実在し、その私を完全性（実象性）の度合いという点で超えているからである。私が思うものとして実在することは既に確か

められていることである。その思うものの思いの領域のなかで結果から原因へと向かう途が探された。森であるとか，空であるとか，そのように括られた思いを観念と呼んだ。それら観念はそれが表している内容に従って区別される。もしその内容を，思うものである私つまり精神から引き出してくることができるのならば，その原因を他へと求めることは不要である。しかし，その内容が示している完全性，つまり〈ものらしさ〉の度合いが私を超えているとするならば，そういう私を超えた何かは私の外に実在することになる。

　もし，そのようになるのであるのならば，私の内と私の外という区切りが生じ，それとともに世界の内という表現を使うことができるようになる。私とその「他」なるものとから成り立つ世界のなかに私は実在し，観念は思いの様態として実在する私の内にあるということになる。それでは反対に，私がそうである実象性を超える実象性を表している観念が私の内にないとするならばどうなるのか。当然のことながら，私ではない何かが実在することを私に確信せしめるような立論はないということになるであろう。観念が表している内容の原因を探る途以外に，途はなかったからである。私が私を超えて世界を切り拓くに至るか否か，それは私がどのような観念をもっているのかということにかかっている。

第6章

絶対的他の第一証明

候補となる観念の分類

私は思うものとして精神であり，そのかぎりでの私を川とか，海のようなものと並び立つ仕方で思いのなかに取り込んでいる。確実に摑まえられているのは，私が思うものであるということであり，川が何であり，海が何であるかについては確実な知としては摑まれてはいない。それらが世界のなかに実在するのかどうか，そのことはいまだ疑われたままである。つまり，それら物体的なものの本質が何であり，それらの実在するということが何を意味しているのか，今のところ，明らかにする術をもっていない。その一方で，思われている思いとしての川も，海も，それらについて疑わしいところはない。ところで，ここでの課題は私の実象性（ものであることの度合い）ではまかないきれない何かを探すことである。思いの領域のなかにそのような何かを探す。私よりも〈いっそうものらしい〉ものの候補を立ててみる。ものについて何かであると言われる，そのような何かを候補に立てる必要はない。というのも，〈ものについての何か〉は〈もの〉に対して実象性の度合いの低いことが見定められているからである。とすると，ひとまず問われることは，ものであるのかどうかという点，これを思いの領域のなかで表現するならば，ものの観念であるのかどうかということになる。

ものの観念のなかで，私の実象性を超えた対象的実象性を表すような観念があるかどうか，ついにはそこへと探りを入れる。だから，私よりも〈いっそうものらしい〉ものの候補を挙げたい。その一方で，一切が

私に汲み尽くされているという想定は，可能な想定としていまだ消えてはいない。それゆえ，私自身の観念，つまり，私を表示する観念も候補に挙げておかなければならない。その他にどのような候補を挙げることができるであろうか。これまでに出会っているもののなかには，私の作者である絶対的他と，アイスクリームがそうであったような物体とを挙げることができる。これに私以外の人間と人間以外の動物を付け加えることができるかもしれない。そうすると全部で五つの観念が候補に挙がることになる。つまり，私を私自身に表す観念，絶対的他の観念，物体の観念，私以外の人間の観念，人間以外の動物の観念である。絶対的他とは既に示されたように，無限なものであり，全知・全能で永遠なものということになっている。この絶対的他の観念と私自身の観念と物体の観念，この三つの観念の表している内容を使えば，私以外の人間の観念，人間以外の動物の観念が表している内容を覆うことができるであろう。

人間の観念と動物の観念

これらはすべて私が私の思いの領域のなかで形作る観念である。たとえば，人間が身体と精神とをもつというように考えるならば，このように考えられた内容を構成する要素は，私自身の観念と物体（身体）の観念に落ち着くであろう。人間について違うように思うとしても，その思われている内容は，やはり，絶対的他の観念と物体の観念と私自身の観念の寄せ集めを超えてしまうことはない。論理的にそうだと言っているのではない。事実としてそうだと言っているのである。動物の観念についても同様である。動物の観念の表している内容は，先の三つの観念の表している内容に戻ってゆく以外に源泉を必要としない。なぜなのか。反論されるかもしれない。

　ゾウがゾウとして括られるからには，他の何かに引き戻すことのできないゾウらしさがあるのではないか。そう思いたくなるのは，外来観念という説明方式を拭い去ることができないからである。ゾウと似ているゾウの観念が私の外に実在するゾウからやって来たと思うことの理由のなさを，私は既に手にしている。そう思ってしまうのは，喉が渇いたら水が飲みたくなるように，そうなっているとしか言えないということ，

見ようとしていないのにそれが見えてしまうということ，つまり，自然的欲求と同断であり，また意志に反するからであった。それ以外に理由らしきものは見出されなかった。

そのことがわかってしまうと，ゾウをゾウとして括るために，私や絶対的他や物体を超えた別の何かが必要であるとは考えられない。今私がゾウの特有性をどのように考えようとも，私は私の思いの領域のなかを探し，結局は物体の性質か精神の性質かに戻ってゆく。いやいや，そうはゆくまい。鷹は遙か上空を滑空するではないか。あなたは飛べるのか。しかし，飛ぶということがわかるためには，飛んでみるということがなければならないということにはなるまい。飛行機だって飛ぶ。私だって，石の上から飛ぶ。何ものかが飛ぶ。その何ものかに当たる何か，それは私でも物体でもよいのである。人間の観念と動物の観念は，物体の観念か，私を私自身に表す観念によって表されている内容に戻って行くことになる。

私自身の観念
ところで，〈私を私自身に表す観念〉とは一体どのようなことなのか。今の私にとって見るならば，私自身の観念とは思うものの観念と重なっている。私とは何かと問われたときに，今ならば，思うものであると答えるからである。しかし，私自身の観念とは私の思いの領域のなかでの，一括りの思いのことである。その一方，思いの領域もまた私でなければなるまい。それではこの二つの「私」つまり，私に思われている〈私〉とその〈私〉を思っている私とはどのような関係になっているのか。私自身の観念を喚起している私は思いの領域のことであり，それ以外ではない。

「私」という名辞の振舞い方には難しい点がある。一つには，「発話者を指す」と言ってすますことができないということがある。すべての人はすべて私であり，発話をしようがすまいが私である。一切の限定性を抜きにして言ってみるならば，思うのは何であれ，私である。これは観察を通して確かめるような種類の問題ではない。もう一つには，私は「私」を「あなた」にすることができないということがある。どうなっ

ても私はあなたにはならない。しかし，あなたという表現が何らかの仕方で成り立っているのでなければ，私という表現は意味をなさない。言われているように人称代名詞の複数形も三人称も，一人称単数と二人称単数から派生すると考えることができる。しかし，あなたという表現の余地がないところで私という表現を使っても無駄である。第一の認識として見出された「私があり，その私は思うものである」ということについても同じことが言える。

「私がある」ということはあなたとの拮抗のもとにおいて成立する。私の起源の作者としての欺く者，そのあなたの欺きを通して「私がある」ということが確実な知として獲得された。この私の特権的位置を次のように表現することができる。すなわち〈私が思うのは私においてであって，あなたにおいてではない〉と。このことは，あなたが思うのはあなたにおいてであって私においてではない，ということを伴ってはじめて有意味になり，私の特権性を表すことになる。このことが示している付随的なことの一つは，もしや徹底的独我論という立場が存立するならば，そこには「私」は存在しないということである。要するに，確実性の拠点は私にあって，あなたにはない。私自身の観念とは思いの領域のなかの一括りの思いとしての私である。思いの領域そのものはいまだあなたから区別されて実在する私ではない。

物体の観念

因果の規則を適用する対象としての観念の候補が絞られた。つまり，私自身の観念と絶対的他の観念と物体の観念である。しかし，私自身の観念によって表されている内容が私を超える実象性を求めるということはありえないのだから，残るは，絶対的他と物体である。物体の観念が表している内容として私に摑まれているのは何であろうか。アイスクリームを例にとって考察したときのことを思い出してみよう。そのときには，感覚，想像力を使って，アイスクリームの何であるかに探りを入れ，そのいずれによっても目的を果たせないということがわかった。精神の洞察，知性の働きによってアイスクリームが「広がりをもった何か」つまり延長的なものとして捉えられた。今は，思いの領域のなかで探求を進

めている。感覚や想像という働きが実在に届くことを今は括弧に入れている。その限りで，見られたものも，思い描かれたものも同じく思われたものである。このことが感覚されたこと，想像されたことを観念として捉えるということである。この限りでは偽ということが本来ありえない，そのような領域で〈私でないもの〉を探している。

　物体の観念が表しているものとして，私に見出されるのは，第一の類としては，大きさ，つまりは，縦横深さの広がり（延長）であり，この広がりによって限られた形であり，この形相互の位置であり，この位置の変化としての運動である。これらはアイスクリームを例にとった吟味のなかでもはっきり捉えられたものに入る。しかし，さらにこれに加えて，第二の類として，実体と持続と数を加えてよいように思われる。この二つの類に入ることがらは明晰判明に捉えられているように思われる。最後に，第三の類は，上の二つの類とは何かしら違うように思われる。それは，光，色，音，香り，味，そして熱いとか冷たいというような触覚的性質などである。

　これら第三の類に入ることがらは概して不安定であり，私はそれらをはっきりと安定した仕方で摑んではいないように思われる。移ろいやすく，変わりやすい性質のように思われる。つまり，はたして〈もの〉があって，その性質だと言えるような性質なのか，それほど強く〈もの〉と結びついてはいない性質なのか，わからない。赤いものとか青いものが本当にあるのかどうか，よくわからない。何かがあって，その物が赤く塗られている，それで私にはその物が赤く見える。それはわかる。しかし，赤いものというのが彩られるべき物と別にあるのかどうか。ないようにも思われる。見つけ出されるべき候補は〈ものの観念〉に絞られている。「赤い」という観念が，果たして，ものの観念と言えるのだろうか。「赤い」というように私は思うことがある。「赤い」は私の思いの一つである。その点では思いの一括りとして観念と呼べそうに思える。しかし，どう考えても，ものの観念ではなさそうである。それをものの観念だとしてしまうならば，間違えてしまう。

熱いと冷たい

たとえば，冷たいという観念について考えてみよう。お風呂の温度を自分の手で確かめる。熱くも冷たくもない。丁度よい。よい風呂加減だ。気持ちよさそうな温かさである。もう少し加熱すると熱くなるし，ほっておくと冷たくなる。最初は冷たい水であった。それを加熱すると，熱くなる。第一の類の性質に比べて，熱いという感じは人によって違う，熱いという性質は主観的な性質である。こんなことを言おうとしているのではない。熱いという感じが人によって違うとか客観的性質ではないなどということは，今のところ何の理由もない考え方である。今は思いの領域のなかで確かなことを求めている。

　元に戻ろう。熱くなるのは冷たさが減るからなのか，冷たくなるのは熱さが減るからなのか。これには決め手がない。熱さの欠如が冷たさであろうと，冷たさの欠如が熱さであろうと，どうでもよい。物理学の用語で示される「エネルギー」を問題にしているわけではない。私に思われる熱いということ，その熱さが減って冷たいということになるのか，逆なのか。どちらでもないのかもしれないし，どちらかであるのかもしれないし，どちらでもあるのかもしれない。この選択肢のどれかに落ち着かすための理由がない。それにもかかわらず「熱い」はいつも「熱いもの」という「もの」であると考えるのならば，間違えることになる。ものの観念でない観念をものの観念だと取り違えることになる。虚偽は本来判断にあると先に述べた。それでもなお，この取り違えもやはり誤りであり，これを質料的虚偽と呼んでもいいのではないだろうか。「熱い」にせよ「冷たい」にせよ，「もの」として措定すれば，そのことによってこの観念の内容がわかるようになる，そのような観念ではない。その意味で「熱い」という観念はものの観念ではないし，ものの措定を含むようなものの性質の観念でもない。

色，味，香り

「熱い」と「冷たい」に関しては，どちらを基準にどちらを捉えるのかということが決められない。つまり，熱いの欠如が冷たいなのか，冷たいの欠如が熱いのか，決め手はない。それはそうかもしれないが，色に

ついてそのようなことはないのではないか。いや，やはり色の場合でも同じである。「青い」の欠如として「黄色い」を考えることはできない。もし「赤い」というのが何色かの欠如であるとしたならば，赤以外のすべての色の欠如としか言えないのではないか。しかも熱い・冷たいと同じように，色の場合にも区切りがはっきりしない。赤から，薄い赤，桃色，薄い桃色というようになめらかなグラデーションで沢山の色を並べてみる。タイルのように一つ一つの色を並べてゆくならば，或る一つの色のタイルと隣り合った色のタイルとの区別はつくかもしれない。しかし，どこからどこまでが桃色であるのかということを識別するのは困難である。それは私のもっている色彩を識別する能力が，言語能力をはみ出しているからかもしれない。少なくとも，一括りの思いとして括ろうとするときには，このずれをなくすことはできない。色は目にははっきりしていても，他の色からその色を目で見ることなしに区別しようとすると，とんでもない困難に出くわす。このためにはそれなりの訓練が必要になる。

　味にせよ，香りにせよ，味のする物や，香りのする物を想定しないとすると，きわめてはかなく，すぐになくなってしまうように思われる。「甘い」と「辛い」は，どちらがどちらの欠如とも言えない。味や香りをそれだけで取り出そうとすると，寄る辺もなく，たよりなく思える。しかし，だからといって，私の思うままになるわけではない。辛い物は辛い。甘い物は甘い。香りについていえば，「夜の飛行」と「ミツコ」とは違う。どちらかが基準になって，それに何かが付け加わるともう一方になるとも考えられない。要するに，それを単体で「もの」とするには〈ものらしさ〉が少なすぎるのである。それを「もの」であるかのように思うならば，やはり，それは何らかの間違いであろう。

　「ミツコ」の香りは，誰かに，あるいは，何かに付着している。いや，香りとはそのようなものだと思っている。夜のしじまのなかで『赤と黒』を読んでいると，ふと，その香りが立つ。あわてて周りを見まわして人を探す。それはそれなりに理由のあることである。そうではなくて，誰も入ってこないのに，周囲に何の変化もないのに，香りが立つ。香りがそこにあると思うならば，それは間違いである。香りの思い，香りの観

念をそのように捉えているのならば、そこには虚偽がある。ものでないものをものであるかのように捉えているという誤りがある。先に見た判断の誤りを形相的虚偽と言うならば、こちらの方は観念の質料的虚偽と言ってよいであろう。観念として一括りにできるにはできそうなのであるが、しかし、他の思いと合わさってはじめて一纏まりになる。それなのに単体で、ものの観念であると思ってしまう誤り、それを質料的虚偽と呼んでおく。

質料的虚偽

赤いという感じ、鈍い音という感じ、冷たいという感じ、甘いという感じ、臭いという感じ、これに類する何かを、観念であるとみなしてしまうと間違えることになる。間違いであるのは、何も〈もの〉を表していないのに〈もの〉を表しているかのように思ってしまうからである。だから、それらを観念であると取り違えてしまうことの原因を考えてみるならば、私に何か欠けるところがあるからだということになる。赤いという感じを赤いという観念と思ってしまう。赤いということは、それを何かに基づけることがなくとも、それだけで明らかになるかのように思ってしまう。それが何かを表していて、その表している内容をほぐしてゆけば、それについての理解が進むかのように思ってしまう。

　これがことの真相であるとするならば、そのことの原因は、私の思い方がそうなっているということにしか行き着かないであろう。もしこのようにして虚偽の一つが生じるならば、それは私の欠陥から生じることになる。もし、しかし、このことが虚偽ではないとしても、つまり、そういう感じを観念として捉えてしまうことにそれなりの積極的な理由があるとしても、だからといって観念であるかどうか定かではない、そういう何かがうっすらと表していると思われる内容の原因を私とは別のところに求めなければならないことにはならない。というのも、それらがほんのわずかの〈ものらしさ〉を表示しているとしても、あまりにもわずかで、私自身以外に原因を求めなければならない理由がわからないからである。かくして、物体の観念が表している第三の類のなかには、それを足場に私を超えて行くことのできるものはないことがわかった。

実　　体

　それでは，物体的事物の明晰判明な観念のなかには私自身以外に原因を求めなければならない，そのような観念があるのだろうか。第二の類に含まれるように思われる実体と持続と数について検討してみよう。だが，これらの観念は私自身の観念から借りてこられるようにみえる。たとえば，石は実体であると考えてみる。実体ということで，考えてきたことは，「それ」について性質が付け加えられる「それ」であった。この「それ」を立てておくのでなければ，付け加えられるべき性質はよりどころを失う。その点で「それ」の方は「それだけで実在することに適しているもの」と考えられる。これに対して付け加えられることになる「長い」とか「白い」がそれだけで実在するに適しているとはとても考えられない。たとえば，石ならば，それだけで実在すると考えても，奇妙なところはない。それでも「それだけ」という表現が気になるであろうか。繰り返すことになるが，「それだけ」というのは，私の思いの領域のなかで他に何かを付け加えなくても安定するということを示している。

　「尖っている」は「尖った石」と考えなければ安定しない。「石」は「石」だけで思いの領域のなかで思われているかぎりにおいて実在するものとして安定する。ところで私が実在することは，このことの意味が十全に明らかになっているとは言えないにせよ，既に確実なことであった。実在するに適しているという規定に基づくならば，当然のこととして私は実体であるということになる。石も私も実体である。とするならば，私は，私以外の何かを参照することなしに「実体である」ということの内容を獲得することができる。私は思うものであり，広がっているものではなく，石は広がっているものであり，思うものではない。この点では私と石とはとんでもなく異なるが，しかし，それだけで実在するに適しているという点，つまり，実体であるという点では合致している。実体であるという思いが成立するために私が私でない何かを要求するということはない。

持続と数

持続についても，数についてもそうである。というのも，私が今ここにいると思い，また私が昨日何かをしたと思い出す場合，つまりは私は昨日も実在していたと想起する場合，私は私がその間も持続していたと思うのである。そんなに長い間でなくともよい。私がさっきは何かをしていたし，今は違うことをしていると思う。その場合に，私は「さっき」と「今」の間もあり続けていた，つまり，持続していたと考える。意地の悪い人は，「さっき」の私と「今」の私とが同じ私だとどうして言えるのかと問いただすかもしれない。しかし，ここで問われているのはいわゆる「人格の同一性」という問題ではない。この問題は共同体とその社会が開けてから問われうる事態に根ざしている。今は思いの領域のなかで，先にも述べたように，思うものと「私」とが交換可能であるような，そのような領域のなかで問いを進めている。

それでも，「さっき」と「今」もどう区別がつくのかと問われるかもしれない。これも贋の問題である。〈私があり続けると思う〉ということが与えられるならば，それで事足りる。そのように思うことから「持続」という思いを形成することができる。数についても同様である。ああでもない，こうでもないと考えているときには，いくつかの思いが現れては消え，消えては現れている。もちろん，一度にいくつかのことを思ってもよい。私は三つの可能性を考えることがある。そのように私は数を使う。石が三つなければ，世界中のどこかに何らかの物が三つなければ，私が「三つ」という数を思うことができないとは考えられない。持続という思いにせよ，数という思いにせよ，私以外の事物が世界のなかに実在していて，それを参照しなければ，それらの思いを形成できないというものではない。むしろ，私がこれらの観念を作り上げて，それらを他の何かに適用することができる。

延　長

物体的なものの観念を構成している三つの類のうちの二つを検討してきた。残っているのは，第一の類に入るもの，つまり，広がり，形，位置と運動である。実体ということがどのようなことであるのかわかりはじ

第6章　絶対的他の第一証明　　127

めている今となってみるならば，これらが実体ではなく性質であることもわかる。つまり，それらは，それだけで実在するには適していないということである。その点では，実体はこれらの性質よりも〈いっそうものらしい〉，いっそうの実象性をもつ。どちらかが実在するとするならば，実体の方であり，性質の方ではない。そのように広がり，形，位置，運動は，広がっているものの広がり，同じくそれの形，位置，運動である。それに対して，思うものである私は五角形ではない。広がりをもたない。しかし，私は思うものとして，五角形について思うことがある。つまり，私は広がりなり，形なり，位置なり，運動の観念をもっている。

　そのような仕方で広がりは私に含まれている。私に思われているそれらの性質を，思われているなりに思いの領域のなかで説明することができる。アイスクリームを例にとることを通して明らかになったように，「広がりをもった何か」ということは知性の働きによって捉えられた。広がっているものということも思いのなかで知られたことである。この広がりの限定によって形が説明され，形相互の関係として位置という観念が得られ，位置の変化として運動という観念が得られる。そのように振り返って考えてみるならば，これらの性質は私のうちに，観念という仕方で，言い換えれば，当のその性質そのものとしてではなく，それを凌駕する仕方で含まれているということがわかる。凌駕する仕方と私が言うのは，この場合には，私は思いの領域のなかでそれらの観念を構成できるということを示している。

絶対的他が残る

もし，私のもっている観念のなかの或る対象的実象性がきわめて大きく，当の実象性が私のうちにそのままの仕方でも。それを凌駕する仕方でもないということが示されるのならば，その実象性をもっているのは私ではなく，したがって当の観念の原因も私ではないということが私にとって確実になるのであった。そしてそのような観念の候補として，私自身を私に表示する観念，絶対的他の観念，物体の観念，私以外の人間の観念，人間以外の動物の観念の五つを挙げた。これらの観念の表している内容について，その素材を思いの領域のなかに見出すことのありえない

観念がないかどうか，注意深く探査を続けてきた。その結果，絶対的他の観念以外は候補からはずれることがわかった。もし，絶対的他の観念の表す実象性も私の思いの領域のなかで組み上げることができるとするならば，言い換えれば，この観念の作用的で且つ全体的な原因が私でありうるとするならば，私ではない何かが実在することを私に確信せしめる立論はない。その場合には，私にとって確実であるということを超えた確実性を私が主張する論拠はないことになる。それとともに，私以外の何かの実在を確定しえないのであるから，私が実在することの意味も明らかにはならない。

無依存的，全知，全能

残っている絶対的他についてもこれまでの探求のなかで少しずつわかりかけている。それを今のこの段階で纏め直してみれば，次のようになる。絶対的他とは，無限で，無依存的で，全知で，全能で，私自身だけではなく，何か実在しているものがあるとすればそれら実在している一切の事物の作者であり，創造者である。一言で云えば無限な実体である。先ほど得られたように，実体であるということはそれだけで実在するに適しているということであり，そこに無依存的という規定の根拠を見ることができる。このように無依存的ということを，私が私の思いの領域のなかに素材を求めつつ，作り上げることができた。また，全知ということも，全能ということも，私には理解できるのであった。すなわち，すべてを知っているということも，すべてを為すことができるということも，私には理解できる。もちろん，そのままの仕方でそれらのことを私に当てはめることはできない。私には知らないことがある。知らないからこそ知ろうとしている。私にはできないことがある。だからこそ，できるようになりたいと願う。だがしかし，物体の観念が表している広がりということについて振り返ってみるならば，この広がりということをそのままの仕方で私はもってはいない。それでも，それの観念を私が私に依拠しながら形成することができた。それと同じように，「全知」とか「全能」という観念を私が私に依拠しながら形成することができるのならば，それらの規定は凌駕するという仕方で私に含まれていることに

なるであろう。

すべて

鍵は「全知」,「全能」という規定が含む「すべて」ということにある。先に見つけたように,すべてを知っているということがどのようなことであるのか,例を出して説明することはできる。たとえば,或る会社を構成している人員のすべてを知っているとするならば,そのことを何年何月何日付の社員名簿に記されている人員をくまなく知っているというように説明することができる。さりながら,知っているということについての理解は別にして,「すべて」を「くまなく」で言い換えることによって何を説明したというのであろうか。もっと簡単な例を選んでみよう。机の上に五つのコップがあるとする。私は机の上のすべてのコップを数え上げて報告することができる。そのように何か限定がついている場合の「すべて」について私は理解するのに困難を見出さない。先ほどの,或る会社を構成している人員のすべてであっても,その調べ方,数え方を知っているからである。世界の全人口でも同じである。どの程度の精確さを期待できるのかということは別にして,地球上に実在する人を一人ずつ数えていったその数,というように理解できる。

何々の限りのすべてということを,如何ようにしてかは別にして私は理解できる。しかしながら,限定のついていない「すべて」について私はどのように考えたらよいのであろうか。既に知られているように「すべての人は思うものである」に類する言明は「人」を超えたところに身を置いてなされる言明である。もし「すべてのものは,あるかないかである」という言明が許されるのならば,この言明は「もの」を超えたところでなされなければならない。今のところ少なくとも,この言明が何の役割も果たさない言明ではない,ということは私にわかる。それでは〈ものを超えた地点での言明〉とは一体どのようなことなのか。「すべて」ということの限定をはずしてゆく方向に徹底してゆくときに,「もの」という最早ほとんど限定とは言えないような限定に行き着く。しかしそれでも,まだ「ものである限りのすべて」という限定を見つけることができる。私が最初の例で,「すべて」を「くまなく」で言い換えて説明

したように，限定が希薄になればなるほど言い換えによる説明しかなくなるのではないだろうか。つまり，「すべて」を表現から消去することができなくなるのではなかろうか。

すべての使い方

人数，物体の数，事件の数などならば，調べ方ないし数え方で「すべて」を代替させることができるかもしれない。それらの場合ならば，一目で見て取れる範囲のなかで実地に例を示し，それを繰り返すという仕方で「すべて」を体得することができるかもしれない。だが，しかし，どのようにして「すべて」の使い方を体得することができるのだろうか。まずもって，限定された状況のなかで「すべて」という把握を使うことができるようになるのは，どのようにしてであろうか。

この机の上に五つのコップがある。あなたが私に，その机の上のすべてのコップを取ってくれと頼む。そうすると私は五つのコップを運ぶ。今度は六つのコップがあるとする。同じように私が頼まれるならば，私は六つのコップを運ぶ。最初の依頼に際して，四つのコップしか私が運ばなかったとする。私は何を間違えたのであろうか。それらがコップであることを私は知っている。数えろと言われるならば五つと数える。数えた数と同じだけのコップを持ってくるように頼まれるならば，五つのコップを運ぶ。しかし，すべてのコップを運ぶように頼まれると，四つのコップしか運ばない。おそらくは，私は「すべて」ということを，私に依頼した人とは違ったように考えているのであろう。依頼した人は「すべて」の代わりに，「全部」とか「すっかり」とか「そっくり」とか「五つ」などの表現を繰り返しながら，何度か私に「すべて」の使い方を教えようとするであろう。

机の上に五つのコップがあって，それが五つであることを私が確認し，「すべてを運びなさい」と言われ，私が四つのコップしか運ばないとしたならば，私には「すべて」の使い方がわかっていないのである。依頼人は何度か勧告した後で怒り出す。私はその人に向かって「すべて」ということであなたは何を言いたいのですかと尋ねる。その人は，五つあれば，五つのこと，六つあれば，六つのことだと答える。数え終わった

第6章　絶対的他の第一証明

ら，その最後の数が「すべて」を示している，と。今度は机の上に66個のコップが置かれているとする。私が数えて，数え間違い，65と数えたとする。そしていざ持って行く段には，65のコップを正しく数えたとする。そうすると一つだけ残る。私には机の上のコップは65個なのだから，「すべて」を運びなさいと言われるならば，私は上の教えに従って最後の数だけのコップを持って行くのである。このとき，なぜ私は数え間違えたと思うのか。なぜ残った一つをも含めて「すべて」のコップだと思うのだろう。もし反対に，67と数えたら，私はどうしたらよいのであろうか。「すべて」を運ぶために不在の一個をむなしく探すことになるのか。私が「すべて」ということを知ってしまっているから，このようなことが起こらない。それだけのことではないのか。

　もう一つ「すべて」の使い方を教えるための仕方がある。数を合わせるのではなく残りをなくすという仕方である。あなたが私に「すべてのコップを運びなさい」と指示する。それとともに「机の上にコップが残らないようにしなさい」と付け加える。私は机の上からコップを取り除く。机の上にコップがなくなるまでこのことを続ける。少なくとも「机の上」という限定の中では，すべてのコップを運んだのと同等の事態を私は作り出すことができる。机の上に何も残っていないことを見て，私はすべてを運んだと確認する。机の上にコップは何も残っていない。机の上をくまなく見てもコップは見つからない。

　「すべて」ということが残りのないことに置き換えられる。核心だけをとり抜けば，「何もない」ということで「すべて」を置き換えている。別の言い方をすれば，〈すべてのコップ〉の代わりに机の上にどんなコップもないということを使っている。机の上にどんなコップもないと確認するためには，机の上をくまなく探す。蚤が使うようなコップならば，これをくまなく探すのは相当の困難を伴う。もちろん努力の量とか，探し方についての工夫が問題なのではない。肝要な点は「すべて」の代わりにやはり「くまなく」を使ってしまっているということである。「すべてのコップ」を「コップはすべてない」に変換しているに他ならない。たくさんのコップを数えるのよりも，或る限定された場所にコップが何もないということを確定する方がずっと間違えにくいという点で異なる

だけである。逆に言えば,「すべて」ということの理解をすでに使ってしまっているという点では何の異なりもない。要するに,わかったことは,残ったものが何もないようにしなさいという「すべて」の使い方の教示は,当然のことながら「何もない」に含まれている「すべて」を使ってしまっているということである。

事物と数の対応とすべて

机の上に置かれたコップの場合のように,実在する事物の数を数えるときには,あたかも事物と数とを対応させるかのように数えるかもしれない。何なら,コップの一つ一つに番号を付けてゆけばよい。それでも番号を書き間違える可能性は残る。その場合には,最後の数と「すべて」との間にずれが生じる。しかし,たとえば,画面上に15秒に一回一つの点が生じるように,プログラムを組み,さらに,その一つの点を示す値に或る係数をかけ,さらに30秒に一回三分の一の点が消えるようにする。この場合には,数えなくとも或る時点において現れているすべての数を計算することができる。この場合には正しい計算結果を「すべて」とみなしているのである。

このことは事物と数の対応づけが「すべて」の理解にとって原理的には関係がないことを示している。したがって,あなたと私との「すべて」についての理解の異なりを,事物と数との対応づけを用いてなくすことはできないことが示されたことになる。ということは,調べ方,数え方で「すべて」ということの理解を代替させることのできる場合があるとしても,それでもなお〈ずれ〉の可能性は残り続けるということでもある。庭に散乱している石を数えることができなくとも,重さを量ることができなくとも,「庭の石をすべて入れ替えよう」と考えることはできる。その「すべて」は空間的限定によって確定していると言うのだろうか。「庭」という空間的限定の範囲のなかでの「すべて」が理解されている。このことは或る空間的限定が「すべて」ということを制約するにせよ,そのことが「すべて」ということを不要にすることはないということを示している。「庭のなかの石」と「庭のなかのすべての石」とは異なることを表示している。「すべて」ということを私は何らかの事物

に対応させる以前に知っている。

限定なしのすべて

もう一度繰り返すと，限定が付けられた「すべて」ならば，何とか言い換えたり，実地に示すことによって，多くの人が同じ結果を生み出すように工夫することができるかもしれない。それでは限定の付いていない「すべて」の場合にはどのようなことが考えられるのであろうか。「すべてを知る」というのが一つの例である。一つ一つの事象を提示していっても，それについて知らないということがない。これだけでは「すべてを知る」ということには至らない。なぜならば，一つ一つの事象を提示するということに終わりがあるのならば，その事象は限定されているということになるからである。そしてもし終わりがないのならば，知らないということがないということから，すべてを知っているということへの転換は不可能である。ここで私は「すべて」ということと「無限」ということがつながっていることに気づく。限定のないすべては終わりのないすべてであり，それを「無限」と言ってもよいように思われる。

　終わりのないすべてと言っても，たとえば，自然数のようなものを考えることはできない。それは単に無際限に続くだけである。それを「すべて」の自然数というように括るときには，限定付きの「すべて」が考えられている。これに対してどんな限定もない「すべて」を「無限」と呼んでおく。そのような「無限」，限定のない「すべて」など理解不能だと思われるだろうか。どう控え目に考えても，少しはわかっている。それどころか，逆であることに私は気づいているのではないのか。そもそも限定が付けられた限りの「すべて」が理解できるということは，一つ一つの限定が異なっていても，その限定とは別に「すべて」ということが了解されているということである。多くの異なる限定の下で「すべて」が使われているということは，限定なしの「すべて」が知られていることの証拠以外ではあるまい。それがさまざまな限定付きの「すべて」を代表する「すべて」であるとしても同じことである。限定なしの「すべて」を私はわかっているのに，手持ちの素材でこれの内容を組み上げることができない。

無限な実体は実在する

限定抜きの「すべて」つまりは無限ということを，私の思いのなかでどのように組み上げようとしても，私はどのようにしてもその思いを構成できない。振り返ってみれば，無依存性という規定性についても同じようなことが考えられる。実体の規定として，さいぜん私が手に入れたことは，「それだけで」実在するに適しているということであった。何であれ，性質と考えられる限り，そのものはそれが或る何かの性質である，そのような何か，つまりは実体を要求する。その点で，性質は実体に依存するが，実体は性質に依存しない。実体の規定として獲得された「それだけで」ということはこのことを意味していた。しかし，絶対的他について考えられた無依存性はこのこと以上のことを示している。つまり，石や私のような有限実体は作者を自分以外のものに求めるが，絶対的他についてはそのように言えないからである。私の起源の作者がさらに作者をもつならば，それは起源の作者ではないことになる。

さらにまた，絶対的他は，あらゆるものを創造したのだから，絶対的他によって作られるものと，絶対的他という作るものとの間には，性質と実体との差異とは異なる差異がなければならない。そのように考えるならば，絶対的他の規定として考えられている無依存性は有限的実体のありさまを超えているように思えてくる。この点はいまだ定かにならないとしても，既に無限実体ということで私の思いの領域を超えた何かにたどり着いてしまっていることは確かである。無限な実体の観念が表している実象性，限定抜きのすべてであるような無依存的実体であるということ，そのことを私は知ることができるが，しかし，どのようにしてもそれが私であるとは考えられない。有限的なあり方をする私の思いを素材にして作り上げることのできる観念であるとは考えられない。

限定なしにすべてを知り，限定なしにすべてを為し，自分以外の何ものにも依存せずに実在する実体，これらの表現の意味するところを，一つずつ私は理解することができた。しかし，私はどうにもそれに成り代わることができない。これらの規定を理解しようとして，それらの理解に先立って無限について既に知っているということが顕わになった。私は私が無限実体であることを示すための証拠をもっていない。それゆえ，

私は絶対的他が実在すると結論する。

無限は有限の否定ではない

無限の観念が有限という観念に先立つというのは誤りであり，有限を否定することを通して無限という観念が形成されると反論されるかもしれない。静止という観念は運動の否定によって得られ，闇という観念は光の欠如として得られる。そのように有限という観念を否定して無限の観念が得られるという反論である。しかし，有限を否定しても無限は得られない。限定を否定して得られるのは無限定である。このようにして形成された無限定という観念が示しているのは，限定がないということである。限定がないことと〈すべて〉ということは異なる。限定がないということは規定性のなさを示している。〈かくかくである〉と言えないということである。すべてであるがゆえに表現を超えているということと，何もないがゆえに表現できないということとは異なる。私の行き着いた無限実体は私よりも〈いっそうのものらしさ〉，いっそうの実象性をもつ何かである。無ではない。

それでも，無限定ということは限りのなさを示しているではないかとさらに反論されるかもしれない。限りがないということは空間的イメージを使うならば，広大な宇宙を表現する言葉として用いられることがある。空間的限りのなさであるのならば，それは際限がないということを示し，限定を超えたすべてということを示してはいない。質的イメージを使って言うならば，限りなく深い愛をいくら重ねていっても，無限の愛にはなるまい。そもそも限りがないということは，何かしらイメージに依存しながら肉付けがなされる摑み方であろう。ところで，私は，三日目の最初にイメージとフィーリングを遠ざけることに決めた。それらがなぜ形而上学的思索を暗くしてしまうのか私にはわかっている。イメージを用いながら述べたことは，探求の道筋からの逸脱に他ならない。

私は自分が欠けていると知っている

かくして，わかったことは有限を否定しても無限を得ることはできないということである。「多数」を否定して得られるのはせいぜい「少数」

である。有限の否定とは、〈いっそうない〉側に向かって否定することか、あるいは、〈いっそうある〉側に向かって否定することか、それら以外にはない。無限を目指すには〈いっそうある〉側へと否定しなければならないが、この操作では程度を超えることができない。この操作によって私を超えたものに到達することはできない。だがしかし、「人間ではない」という言表が人間ではない一切に及ぶように、否定の道を通して無限に触れることはできるかもしれない。あたかも私を裏返すと宇宙の一切が現出するように。

　しかし、その場合にも、裏返すための一点だけは「すべて」のうちに含まれないことになる。「ものでない」ということはものを包み込むことができない。有限の否定によって無限を構成することはできない。私はこのことをいくつかの仕方で知っている。私が疑いの道に踏み込んだのは確かなことを知らなかったからである。確かなことを知ってはいないと私が知るのは、確かなことについて何かしら知っているからである。少なくとも、私に何かが欠けているのを知っているからである。私が何かになりたいとか、何かを得たいと望むのは、私が今その何かでないからであり、私が今その何かをもっていないからである。そのように私が自分に欠けている点があることをどのようにして知るのであろうか。私がその何かになっている状態について、私の願望が満たされている状態について、私は何かを知っている。しかし、何かになっている状態のすべてを知っているということは、その何かになっていることと区別を付けることができない。

無限の観念の先行性

もし、私が幸せになりたいとするならば、私は自分が幸せになっている状態のすべてについては知ってはいないのである。私が配管工になりたいとするならば、私は配管工である私に生じることのすべてを知ってはいない。否、私が配管工になったとしても、配管工である私に生じるすべてのことを知ってはいないのではないか。再び否である。配管工になった私にとって、配管工である私に生じるすべてのこととは、私に生じることに他ならない。私が今の私に生じることを、他の誰かに比べて、

第6章　絶対的他の第一証明

ほとんど「すべて」知っていることになっている。そういう仕方での「すべて」を，配管工になった私は配管工である私に生じることとして知っている。しかし，私は私が幸せになっている状態のすべてを知ることはないし，将来の配管工である私に生じるすべてを今私が知ることもない。欠乏と希望はアンドロギュノスのようである。

　私に生じることを私が知る場合のように「すべて」を知っているという位置に立たされる，あるいは「すべて」を知っている気分になることができる，ということは「すべて」を知っているわけではないということを顕わにしている。私は何かになりたいと思うとき私は満たされていない。この満たされなさがけっして飽和されることがないのを知っている。私はいつも〈ない〉を抱え込みながら〈したい〉と願うのである。なぜこのように〈ない〉を抱え込んでいるのかと思い直してみるときに，〈ない〉の否定を介して無限ということが完全さの向こうに見えてくる。私がいっそう完全になりうるということがないということは〈したい〉ということがないということである。望むということはいっそう完全な何かとの関わりのもとで生じる。否定を通して無限を求める道は丁度その分だけ有効なのである。無限はいっそう完全ということを通して私の望みを導くが，望むという働きに応じて無限の観念が得られるわけではない。無限の観念は，有限という観念が観念として成立する条件として，その意味で有限に先立つ何かとして見出される。

絶対的他と真理

絶対的他の観念は質料的虚偽をおかしている観念ではないか。この想定される第二の反論に対しては次のように答えることができる。反対であって，絶対的他の観念は，それが無限であるからには有限実体の観念よりもいっそうの対象的実象性を表している。ものの観念のなかでもこれ以上〈いっそうのものらしさ〉を表している観念はない。この〈ものらしさ〉は肯定的な規定性の度合いを示している。様態よりも実体の方が，有限実体よりも無限実体の方が〈いっそうのものらしさ〉つまりいっそうの実象性をもっている。それゆえ，絶対的他の観念が質料的虚偽をおかしているということを恐れなければならない理由はない。質料的虚偽

とは，繰り返して言えば，何かをそれが〈もの〉ではないにもかかわらず，〈もの〉であるかのように表してしまう観念であった。観念をものの観念として捉える限り，「冷たい」という感じを観念として括るときに，「冷たいもの」を表す観念のようになってしまう。「冷たい」という観念はこの点で実象性の段階ゼロの観念であるにもかかわらず，観念として括られるときに実象性を映し出すかのように働く観念である。丁度これと反対の方向に絶対的他の観念が展望される。この観念はこれ以上はないという実象性（リアリティ）を表している。

　絶対的他は私を超えているだけではなく，私の起源の作者，私だけではなくすべてのものの起源の作者として一切の源である。一切のものの作用的で且つ全体的な原因である。その観念はこの上もないリアリティ（実象性）を表している。このような絶対的他の観念を，私の欠陥から生じる質料的虚偽をおかす観念の対極においてみるときに，私は絶対的他の観念がまた真なる観念であることに気づく。ものの観念を観念と規定している今，「冷たい」の観念は偽なる観念である。その対極に真なる観念としての絶対的他の観念を見出す。このことは，絶対的他の観念が，あらゆる観念に先立って真なる観念であるということの結構を明らかにする。先立つと言っても，もちろん時間的に先立つのではない。見出されるのはむしろ後である。絶対的他の観念の真理性が，その他のあらゆる観念の真理性に先立つのは，その観念への旅程を経過してはじめて，その他の観念が真なる観念であるということの内実が判明するからである。その観念によって他の観念が真であると判明する。その観念が絶対的他の観念なのである。真なる観念と判断の真理とは異なる。真なる観念とは真上に超えようとしている今の場合には〈ものの観念〉ということである。このことが至上の実象性に突き当たることによって確定する。絶対的他の観念は他のどの観念よりも真であり，明晰判明である。

真なる観念

思いの領域のなかで，思われたものが一つの焦点を結び，他の思いとの区切りがはっきりしている場合に，私はその思いを確かに捉え，真に捉

えたと述べておいた。そのようにして〈私が明晰判明に捉えたことは真である〉と言ってよいように思えた。形而上学的探求を進める上での方法的基準としてこれを立てておいたのである。観念の表すところに着目するという途へと踏み入って，私は物体の観念に着目しながら，広がりということ，形ということを明晰判明に捉えた。物体は広がりをもった何ものかであり，その広がりの限界づけによって形は摑まれた。アイスクリームを例にとって探査したときのように，少なくとも，私にとって物体が広がっている何かであることはまぎれもないことであった。また，私自身の観念も思うものとして明晰判明な観念であった。このように物体が広がるものであり，私が思うものであることが明晰判明な観念として捉えられる限り，それらの観念は真なる観念であるとしながら歩みを進めてきた。

　そして先ほど至り着いたように，絶対的他の実在を証明することを通して，絶対的他の観念があらゆる観念に先立って真であることがわかった。私を超えた起源において，絶対的他の観念が真であると立証されたのである。別の言い方をしよう。絶対的他の観念が真であることはその観念を私が明晰判明に捉えていることに根拠をおくのではない。私が思うものであることは思いの領域の結構を基盤にして明晰判明に知覚される。これに対して，絶対的他の観念が明晰判明であることは，当の観念によって表出されていることの内容を，私が理解しながらも，この内容が私の理解を超えていることをも私が知っている，という地点で開かれる。

私の無名性
絶対的他の観念が明晰判明な観念であることの理由は，私がそれを捉える捉え方に依拠して与えられるのではなく，それが無限実体であるということから与えられる。有限実体である私の実象性を超えているがゆえに，そのように私の作用的で且つ全体的な原因であるがゆえに，絶対的他の観念が表している内容は私を根拠にしない。その観念は他のあらゆる観念に先立って真である。無限であること，無依存的であること，全知であること，全能であること，これらをそれなりに私は明晰判明に捉

えた。その一方で、これらの規定は私を超えており、絶対的他の観念の内容として私に与えられた規定であることもわかった。そのように私は絶対的他の何であるかを知ることができるが、絶対的他を包括的に把握することはできない、すっかりわかってしまうことはできない。

　私の思いの領域において明晰判明ということは私に依拠する。つまり、何ごとかを明晰判明に知覚するのは私である。絶対的他の観念を介して私を超えた真理性が開示された。それも私が明晰判明に捉える観念を通してこの真理性が顕わになる。かくして私の思いの領域のなかで私を超えた真理性が見出されることによって、明晰判明な知覚は〈私の〉思いという限定性を不要にする。私が明晰判明に捉える場合の「私」の無名性の根拠が明らかになる。そのように捉えられた内容は思われたものとして観念でありながら、〈私の〉思いの領域ということを廃棄している。簡潔に繰り返すならば、絶対的他の観念が真であるということは、私の思いに依存しない真理を私が捕捉することの可能性を示しているということである。明晰判明に知覚するという私の働きの所産が、私を超えた真理を捉えることを通して、「私の」という限定を不要にする。明晰判明に知覚することが真理を捉えたことになる。ただし、思いの領域において。しかし「私」という限定なしに。

可能態と現実態

絶対的他の観念が偽なる観念ではなく、真なる観念であることがわかり、絶対的他の実在証明に対する可能な反論の二番目のものを取り除いた。しかし、もう一つ可能と思われる反論がある。私をどんどん大きくしてゆけば絶対的他になるという反論である。私は自分で考えている以上のものかもしれない。今はこのようであるが、時期が至れば現れていなかった完全性のすべてを現実化できるかもしれない。私が絶対的他に帰したさまざまな完全性のすべてを私が可能態としてもっているという想定である。私は子供の頃よりもずっと多くのことを知っている。昨日知らなかったことを、今日は知る。このようにして次第次第に知識を蓄積してゆけば、そのようにしてすべてを知ってしまえば、神のようになることもありうるのではないか。実際には、私は知識を蓄積する、そのそば

第6章　絶対的他の第一証明

から多くのことを忘れてゆく。どうにもすべてを知るに至るとは思えない。しかし，もし，そうだとしても，すべてを知ることができるという可能性，すべてを為すことができるという可能性が私のうちに秘められているのではないのか。

　このとおりに考える人はほとんどいないであろう。だが，このように，気づかぬうちに考えている人はいるかもしれない。人は成長する。可能態としてあったものが現実化される。そのように言える場合もあるかもしれない。しかし，絶対的他との関連で考えるならば，いまだ現実化されていないということは，不完全性の証に他ならない。次第次第に身につけるということ自体が有限的なあり方を示している。既にわかっているように，次第次第に大きくなるということの先に展望されるのは無際限な拡大であり，無限ではない。だから，絶対的他を，私を大きくしたもの，私を完全にしたものと捉えることには理由がない。それだけではない。可能態であるということは現実態ではないということである。

　絶対的他の観念が表している内容は「ある」。この「ある」は観念の内容として表された対象の「ある」である。この「ある」はないのではない。その「ある」ことの原因は問うことができるのであった。観念の対象的実象性の原因を求めて，可能態としてある何かを探すことはできない。なぜならば，現実態としてない何かを，つまり，まだ現実化していない，その意味で「ないもの」を「あるもの」の原因に指定することはできないからである。絶対的他の観念の表している実象性の原因として，可能態において私に含まれている何かを割り当てることはできない。私に可能態としての全知がたとえ含まれていても，全知ということを私が理解している理由としてそのことを挙げることはできない。現実態としての全知の作用的且つ全体的な原因として可能態としての全知を設定することができないからである。一言でまとめれば，可能態の「ある」ことを現実態の「ある」ことの原因に指定することはできない。

　最後に，可能態が現実態に「なる」という説明はどうであろうか。これで上の難問は回避できるのだろうか。しかし，可能的なものが現実的に「なる」という組み立てを使って，絶対的他に至るための立論を作り上げることはできない。絶対的他を「なる」，生成という考え方で説明

しようとするとき，説明する私が不在になる。というのも，「なる」前，絶対的他の生成以前には何もないのでなければならないのだから。言い換えれば，「なる」という仕方での絶対的他への接近は，私の経験をないものとする地点で立論を開始することになる。要するに，可能態から現実態への展開を「なる」として捉え，これを軸にする証明をもし構築しようとするならば，結果から原因へと進む道のなかに私は現れないことになり，立論の拠点を私が支えることができなくなる。

第 7 章

絶対的他の第二証明

―――――

絶対的他の第二証明

さて次に，私があり，実在するということの意味を求めて，私のあることと実在することの起源へと遡ることにしよう。今度は，絶対的他の観念の表す内容の原因ではなく，思うものとして実在する私の作用的且つ全体的な原因が求められる。求められるべきは私であることと私があることとの両方の原因である。問いは「私は何によってあるのか」と表現される。答えの候補を，私自身か，私の両親か，絶対的他か，両親よりも完全であるが絶対的他よりも完全ではないものの四つに絞ってよい。実象性の度合いという点から見れば，これ以外の選択肢はないからである。

まず，私自身からはじめよう。私は私の作用的で且つ全体的な原因ではない。なぜならば，私は既に絶対的他の観念が表している無限性について知っていて，もし私が私の原因であるのならば，私はこの無限性を私に与えているはずだからである。有限的なありさまよりも無限的なありさまの方が〈あることのありさま〉としていっそう優れていることを私が知っていながら，私を有限的なものとして私が創るということを想定する余地はない。欠点とか，欠陥というものが，補填されるべきもの，改善されるべきものであるのならば，その限りにおいて欠点のない私を私が創ることができるにもかかわらず，欠点のある私を創るということを想定することはできない。

もし，あなたがはじめから欠けた茶碗を制作するならば，それはあな

たがそのように欠けていることをよいこと，美しいことと考えたからである。その欠けた部分は補填されてはならない。制作者にとって当の茶碗が欠けていないよりも欠けている方がいっそう完全なのである。いっそう優れたものを作ることができるにもかかわらず，それに反していっそう劣ったものを作ることはできない。もし，出来上がったものが，或る観点から見ていっそう劣ったものであったとしたならば，制作者はその観点から当の作品を作らなかったのである。もちろん眼高手低ということは別問題である。制作者は自分の能力の限りで一番よいと思われるものを作る。

私は私を創らなかった

そのようなわけで，もし，私が私を創るのならば，私にとってこれ以上はないというありさまを私に与えたであろう。もし私が私を創りだしたのならば，私は疑うことも望むこともなかったであろう。本当のことを知りたいと思うこと，希望をもつことは，私に欠けているところがあるということを教えている。その上また，私に欠けているものを付け足すことの方が，既にもっているものを作り出すことよりもいっそう困難だということにはならない。私は思う実体であり，私に欠けているものはその実体に付け加えられる何かである。実体があって，それに何かが付け加わるのであるから，付け加えられるものを産出することが実体を産出することよりもいっそう困難だということは，どう考えてもない。私が私自身で自分をいっそう完全にしてゆくのよりも，そもそも私を作り出すことの方が困難なのである。

さらにもし，実体を産出するよりも，たとえば，すべての認識を私に与えることの方がいっそう困難であるのならば，その困難さが私にはわかっていて，そのように私には困難であると私に思えているであろう。その場合には私の能力の限界を私は見つけていることになる。言い換えれば，私には欠けている点があると私は知っていることになる。私が私の作者であるのならば，そのようなことは生じない。私は私を創らなかった。

私の実在は与えられたもの

しかしながら、私が産出されなかったと考える途も残っているのではないのか。私が産出されなかったということは、私のあることは確実なのであるから、私が今あるようにずっとあったということである。もしそうであるのならば、私にとって私があることは、私があること以外には何ものも、何ごとも、必要としないということになる。もちろんその場合には、私には欠けるところがないということにもなる。そして私に生じる変化も否定される。私には欠けるところがあり、私は変わる。それゆえ、私にとって私のあることは私以外の何も要しないということはありえない。自足しているところに不足もないのだから。このことが示しているのは、私は何かによってあらしめられているということである。昨日の私が今日の私を実在せしめている、産出しているということがありえないのと同じように、ついさっきの私が今の私を産出する原因であるということもありえない。このことはどのように時の流れを分節化しても同じように言える。

時の流れといっても、私の思いの領域のなかで私の考えている持続であり、時の流れである。この時の流れは、私の思いのままに区切られうるのであるが、どのように私が区切っても先行する私がその後に来る私の原因であるということはない。既に明らかなように私が私を産出するのではないからである。そのように考えてみると、私の一生はどのようにでも、無数に区切られ、そのどれをとっても、その他の部分に産出という点で依存することはないということがわかる。より先なる時とより後なる時というように時の流れが捉えられるならば、そのような時のなかのどれか特権的な時に私が産出されたということはない。思いの領域のなかで区切られる時のなかに、私が産出される特権的な時はない。

私の一生はどこまでも細分化されることができ、そのどの部分も他の部分に依存しない。しかもずっとあり続けることもない。私は他によってあり、実在する。いつか産出されて、いつも産出され続けている。そのような仕方で私の実在は始まりと終わりをもつ。私が私を産出するのではなくいかなる時にも産出されているということは、私の実在のありさまを示すことである。私は私によってあるのではない。私にはこの私

であるその私を実在せしめる力はない。私は思いの領域のなかで探求を進めている。それゆえ，或る何かを，どのように調べていっても私の思いのなかに見出すことができないとしたならば，そのものは私の思いを超えている。私の思いにとって他なるものである。思うものであるその私を実在せしめる力，これを私は意識することがない。とにもかくにも，私を実在せしめているのは私の思いの領域を超えた何かである。私の実在は私にとって与えられたものである。

自分によって，他によって

形而上学の立論にしたがって論じ進めるならば，因果の規則として提示したように，結果のうちにあるのと少なくとも同じだけのもの，言い換えれば，同じだけの実象性（リアリティ）が原因のうちになければならない。これが結果から進んで原因の実在を探る途における唯一の橋である。絶対的他についての二番目の実在証明もこの橋を渡る。私は思うものであり，絶対的他の観念をもっている。この私の実在の原因を求めている。この原因もまた結果であり，そのまた原因が探られるということも考えられうる。このように自分以外の原因を求める原因であるということは，それは自分が自分の原因ではないということである。この因果系列を辿って進むならば，そして系列を無際限化して無原因ということに陥らないならば，必ず自分が自分の原因であるような何かに到達する。無原因ということが想定不可能であるのは，私の現にあることが確実だからである。因果系列を辿って至り着かれた原因は，因果の規則に従って結果のうちにあるのと少なくとも同じだけの実象性をもっていなければならない。そのものはまた，自分によって実在することの力をもっていることになる。

　このものは自分で自分をあらしめるのであるから，観念が表しているという限りで，私が絶対的他のうちに見出したすべての実象性・完全性をそのままもっている。つまり，無限なものである。この無限なものが二つ，あるいはそれ以上あるということはない。私は絶対的他の規定として限定のない「すべて」ということを見出した。「すべてを知っている」，「すべてを為すことができる」ということが絶対的他に帰せられる

場合には，この「すべて」は限定のないすべてである。限定のない「すべて」という捉え方は，限定のない「すべて」という事態が複数成立するということの否定を含んでいる。というのも，限定のない「すべて」という事態が二通りに成立するとしたならば，それは限定のない「すべて」ではないからである。私が見出した無限ということは，そのように，比較を絶した無限であり，いくつかありうるような無限ではない。いくつかありえないということの表現として，私は「一」であると言い，「単一」であると言う。

　絶対的他は，そのように，私からはさまざまな規定性として捉えられるにせよ，無限なるものとして単一である。このことは無限なるものの単一性も無限なるものであることの単一性をも示している。つまり，無限なるものが唯一であることと共に，無限なるものに帰せられる諸規定性が無限なるものにおいて一であることをも表している。私の実在はこの絶対的他によって与えられている。つまり，私は他によって産出され，維持されている。残しておいてある両親について言うならば，彼らは私の現にあること・実在を今維持しているわけでも，支えているわけでもない。彼らは私に或る種の素材と傾向性を与えたのであり，私を思うものであらしめたのでも，私に実在を与えたのでもない。両親よりも完全であるが絶対的他よりも完全ではないものについても，その原因を探れば，自分自身によってある絶対的他に至り着くことは今や明らかである。思うものとして与えられて実在するという私の実体としての有限性と，歴史のなかでこの感覚的世界に素材と傾向性という点で限定されながら生み出されること，この二重の所与性のもとに，私は私であり続けながら，本当のことを求め，よりよくなろうとして私を変えてゆくのである。

第8章

知と実在の根拠

私を超えて私でないもの

思いの領域のなかの一纏まりの思い，それを私は観念と名づけた。その観念が思いである限り，つまりは思いの様態である限り，一纏まりの思いとして相互に差異するところは見出されない。しかしながら，その思いの表している内容は相互に異なる。その異なりのもっとも大きな分け方が実象性（リアリティ），つまりは〈ものらしさ〉に着目した分け方である。第一に，様態ないし偶性よりも実体の方が，有限実体よりも無限実体の方が，〈いっそうものらしい〉つまり実象性の度合いが上である。第二に，実体についての何かを様態と言い，有限的なものを超えた何かを無限なものと言う。第三に，実体はそれ自身によって実在するに適したものである。様態は実体の実在を通してあると言える。無限な実体はそれ自身によって実在する力をもつ。実象性とはこの三つのことを一つの尺度で統括するときの表現である。実象性はこの観点から見られたときの「ものがものであることの規定性」である。

この考え方が観念の表す内容に適用される。無限であるということ，つまりは限定抜きの「すべて」ということを私はそのままのかたちで私の思いのなかに見出すことができない。言い換えれば，私は私のうちに私でないものを見出す。その一方で，限定付きの「すべて」ということを私は適切に理解できる。ということは，どのような場合にも用いることのできる「すべて」ということについて，私が何かしら知っているということを示している。言い換えるならば，限定付きのさまざまな「す

べて」の方から限定のない「すべて」を望み見て、それが何であるかを私は知ることができる、しかし、その「すべて」を包括的に把握することはできない。たとえば、限定のない「すべて」とは無限のことであり、無依存的なことであり、全知・全能であるというように。それらが一つであり、一つでしかないということも私は知ったのである。それが絶対的他と私の呼ぶものである。しかし、その絶対的他をすっかりわかるわけには行かない。

　絶対的他の観念の表す内容、つまるところ限定なしの「すべて」が私の思いのなかに見出されえないということが判明することによって、その観念の対象的実象性が私というものの実象性を超えていることが明らかになる。このことは結果から実象性の度合いに基づいて、その結果の作用的で且つ全体的な原因を求めて行く道筋の確定を示している。つまり、無限ということを表す観念の原因である絶対的他は私の作用的で且つ全体的な原因なのである。このことは絶対的他が私の本質と私の実在との原因と理由であることを示している。私は絶対的他によって私であり、実在する。私が私を思うものとしているのでも、私をあらしめているのでもない。

私からわれわれへ

これらのことから次の二つのことがわかる。第一に、知るという点で、私がわれわれという地平に立つことの可能性が開かれたということである。第二に、私がわれわれの一員として実在することの根拠が得られたということである。第一の点から考えてみよう。〈明晰判明に私が捉えたことは真である〉ということ、つまり、明証性を方法的基準として絶対的他の実在について論じてきた。思いの領域においてはっきりした括り方のできる観念は明晰判明である。物体の観念に着目して、それが広がっていると捉える場合に、物体についての広がりは明晰判明に知覚される。このように記すならば、疑問が生じることになるであろう。なぜならば、物体の観念と言い、広がりの観念と言うことになるからである。さらに「楕円形をした広がり」を考えるならば、それも観念ということになるであろう。物体の観念も、物体の性質の観念も、物体の個々のあ

りさまの観念も，同じく観念と呼ぶことに対する疑念である。だが，私が思いの領域のなかで探求を進めていることを想起するならば，そして思いの一括りを観念と呼んでいることを了解するならば，この疑念は観念が表している対象的実象性の差異へと解消されるであろう。

　逆の方向から述べるならば，物体も，物体の性質も，物体の個々のありさまも，今は，思い以外ではありえないのである。それゆえ，物体の観念が明晰判明に捉えられ，広がりという観念も明晰判明に捉えられ，しかし，熱いという観念が明晰判明に捉えられなくとも，観念という捉え方は首尾一貫している。その一方で，しかし，私は実象性という尺度に依拠して原因を探っているのであるから，足場が「ものの観念」に設定されることも不可避である。熱いという観念は「ものの観念」ではないという意味で，（質料的に）偽なる観念なのであった。実象性（ものらしさ）に度合いがあるのに対応して，「ものの観念」にも段階がある。熱いという感じについて語ろうとすると，熱いものを巻き込まざるをえない。青いという色の感じについて語ろうとすると，青いものを引き込むことになる。感じであって，ものの観念ではないにもかかわらず，これらについてものの観念のように扱ってしまう。それは感じを感じとして表出できないという私の欠陥を示している。このことを観念の質料的虚偽と呼んだ。

　これを底辺に，ものの観念は対象的実象性の度合いに応じて上方へと展開している。その頂点に展望されるのが絶対的他の観念であった。絶対的他の観念は，観念として他の観念を超えて真なのである。明晰判明に捉えられる観念を方法的基準とし，それを超えて，私は絶対的他の実在を見出した。私の思いの領域のなかでの明証性が私ではないものの実在に届いたのである。絶対的他について明晰判明に摑み取った内容は私ではないということを顕わにしていた。思いの明証性の頂点において絶対的他を私は捉えた。私を超えて私でないものを明晰判明に摑むことをとおして，明晰判明に捉えるという働きの無名性が獲得される。私を超えた真理を私が語り出すとき，そのことが真理であるという保証さえ得られているのならば，誰が語りだしても真理である。このとき，私はすべての私の代わりに真理を語り出している。明証性と真理とが出会う地

点で知ることにおける私の無名性の可能性が開かれる。もちろん，ここで獲得された真理は観念の真理であり判断の真理ではない。思われていることが真理であるのならば，その思いはわれわれの思いである。これが絶対的他の実在証明から得られる第一のことである。私を超えた知の根拠として絶対的他を見出し，そのことを通して〈私が知る〉と〈われわれが知る〉とが等価になる地点が開披されたのである。

あなたも同じく私として実在する

第二に，絶対的他とともに，世界が開かれ，私独りがこの世界に実在するのではないということの意義が判明する。私が「私」という特権性を享受するのは，知るのが私であるという点においてであり，実在するという点ではすべての「私」と同じく実在が私に与えられている。このように，実在に関する〈与えられている〉ということを通して絶対的ではない他人が開かれてくる。この相対的で有限的な世界のなかにさまざまな私が実在し，そのさまざまな私が相互に他人としての関係を引き受ける。絶対的他が私の実在の原因であることが摑み取られることによって，実在する思うものの複数性が帰結する。実在するということに関して，この私と言われる「この」には特権性がない。「この」は実在する私から原因との関係においてみる限り内実をもたない。絶対的他によってあらしめられるのは，「この」私ではなく「私」である。どの私でも同じである。

　このことはすべての私について言える。あなたがあなたにとって私であるのは，私が私にとって私であるのと同じことである。私の実在は，あなたの実在と同じく与えられている。私が自分を無から実在せしめることができないように，あなたもあなたを無から実在せしめることはできない。あなたが私に実在を付け加えることも，私から実在を引き去ることもできないように，私はあなたに実在を付け加えることも，あなたから実在を引き去ることもできない。それが有限者として実在することの一つの意味である。私はわれわれの一員として実在する。実在するということに関する私のあなたに対する特権性は何もない。どのような私も，実在に関しては同じく私，同じく思うもの，同じく有限的な存在者

に他ならない。反対に，知るという点では私は特権的である。私が知るのでなければ何も知られないからである。この特権性は乗り越えられなければならない特権性である。なぜならば，私は本当のことが知りたいと望み，いつの日か真理を捉えたときには，知るという点で特権的な私は消失するからである。

知の根拠としての無限という観念

最後に確認すべく残っていることは，絶対的他の観念が私の知の構成のなかでどのような位置を占めているのかということである。絶対的他に関わる諸観念が焦点を結ぶ地点に見出されたのが無限という観念であった。無限の観念は有限の観念に先立つ。この無限という観念は私にどのようにして知られる観念なのか。聞いたり，見たりして得られたのではない。つまり，感覚器官を介して得られたと思えるような観念ではない。なぜならば，絶対的他の観念は目を開ければ受け取らざるをえない，そのように私の意に反して生じるような観念ではないからである。外から感覚を介してやって来たと思えるような観念ではない。そしてまた，私が作り上げた観念でもない。というのも，絶対的他の観念から何かを引き去ったり，これに何かを付け加えることはできないからである。この観念に何かを付け加えることができるのならば，もとの観念は欠けたところのある観念ということになる。反対に，この観念から何かを引き去ることができるのならば，残った観念は絶対的他の観念ではないことになる。感覚して得られた観念でも，私が作り上げた観念でもないということは，この観念がもともとあったということを示している。

　先に，本有観念ということがどのような事態のことであるのか検討した。私たちが暗黙のうちに議論の底にしている何か，その何かは議論の対象として議論のなかには入ってこない。しかし，当該の議論系の意義が問われるときには，一体何を底にして議論をしていたのかということが問われる。そのときに明らかになる知は，議論系のなかで議論しているときには，もともとあったという位置におかれる知である。本有観念というのはそのような位置に来る観念である。繰り返しになるが，たとえば，「真理とは何か」とか，「ものとは何か」とか，「思いとは何か」

というような観念がそれに相当する。これらは多くの場合，哲学的議論の底をなしている。

底としての無限の観念

この議論系とその底の関係は，私たちの通常の考え方にも当て嵌まる。或る枠組みのなかで考えを進める。そうでなければ収拾がつかなくなる。議論があちこちに飛び，前提となっていることが次々に変わって行く。これでは結論に行き着くことを望めない。本有観念はそのように他の観念に先立つ。先立つといっても，最初に獲得されたというのではない。それがその他の観念の前提になっているという仕方で先立つのである。繰り返しになるが，どのような観念系を組み立てるかによって前提となる観念は異なる。言い換えるならば，或る観念が，さまざまな観念系相互の異なりとは別に常に本有観念の位置に来ると決まっているわけではない。或る場合には刑事訴訟法が底に位置することになるかもしれないし，或る場合には憲法がこれに相当するかもしれない。しかし，この思考の構造に変わりはない。一定の観念を底にしてはじめて思考を進めることができるという構造である。

そういう構造の締め括りをなしているのが無限という観念である。なぜならば，無限という把握に与ってでなければ，有限についての把握は不可能だからである。いやむしろ，有限的な事態についてさまざまな探求や議論が成り立っているその底には無限についての把握があるからである。有限的事態についての一切の探求の底として無限という観念は知識の始まりであり根底である。それを底におかなければ知識探求は始まらない。その意味で知識の始まりであり根底である。一方には，知るということの始まりとして私が知るということがなければならない。この点を探ってゆく際の底は私自身の観念である。他方には，何かが知られて知識が得られることの始まり，底として無限の観念がある。何かを知って知識が得られる。知識生成の理拠をなす根底には私自身の観念と無限の観念がある。ともに〈もともとあった〉という位置に来る観念，本有観念ということになる。

真理に至り着きうるという希望

　無限の観念というのは絶対的他の観念の一面であり、絶対的他へと帰せられる諸々の規定を締め括るという意味では全部である。絶対的他は、無限である原因として自ら自身を実在せしめる力をもつのであるから、すべてのものの原因と起源である。先に論じた原因と理由という私たちなりの語り分けに従うならば、絶対的他は最後の理由だと言うこともできる。あらゆる本質とあらゆる実在の最後の理由であり原因である。欠けるところのないすべてを帰せられるのであるから、それが欺くということはない。かくて絶対的他は善なることの起源でもある。

　私の側からこのことをいま見通せば、私が知る力を正しく使うならば真理に至り着くことができるということが判明する。私の能力の信頼性を私は私だけでは測ることができない。しかし、今や、私の実在の原因であり、私のあることの理由である絶対的他が、無限なるものとして実在することの論証を得たのであるから、結果である私の創られた限りでの力が私を欺くことはないと保証されたことになる。能力が保証されているということは、その能力を正しく用いるのならば真理に至り着くということである。しかしながら、どの場合にどの用い方が正しいのか、私には未だわかっていない。そうであっても、〈知ること〉の起源と〈あること〉の起源が私を貫いて合致することの跡づけとして、形而上学の立論が確立された今、私が真理に至り着きうるという大いなる希望もまた、私には与えられたのである。

第四省察

われわれにとっての真と偽

第1章

多くのことと僅かなこと

───────

人間精神と絶対的他

理由もわからずに受け容れてしまった意見がどのようにして私のなかに蓄積されてきたのか，それらの意見を一度廃棄して，真理へと向かうためにはどのような足場を新たに築かなければならないのか，これらのことについて多くのことがわかった。これらのことがわかったのも，感じられて得られた内容を本当だと思いこんでしまうという通路を遮断することを通してであった。フィーリングとイメージを封印した。そのように自分をならすことを通して，知るということの，つまり，知性の働きを浮き上がらせ，定着させることができた。感じるままを本当だとしない，思い描く像を足場にして先に進まない。かくして像として思い描く対象から，知られる対象へと心を向け返ることができるようになり，時の移り変わりや状況の変化に依存しない知識を獲得することができた。

このことに慣れてみると，物体的現象について本当だと知っていることがほとんどなく，それにくらべて人間の精神や絶対的他については遙かに多くを確かに知っていることに気がつく。人間精神とは思うものである。思うとは，疑い，知り，肯定し，否定し，為そうとし，為すまいとし，想像し，感覚する，これらの働きをすっかり覆う表現である。「第二省察」において知られたことのほとんどすべてが人間精神について知られたことであり，「第三省察」において知られたことは人間精神と絶対的他について知られたことである。物体についても私は幾分かわかりつつあるが，それよりもはるかにいっそう判明に私自身である人間

精神と絶対的他について知っている。私を出発点にして無限なる絶対的他と対面するのでなければ，知識の根拠を手に入れ，われわれの実在の等根源性に至り着くこともできなかった。自分の不完全さと，自分が自分の実在の原因ではないこと，これらに私が注意を向けて思考を凝らしてゆくならば，何にも依存せず欠けるところのないものという観念が私に立ち現れてくる。この観念をもった私が実在することから，絶対的他の実在を帰結することができる。私は次の瞬間の私の実在の原因でも，私であることの原因でもない。私は瞬間ごとに私のすべての実在と本質をこの絶対的他に依存している。この世に私があるとはそのようなことなのである。

それらが実在することの意味

私の実在と本質は与えられている。私は私に実在を与えたり，私の本質を造りかえることはできない。思うものではないということは私ではないということである。私は他人に見られなくとも実在する。私の実在が与えられている限り，他人と同じ資格のもとに実在が与えられている。思うものとして有限的な世界の内に与えられている。それが私の実在の意味である。絶対的他の実在は私の実在とは異なる意味をもつ。物体の実在については未だ判明にはなっていない。しかし，その実在が，少なくとも私つまり人間精神の実在とは異なる意味をもっているということ，このことについては既に幾分か知っている。なぜならば，物体が広がるものであり，思うものではないということを私は知り始めているからである。

　以上の三つの「実在」はそれぞれ意味を異にしている。それを〈であること〉へとずらしてゆるやかになぞらえてみれば，あたかも次のようになる。すなわち，同じ一冊の本が，或る人には宝物であり，或る人には火種であり，或る人には紙に他ならないというように。同じ事物が三つのありさまで捉えられる。それらの〈何であるか〉は，しかし，一つに則して言われている。そのように上の三つの「実在」も何か一つに則して言われているであろう。当面はしかし，次のように考えておこう。私が今ここに実在することにとって，今ここで誰かに見てもらうという

ことは要求されない。会社から自宅への帰路に，ふと自分の家がなくなっているという不安に襲われることがある。朝，出るときに，ガスコンロの火を落としてきただろうか。帰ってきて，いつもどおりのたたずまいを眼にして不安はなくなる。たまたま見ることができないことから湧き起こる不安は見ることによって癒される。私の実在が消失することへの不安については事情が異なる。私が私の実在について不安を感じるのは，いつでも次の瞬間以降の私の実在についてである。そもそも見えないものについての不安である。思うものである私がなくなることを私は見ることができない。見ることも思うことなのだから，思うことをやめているのを，私は見ることはできない。思うものとして世界のなかに実在するこの私があることも，私がなくなることも，私の力を超えている。それが，私の実在の原因は私ではないということである。私が自分の実在することについて抱く不安とは，自分で自分をあらしめていないということについての不安である。

　私の実在の原因である絶対的他を私は見ることはできない。いや，絶対的他はそもそも見られうるものではない。或る何かを見ることができないからといって，そのことが当のものの非実在の証拠にはならない。「実在すること」，何かがあること，そのことと見られたり，触れられたりすることとがいつも重なるわけではない。物体についてはたいていの場合に重なる。このことはもっと後に検討されることになるであろう。いま確保できていることは，私の実在が他人の実在とともに与えられているということ，その意味でわれわれの実在が与えられていること，そして与えるものが実在するということである。繰り返しになるが，だからといって，与えるものが，私と同じように実在するのでも，窓から見える樹木と同じように実在するのでもない。絶対的他は，私のもちものを開き出し，その由来を探り出すことを通して，私の起源の作者として私を超えて実在すると知られる。もし，私が自分の実在について不安に襲われることがあったとしても，私がもう一度この道を辿り直そうとすれば，このことをいつでも確かに知ることができる。そしてこの道を我がものにするならば，私の実在は私を超えて安定する。それとともに私の知ることがわれわれの知ることになる地平も開かれる。

真理への道

このように知識と実在の拠点が確保されることによって，私と絶対的他以外の対象について真理を求めて行く道も開けてくる。世界のなかにさまざまな人々が実在し，そのなかの一人として私が実在する。しかし，あの人，この人が実在するのではない。他人の可能的な実在が確証されたのである。人と人との意思疎通の世界が開かれたのではない。意思疎通のためには人それぞれが身体をもった一つの人格として交流し合う場が開かれなければならない。しかし，いま開かれているのは，あらゆる人にとって，私にとって現にそうであるように，私とすべての私であるわれわれが，同じく向かっている対象世界である。私が輪になって，そのようにしてわれわれになって，世界を囲んでいる。この「われわれ」は相互に関係性をもって交流し合う「われわれ」ではない。行為的人格の交流の場ではない。私が輪になったわれわれである。その数かぎりない私が絶対的他によって創り出された世界を映し出している。言ってみればモナドロジックな構図である。これを生成過程という視点から言ってみれば次のようになる。人間精神と絶対的他を対象にして「私の知る」ことが，「われわれにとって知られている」ことになる，その地点に私は立っている，と。この私が見出した真理を「われわれの真理」として主張することの可能性の基盤は，絶対的他の実在証明を通して得られた。その基盤の上に立って明証性という基準が確認されることになる。私によって明晰判明に捉えられた内容は真である。そのことはどの私にとってもそうである。その意味でだけ「われわれ」にとって真である。

ここまではわかった。しかしながら，私には間違えることがある。その間違いがどのようにして生じてくるのか。明晰判明に捉えていながら間違えるのか，明晰判明に捉えたと思い間違えるのか。間違いを避ける方法は，間違いがどのようにして生じてくるのか，この問いをとおしてはじめて明らかにできる。昨日とその前の日の省察においてこの問いは生じていなかった。なぜならば，これまでの歩みにおいて明晰判明に知るということは真なることを知るということだからである。そのことは，私と無限なるものを対象にした省察の場合にはこの二つのことの間にずれが生じなかった，ということを示している。逆からまなざしてみるな

らば，明晰判明に捉えることと，そのように思い間違えることとの間に隙間がなかったのである。明晰判明に捉えて間違えるということがなかった。人間精神と絶対的他を対象にする形而上学の立論においてこの区別は成り立たない。この領域において，私が明証的に捉えることはそのままわれわれが明証的に捉えることである。明証的に捉えているのか，そうではないのかという区別しかない。はっきりと紛れもなくわかって行くという過程が知るに至ることであり，知るに至ったことが知の内容である。このかぎりで私とわれわれにずれは生じない。

間違えること

これに対して，明晰判明な知覚を人間精神と絶対的他以外の対象に適用する場合には，このずれを評価しなければならなくなる。別の言い方をすれば，私が明晰判明に捉えた内容を「われわれ」という場にもたらす際にずれの可能性が生じるのである。そこに明晰判明に捉えたと思い間違えるという事態が生じる。この眺望は，私の思いを人々の思いのなかに置き直してみることをとおして見えてくる。私の思いのなかで思いとして捉えたときの明証的な知は思い以外ではない。つまり，明晰判明に捉えたと「思い間違える」ということは生じない。「思い間違える」ということが生じるのは，私の思いを私の思いのかぎりではなく，われわれの知へと仕上げようとするときである。もう少しこの線を辿るならば，この「思い間違い」は私の外との係わりのなかで生じ，それが生じるのは私がわれわれとして主張する場合であることがわかる。これまでの明証的な知は私の思いのなかでの私の知であった。形而上学の領野においては私の知がわれわれの知でもあった。

しかし，それら以外を対象にする領野において，主張すること，判断することという問題圏に突き当たる。正しく判断することは，判断されるべき内容をわれわれという水準で主張することである。このこと，換言すれば，われわれの知でありうるのかという問いは，私と絶対的他を対象にしない知へと向かっていることを示す。知るという点から見るならば，私と絶対的他への探求は知ることがそのまま知られる内容であった。明証性に至り着くことが知ることであり，それがそのまま知られた

第1章　多くのことと僅かなこと　　　　　　　　　　161

ことである。曖昧に見えていた眺望を明確にすること，それが知るに至ることであった。明晰判明に捉えたと思い間違えて判断し損なうという余地はない。しかし，今はものが色，香り，味，なめらかさ，ざわめき，などなどをもっている世界，ものが形や位置をもっている世界へと立ち向かおうとしている。私と絶対的他ではない何かについて判断を下し，真理を見出そうとしている。思いの領域のなかでの，知り知られる関係と異なる関係に立ち向かわざるをえない。

　この場合に，私に思われていることが，われわれに知られていることであると主張することができるのかどうか。判断をして間違えるとはどのようなことなのか。誤った判断をすることの理由と原因とを解明しなければならない。むしろ，誤った判断がどのようにして成立するのかということを明らかにすることをとおして，私と無限なるものを対象にしない判断の固有性が明らかになる，と言った方がいいかもしれない。物体的事象についての判断が求められる場合に，明晰判明知がどのように成立するのか，このことが新たに問われることになる。判断が判断としてその仕組みが問題になるのは，私の外なるものについて判断する場合である。そしてまた，このことは私が輪になることと連動している。私がわれわれとして肯定することが判断することである。私がわれわれとして判断するということが問題として浮き上がるのは，私とわれわれとの間にずれが生じるからである。明晰判明に捉えたと思い間違える場合があるからである。なぜずれが生じるのか。それは判断するということが私の思いの領域を超えることだからである。なぜ〈ずれる〉という危険を冒すのか。私の外なるものについて判断しなければならないからである。上にではなく，われわれの方へと，いわば横へ超える。これが世界内存在について判断を下すということである。ここで世界内存在と言うのは私と絶対的他以外の何かのことである。私が輪になって世界内に存在するものを眺望している。

第 2 章

誤りの原因の探索

―――――

真理を求める能力

絶対的他の観念によって表されていることの内容を，私は一面では理解しながらも，他面ではこの内容が私の理解を超えていることを知っている。絶対的他について，私にはすっかりわかってしまうことはない。このことを私は知っている。この絶対的他は，すべてのものの起源であり，他の観念はこれの観念をとおして真であると判明する。その意味で絶対的他は一切の知識と知恵の源泉である。このことは絶対的他によって私が欺かれると考えることの不可能性を示している。私が私を創ったものによって欺かれるということは，私に与えられている能力の信頼性に係わることであった。

　これから私は，絶対的他とも私とも別の何かについて真理を追い求めて行こうとしている。そのための用意を調えている今，能力を信頼するということは何を示しているのであろうか。能力と言っても，それはどのような能力なのか。運動能力は子供の時よりも青年になってからの方が高くなり，さらに老年にいたれば低くなる。もって生まれた能力を，生まれたそのときに見極めることはできない。獲得されたと思えないほどの特異な能力が発揮される場合に，人は天賦の才と言う。個々人の能力とは，そのように為し遂げられたことの上に立って推量的に語られる。私が私の起源の作者に与えられた真理を見出すために求められる能力は，しかし，為し遂げられた後に測られるような能力ではない。与えられた能力ということで，今問われているのは，

より高い能力，より大きな能力，いっそう低い能力，いっそう小さな能力，そのような程度が介入してこない能力である。

　ここで問おうとしているのは，子供の時であれ，青年の時であれ，老年になろうとも，本当のことを知ろうとして，知ることができる，その可能性を支えている能力のことである。あの人はもっているけれども，この人はもっていないという能力ではない。人ならば誰でも，それに基づいて真理を摑まえようとする能力のことを問うている。この能力を信頼できないならば，私は根源へとどこまで突き進んでも，これが真理であると主張する根拠をもつことができない。その反面，私は自分の能力を自分に対して保証することはできない。私という視点からは，私は私の能力を超えて自分の能力について評価を下すことはできないからである。つまり，私は私の能力を私だけで相対化して捉えることはできない。絶対的他は私のこのような能力を相対化する視点を提供する。絶対的他の観念をとおして真なる観念の真であることに内容が与えられる。突き詰めてみれば，私の起源の作者である絶対的他が，真理を求めることのできないような能力を私に与えたと考える道筋はない。しかし，私はしばしば間違える。その間違えはどのようにして生じるのであろうか。

嘘は弱さの現れ

私の間違いの原因へと進んでゆく前に，間違えるということを機会にして，絶対的他と私との関係から開けてくる二つの問題を考えてみよう。第一に，絶対的他についての包括的把握の不可能性という問題である。包括的把握の不可能性とは，少しはわかっていても，すっかりわかってしまうことはできないということである。第二に，欺くことができることと欺く意志をもつこととの差異である。第一の問題を後回しにしておいて，第二の問題を先に考えてみよう。さらにこの問題へと迫るために次の問いから始めよう。つまり，欺く，たぶらかす，嘘をつくなどという事態は，私たちにとってプラス方向のことなのだろうか，それともマイナス方向のことなのだろうか，という問いである。欺くとか嘘をつくということは何かをすることである。嘘をつくときには嘘ではない何かを知っている。他人をだますときには，自分が本当のことを言っていな

いと知っている。自分では真実であると確信していることを嘘とは言わない。本人が間違えているだけである。他人を欺こうとしないで欺くことは欺いていることとは別の何かである。それだけに欺かれる側としては対処に苦慮しなければならない。というのも，その場合には相手の行為の中心にあるはずの意図を推し量るのに困難を来すからである。

　このように考えを進めると，欺こうとすることと，欺くことができるということとは何か異なるように思われる。欺かなくてすむにもかかわらず，欺こうとすることはあるのだろうか。本当のことが言えないので，嘘をつかなければならない。嘘をつくことは弱さを示しているのではないのか。どうしてだろうか。それは，ただ，真実とか本当ということを基点に嘘とか欺瞞とかを測っているからではないのか。嘘をつくのが弱さの何らかの証拠であるのならば，本当のことを主張するのは強さの何らかの証拠ということになりそうである。なぜ本当とか真理をプラス向きに考え，嘘とか虚偽をマイナス向きに考えるのか。しかし，この問いがほとんどの場合に役に立たない問いであることを私たちはもう知っている。それは私たちが既に絶対的他という視点をもっているからである。〈ある〉こと，存在の極大のさらに向こうへと超えたものに私は自分の実在を負っているからである。それにもかかわらず，真をプラスに，偽をマイナスに考えることについての先の問いが役に立つのは，私が〈ある〉から〈ない〉を見晴らしているというこの事実の意義を捉え直す場合である。なぜ私たちは〈ある〉と〈よい〉を真理ではなく虚偽の方向に，〈ない〉の方向に設定していないのであろうか。

　欺くこと，嘘をつくことは弱さの何らかの証拠であると述べるとき，私のおかれているありさまの度合いをさらに高めてゆく方向に無限なるものが見出されたことを考えの土台に据えている。私が真上をまなざす，そのまなざされた方向がいっそう強いと言えるような方向であると思っている。充実を上に見，虚無を下に見る。これを逆転させても，言葉の違いだけになることを既に私は知っている。この〈あることの度合いの方向性〉を真と偽について確認し直す。このときに，嘘をつくことは弱さを示しているのではないのかという先の問いが役に立つ。欺く，たぶらかす，嘘をつくなどという事態は，私たちにとってプラスとして捉え

られるのか，マイナスとして捉えられるのか。プラスとマイナスの逆転可能性は無効になる。その先に次のことが見えてくる。この問いは，無限なるものを〈ある〉ことの先端に据えてしまうことによって始めて成立する。無限なるものの先行性がこの問いの条件である。欺くこと，嘘をつくことは，マイナスのこと，弱さという方向性をもっている。偽は〈ない〉の方に見えている。

欺くことができることと，欺こうとすること

しかし，にもかかわらず欺くことができる限り，この〈できる〉ということは何らかの能力を示している。人をだまそうとすることは，悪意の露呈を表し，それはその人の或る種の弱さの現れである。それに対して，だますことができるということは，その〈できる〉ということに着目する限り，能力の現れ，強さの或る証しである。繰り返しになるが，ここで問題にしている「与えられた能力」とは，誰か人によって与えられているのでも，自分で獲得したのでもない能力のことである。それのあることの起源が私ではない，その能力について評価する視点が「与えられた能力」を与えている絶対的他という視点である。これが私を真上に超えて得られる視点であるからには，それに弱さを帰することはできないと言っている。そのように捉えている場合に次の問いが生じる。「欺くことができる」の〈できる〉というプラス向きの表現とともに，真理を探究することの能力が受け入れられて，「欺くことができる」ということを含みつつ，この能力が絶対的他という支えを求めるのならば，この能力を行使しつつ私が欺かれるということも，許容されることになるのではないのか。同じことになるが，絶対的他という視点からみれば，私を欺くことが作り手にとって可能であるという理由に基づいて，私は間違えるということが生じるのか，という問いになる。同じことを私に即して言い直すならば，私が自分の能力を正しく用いて間違えるとはどのようなことなのか，という問いになる。

この問題は，絶対的他が何かを与え，産出する場合の意志・意図ということに係わる。これを知ることが不可能であるという点については「二つの問題」のうちの他方として別途に論じ，今は絶対的他の意図を

知ることが不可能であると想定しておく。その上で，もう一度問題を分解して言い直すならば，以下のようになる。絶対的他は〈ある〉の方向の頂点に見出されるのだから，それによって与えられた能力はプラス向きのものである。弱さの印ではない。これに対して，欺こうとすることは弱さの印である。纏めて言えば，欺くことができるということの能力の面に焦点を合わせるのならば，それは強さの印になるが，欺こうとする意志の欺くということに焦点を合わせるのならば，弱さの印になる。要するに，為すことができるという能力は強さを示し，欺こうとする意志は弱さを示すことになる。だからといって意志が弱さを示しているのではない。欺こうとすることが弱さを証している。

　欺くことができるから欺こうとするのだとしても，意志を発動しないで為すということはない。どうしても欺くことは欺こうとすることを巻き込んでしまう。たとえ，その意志について自分は気がついていないとしても，何かを為してしまったということは意志の発動の結果なのである。だから，欺くことができて，欺こうとする，つまり，何らかの強さがあって欺こうとするとしても，欺こうとすることが或る種の弱さである点にかわりはない。欺くことができるという事態と欺こうとする，つまり，欺こうと意志するという事態とを対比させてわかったことは，〈できる〉ということにも，〈しようとする〉ことにも，弱さが見つからず，「欺こうとする」ことにおける「欺く」ということが弱さを表しているということである。上方をまなざしている私にとって，欺くことが弱さの何らかの証拠であるかぎり，それを絶対的他に見出すことはない。

能力は与えられている

私の能力は与えられているという以外に，摑むことのできない仕方で私に与えられている。それゆえにこそ，この与えられているということは，与えられているという構造の外に，その正当化の根拠を求めなければならない。与えられているという事態を与えられていると見るときに，既に私は突破して与える側に触れている。このことも私は知っている。しかも，この突破は上方にしか開かれていない突破である。これこそ絶対

的他が，弱さであるところの欺く意志をもつことがないということの理由である。このようにして，与えられたとしか捉えようのない能力は，私が真理を獲得することの可能性を保証する。それが正しく働くときに虚偽の方向には向かってはいない。これから私は私の思いの領域のなかではない外へと打って出ようとしている。私は絶対的他と私以外の事柄について真理を求めて判断を下そうとしている。私でも，絶対的他でもなく，世界のなかにあるものについて真理を求める。この場合に，思いのなかで「そう思われる」ことを精錬し，明証へと辿り着くだけではなく，さらに思いの外と係わりながら「そうである」と肯定し，判断することになる。

　思いの領域の外へと打って出なければならない。われわれという場に言わば身をさらすということと，思いの外なるものと係わるということとが同じこととして相即しながら生じる。というのも，思いの外のことについて真であると主張することは，私がわれわれとして判断することだからである。思いの外はわれわれの世界である。そこに向かって私はわれわれとして主張する。このようにして私がわれわれとして主張することが判断することである。この判断を通して学問的知識が成立する。学問的知識とはどの私によっても辿り直しのできる知識，その意味で私ということがその正当化の手続きから消えてしまう知識である。このように私によって知られている世界についての内容が学問的知識である。かくして大海原への出港に先立って，判断する能力の絶対的他によって与えられているということの意義，これが真と偽という観点から確認された。絶対的他によって与えられているということは，誰か人に与えられたのではないということである。その意味で，既にいつも与えられている，与えられてしまっている何かである。もし，そうであるならば，私がこの判断する能力を正しく用いるかぎり，誤るということは起こりえないように思われる。それなのに，私が誤るということはどのようにして起こるのであろうか。

手懸かり的見解

間違えるということはどうして生じてくるのだろうか。このことに探り

を入れるために，思考の道筋をこれまでとは少しずらしてみよう。というのも，次のように考えると私の間違えるということが説明しやすく思えるからである。私には〈すべて〉ということがわかるとともに，〈何もない〉ということもわかる。私は私のうちに無限という観念を見出すとともに，無という観念をも見出す。私は，無限という観念の表している内容を足場に，私を真上に超えて絶対的他に行き着くことができた。それでは無という観念から下の方に超えて非存在者に至り着くこともできるのではないのか。

　そのように無に向かって上から下へと完全さの度合いが減少し，この減少した分だけ不完全さが増加する。このように考えることもできるのではないか。私のかぎりでは，つまり有限であるかぎりでは，もっとも上方においてさえ不完全さが食い込んでいる。私は無と無限との中間者である。このことは，私が間違えることが一切ないということの不可能性を示し，同じことであるが，私が間違えることがあるという可能性を示している。私はこれ以上はないという完全なものではないが，もっとも完全なものへの程度のうちにある。その下方へと進んだ極まりのところに，ほとんどいつも間違えるということが見出されると思われるかもしれない。しかし，それはいつも間違える，つまり恒常的虚偽ということではない。恒常的虚偽というこの仮定は私を超えて私の作り手の作るものとの関係に係わるからである。ここから間違える能力を想定できないということがわかる。間違える能力をもつものはいつも間違えていることになる。

　なぜ間違える能力という想定が成り立たないのか。それは間違える能力という想定が次なる想定をさらに必要とするからである。欺く者が私の判断をする度毎に私が間違えるというように私を作っているというさらなる想定である。しかし，この道筋は，私がいわば上方への超越を自分の考えの仕組みにしうるということによって遮断されてしまった。私は間違えることがある。間違いの可能性だけが，逆に言えば真理到達の可能性だけが，私に与えられている。これを言い換えれば，私は完全なものと不完全なものとの中間に位置するということになる。この上もなく完全なものから与えられている能力を用いて，真理獲得の可能性が私

に開かれるように,無を由来にもつ不完全さに浸食されて誤りをおかす。私自身が最高の存在ではなく,はなはだ多くのものを欠いているというかぎりで,私は間違う。要するに,私に与えられている判断する能力が,私においては無限ではないということから私が誤るということが起きる。無と無限との中間者としての私のもつ判断する能力はやはり中間的なものとして限られ,それゆえに誤るということが生じる。これが私の間違えるということの説明になるのであろうか。

この見解は誤りを説明しない

しかし,これではどうも十分な説明とは思えない。第一に,無の観念ということがある。そこから非存在者に到達することができるのか。否,それはできない。なぜならば,〈何もない〉と考える場合の〈何も〉は〈すべて〉をとおして理解されることであり,その〈すべて〉については既にわかっているように,減らす方向,欠如の方向にむかいつつ実質が得られるということはないからである。無を超越として解することの余地として残っているのは〈ある〉の取り除きが〈ない〉なのではなく,〈ない〉の取り除きが〈ある〉という逆転である。ここには〈取り除き〉という余剰が含まれているが,それは〈付け加え〉と全面的に等価である。このように考えてくれば,〈ある〉と〈ない〉とのどちらを基点にするのかと問うことによって,何も知が拡張されないのがわかる。要するに,この逆転は形式へと縮約された語の付け替えに他ならないのである。その上,今,わかったように,いわば「一」から「零」への乗り越えが〈すべて〉をとおして摑まれ,その逆ではないのだから,無へと向かって私は私を超越することはない。このことを〈ない〉は私のなかで収束すると表現しておこう。「無」は私を超えては〈ない〉と言ってもよい。このように上への超越は見つかっても,下への超越は見出されない。

第二に,中間ということから「不完全さに浸食されて」と言っても,それがどのようなことか判明にならない。完全さの度合いが下がってくると言ってみても,下がってくることがなぜ誤りと結びつくのか。不完全さを〈ない〉ということで示そうとしても,ないものをいくら重ねていっても,ないものはないのである。〈ない〉に基づいて不完全さを肯

定的に誤りとして摑まえることはできない。いつまでたっても，ないのでなければならない。上のような誤りの説明は，肯定性の側から見れば，私の判断する能力が有限であることを誤りの原因にしている。もし，そのようにして私の判断能力の有限であることが誤謬の原因であるならば，もともとのところで誤りを含んでしまっていることになる。それではそもそも私はこの能力を信頼することができない。私は与えられた能力である判断することの能力を信頼することができない。真に至る可能性が開かれずに，偽に至る可能性が開かれただけである。これではどのようにしたら間違えるのかという問いへの答えにはならない。そればかりでなく，このように考えてゆくと，私は自分の能力を正しく用いて間違えることになる。その能力は絶対的他によって与えられているものである。とするならば，私にとって間違えることの方が間違えないことよりもいっそうよいことになる。これでは誤りの原因の説明にはならない。

　ところで，間違えるということについて，もう少し精確に考えておかなければならないことがある。今問題にしている誤り・間違いは，もちろん知ることにおける偽であるが，それは認識の否定ではなく認識上の欠陥・欠如である。認識の否定とは知らないということを示し，偽を指してはいない。「否定」とは〈ない〉ということである。それに対して偽であるとは，認識され，さらには知られていると主張されていることに「欠陥・欠如・不足」が認められることである。偽なる認識とは知るべきことを知っていないということ，〈あるべきものがない〉ということ，欠けているということを示す。ないものがないのは誤りではない。あってしかるべきものが欠けている場合に誤りと言われる。私は知り損なって間違える。そこに認識上の誤り，虚偽が生じる。その原因となるのが私の与えられた限りでの判断能力であるとするならば，先に見たように，私の判断は誤りの可能性から抜け出すことができない。与えられた判断能力を正しく用いて間違えるのならば，誤る方が誤らないことよりもいっそうよいことになる。能力の有限性を私の間違いの口実にするならば，間違えるということをよいことだとしていることになる。それゆえに，絶対的他によって与えられている能力の有限性を誤りの理由にすることはできない。私たちは自分の存在が善さに支えられていること

を肯定しながら，間違えるということの成り立ちを説明しなければならない。こうして，誤りの原因を判断能力の有限性に帰するという説明は，説明にならないことがわかる。

包括的把握の不可能性

私の判断する能力が有限的で限られているから私は間違えるという説明は，私の誤りの説明にはならない。その理由は二つある。第一に，私の能力が初めから不十分なものであるとするならば，私には真理を見出す力がそもそもないということになる。しかし，私は私の作り手との関係で欺かれないということを確保した。言い換えれば，私の真理探究に係わる能力がもともとのところで信頼できないという可能性が，空虚な想定であることを明らかにした。つまり，与えられているかぎりでの私の能力は信頼に足るものなのである。この能力を行使して，既に幾つかの真理を手にしてもいる。要するに，私の有限性は私に真理認識の可能性を拓いたのである。私がもともと真理を見出す力をもっていないということにはならない。第二に，既に見出されたように，間違えるとか，虚偽を犯すとか，誤るとかいうことは〈ない〉ということではなく，〈欠けている〉ということであった。認識の欠損である。私は知り損なって間違えるのである。有限だから間違えるという説明はあるべきものが欠けているということに届かない。

　これらについていっそう注意深く見直してみると次のことが見えてくる。私が有限であるということは私が作られている，私の能力が与えられているということと同じことを示している。無限なものによって有限なものが与えられている。ここからほのかに見えてくることは，無限なものによって作られているかぎり，私は有限なものについて，有限なものという視点を超えて，そのすべてを知り尽くすことができないということである。作られたものについての知のなかで，作り手にまで遡らなければわからないような知を私が摑まえることはできない。これを言い換えるならば，有限なものである私は無限なものの無限な内容を知り尽くすことができないということである。このことを無限なものについての包括的把握の不可能性と表現する。有限なものが無限なものについて

すっかりわかってしまうという可能性が、無限であるということによって否定される。これが間違いということを機会にして、絶対的他と私との関係から開けてくる第一の問題であった。つまり、有限なものが無限なるものを包括的に把握することの不可能性である。私は作られてある。そのことを私は確かなこととして知った。しかし、作るものがどのようにして、何のために作るのか。このことを作られているもの、与えられたものに基づいて知ろうとし、知ったと思ったとたんに、私たちはできないことをしたことになる。私の誤りの原因を求めて有限という視点を超えてゆくことは空虚な営みである。

作り手の意図

作り手の意図を私たちは作られたものに依拠して憶測するだけである。その意図を知るのではない。作り手の意図は作り手が表出しなければ、私たちはそれを察するに留まる。作り手の意図を憶測し、察する場合に、私たちは私たちの間尺に合わせて作り手の意図を解意している。絶対的他、無限なるものが作り手の場合には、その意図を有限化して翻案していることになる。与えられているものがなぜ与えられているのか。無限なものがそれを作成する際の意図を知ろうとすることは、作られた事物が〈どのようであるのか〉ということを明らかにしない。というのも、何であれ何かが与えられて実在することの目的を知ることはできないからである。もちろん、有限なる私たちが何ものかを制作するときに何らかの意図をもつ。この意図を知ることができないというのではない。しかし、この場合でも、作り手の作ることの意図は作り手が表明しないかぎり知られない。有限的なものである私たち相互の関わり合いのなかであるのならば、私たちは作り手によって表明された意図を私たちの経験の連関のなかにおくことを通して、かなりの程度精確に摑むことができる。逆に、私たち自身の傾向性の網を投げ込んで、本人の表明とは異なる意図を本人に帰してしまうこともある。

ところが、無限なものとの関わりにおいては、そもそもこのように私たちの体験にもとづいて類推の網を投げて確定するということが成り立たない。それでも、確定はできない、知ることはできないけれども、察

することはできる。知ることができず察することしかできないのは，とりわけても事物が実在することの目的である。この桜の古木がここに実在することの目的を私たちは知ることができない。なぜここにあるのか。この問いに対する答えの正しさを確かめる術を私たちはもっていない。しかし，それが自然界の全体の調和にかなっているであろうと察することはできる。察することしかできない事柄について知ったと思うのは，私たちにとって度を超えたことである。そういうわけで，それの実在することの目的が私たちにとってわからない事物があったとしても驚くべきことではない。こうして再び次のことに行き着く。私の間違いの原因を与えられた能力に求めることはできない。それにもかかわらず，私が間違えるのは私の能力をその目的とは異なる目的に使ったからであると言いたくなる。しかしながら，もし，このように私の間違いを説明するとしたならば，それは私の力を超えた言い方である。

全体と部分

判断する能力の有限性は誤りの原因ではない。このことをいっそう注意深く見直すなかでわかってくるもう一つのことがある。それは絶対的他がすべての事物の実在原因であるということに係わる。言い換えれば，世界が総体として作られて〈ある〉ということである。私はと言えばその世界の一部分をなしている。ここに全体と部分との関係が成り立つことになる。この設定のなかで私の間違いについて考えるとき，与えられたものの全体が全体として完全であれば，その幾つかの部分が不完全であっても全体は完全であるのではないのか，という思いが浮かび上がってくる。与えられたものが与えられているかぎりで全体として信頼できるということと，与えられたものの一部分が信頼できないということとは両立しうる。そうでなければ，何かを信頼するなどということは考えられないではないか。世界の全体が信頼できてそのあらゆる部分も信頼できるのならば，信頼ということ自体が成り立たない。同じように，一切合切のすべてが誤りを免れているとする。そうすれば全体のどの部分をとっても間違えることなどありはしない。

そのような全体のなかの一部分を占めているのが私であるとする。そ

う想定する場合に，どの部分にも誤りが見出されないということは誤りという事態の成立する余地がないということである。誤りという事態が成立しないのならば，誤らないという事態も成立しない。この想定のなかでは，真理に到達するということも見失われる。言ってみれば，のっぺらぼうの世界，光も影もない世界である。反対に，光も影もありながら全体として完全である，そういう想定も成り立つ。虚偽を乗り越えて真理に到達する。間違いに気がついて本当のことを求める。部分としては誤りを免れえないが，全体としてはのっぺらぼうの世界よりもいっそう完全である。そのように部分が不完全であることと全体が完全であることとは両立する。しかし，両立するのは，私の間違えることが，全体の信頼性をいっそう増す場合である。私が間違えることをとおして，世界全体がいっそう真理に近づく場合である。この場合に，私の間違えることの原因を世界全体に帰すことはできない。全体が完全であるのだから「私は不完全である」という言い方は成り立たない。そうではなく，全体がいっそう完全になることをとおして，間違えつつも私は全体に寄与し，寄与することを通して私はいっそうよくなる。

世界と私との関係

もう少し踏み込んで次の二つの場合を想定してみよう。全体のなかの一部分としての位置を私に与える場合と，全体と切り離して私をそれだけとして捉える場合である。前者の場合には，上に見たように，私は間違えながらも全体の完全さに寄与することを通して，私が間違えることの善さについて語ることができる。後者の場合には，私にとって間違えない方が間違えることよりもいっそうよいことなのだから，私のなかに閉じこもりながら，間違えることそれ自体をよいと捉える視点を見出すことはできない。たとえ，私が間違え，間違いに気がつき，本当のことを知ろうとし，真理の探究に入ってゆくとしても，間違えることそれ自体はよいことではない。よくないことなのだから，間違えないようにする。そのように真理に向かってゆく。この二つの場合を比較してみるならば，次のことがわかる。全体のなかでの自分の役割を考える方が，私は私をいっそう大きなものとして捉える機会をもつ。つまり，間違えながらも

本当のことを探究する，その営みをよしとする理由を全体のなかに見出すことができる。間違える私を飲み込みながら，しかも真理を求める私を捉えることができる。逆に言えば，この方向に私の誤りの原因を見つけることはできないということである。なぜならば，この方向では誤ることもよいことの一つになるからである。

　この考え方が間違えているのでも，悪いのでもない。そうではなく，この方向に考えを進めていっても私の間違いの原因を見出すことができないのである。以上のことを一纏めにして言えば，世界と私との関わりのなかに私の誤りの原因を探すことはできない，ということである。先に無限なるものの意図について，私たちにはそれを知ることができないということがわかった。絶対的他について私たちが包括的に把握することは不可能である。そこを基点にして与えられているかぎりでの与えられた能力に誤りの原因を見出すことはできないということもわかった。さらに，世界のなかに私が部分という役割をもっていると考えることを通して，この世界との関係のなかに私の誤りの原因を見つけることもできないということがわかった。無限なものの方に向かっても，世界の方に向かっても，私の間違えることの原因は摑まらない。残っているのは，誤りの原因を求めて私自身へといっそう近づいてゆくことである。

第3章

誤りの由来

―――――

　いっそう私へ
私は知り損なって間違えることがある。その誤りの原因は，与えられて〈ある〉限りでの能力に求められるのでも，世界と私との関係に求められるのでもない。私は誤りの原因を求めていっそう私の方へと近づいてゆかなければならない。そこで気がつくのは認識する能力と選ぶないしは決める能力という二つの原因が合わさって間違えるということである。認識能力というのは，知ることの力，知性のことである。選ぶないしは決める能力というのは，どちらかを選んだり，どちらも選ばなかったり，そのことを決める力，意志のことである。知性は観念を捉える能力である。観念を捉える，観念を知覚するとは，思いが一纏まりになるということであった。一纏まりになった思いを観念と呼んだ。その一纏まりになった思いが，それとして浮き出していて，他の思いとの区切りがはっきりしている場合に，その思いを明晰判明な観念と呼んだ。これが知性によって為されることである。知性はさまざまな思いを展開しながら，動かしながら，明晰判明な観念にまで思いを仕上げてゆくことがある。

　この思いの領域のなかでは，知ることの働く姿が知られること，知の内容，観念の表象内容になる。絶対的他の観念が表す内容のなかには私へと引き戻すことのできないものが見出された。そのことを通して，私は私を超えてわれわれとして私を捉える視点を確保した。「そのことを私は知っている」という表現における「私」が不要になる。「そのこと

をわれわれは知っている」という水準の成り立ちがわかったのである。このような知性の働き，それを通して紡ぎ出される思いの纏まり，ここには，今その原因を明らかにしようとしている誤りを見出すことはできない。私たちが直面しているのは「私がそうだ」と思うということではない。この思いの領域においても誤りが見出され，それに質料的虚偽という名前を与えた。この虚偽は判断について言われる偽とは異なるものであった。質料的虚偽とは，感じでしかないことを表現として，知られたこととして，確定してしまうところに生じる。思いのなかでの思いそこないである。

意志と判断

ところで，私たちが今ここで明らかにしようとしているのは，「われわれにとってこうだ」と主張して間違えることの原因である。絶対的他によって私の実在が与えられている。このことをとおして，私の外として世界が開かれた。私が世界のなかの唯一の存在者であるわけではない。このこともわかった。私は，多数の思うもの，その限りで多くの実体の一員である。ここに「われわれ」という地平が開かれる。振り返ってみるならば，この地平が開かれるまでは，私にとって真であることと「われわれにとって」真であることとの間にずれがなかった。形而上学においてはこのずれが生じない。形而上学とは，絶対的他を対象にする領域である。思いのなかから絶対的他についての真理を紡ぎ出しているかぎり，私が明晰判明に知覚したものが真理である。知覚したものに「そうである」と肯定を付け加える余地がない。意志の働きが表に現れない。明晰判明に思いを括り上げることができるかどうか，それがこの領域における思いの目標であった。思いの領域のなかでは，明晰判明に知覚されるものは確かなことであり，真理である。そこには「私にとって」と「われわれにとって」との間にずれはない。これが絶対的他の実在証明によって獲得された境地である。

しかし，これからは思われて〈ある〉に尽きるのではない対象，つまり，「私の内にあるというではなくある」ものを知ることの対象にする。言い換えれば，私の外に実在するものについて「われわれにとって」と

いう視点から，真であると主張する。「私にとって」真であることを，「われわれにとって」真であると主張する。ここに意志の働きが顕現する。「私」から「われわれ」への脱自が意志の働きの吟味を要求する。これまでの，思われているままを捉える，或る方向にむけて思いを形成する，これとは異なる事態に直面している。思われていることを真であると主張する。ここに選ぶこと，決めることが介入する。私に思われていることを，われわれに思われていることとして選び取り，主張する。そこで意志の働きが知性の働きから区別される。意志をそれとして働かせることをとおして，私はわれわれという場に出る。私に思われている思いを世界のなかにさらす。これが判断するということである。知性と一緒に意志が働くことによって判断が成立し，そこに誤りが生じる。私は知性の行使だけで判断を誤るということはない。何かを知らないということも，何かについてぼんやりとしか知らないということも，それだけで偽とは言えない。

意志と他の能力との差異

意志とは選び決める能力である。知性とは知ることの能力である。この二つの能力を比べてみるならば，一つの違いに気がつく。つまり，知る力についてみれば知ることのできる範囲には限界がある。だが，決める力には決めることのできる範囲という限界がない。すべてのことを知っているということについて，私は理解できる。しかし，私は何でも知っているわけではない。それどころか，多くのことを知らない。私の知る能力は限定されている。数多くのことを知らないという点からすれば，私の知性の及んでいる範囲は狭い。何でも知っているということの意味するところがわかりながらも，私はほとんど何も知らない。これに対して意志の力はどうであろうか。「彼女の意志は強い」，「彼は堅固な意志をもっている」などと言われる。その場合に言われていることは，或る何かを決めたら変えないということである。いったん決めたことを，逆境にあってもそのままに引き受け続けるということを示している。「意志の強さ」はそのような点で美徳である。「意志の強さ」は人柄を特徴づけるときに言われる。もっと先まで言ってしまえば，肉体をもった一

個の人格としての人と人との織りなす社会的営みのなかで問われることである。このように人と人との間柄のなかで相対的な意味で言われる「意志」をここでは問題にしていない。

　いま問おうとしているのは，〈しようとすること〉，〈しようとしてすること〉である。もっと約めて言うならば，〈すること〉である。私が何かをしようとしてする。これがここで考察されるべき意志の働き，志向ということの本源にある。〈しようとすること〉は〈何か〉が充足されるのでなければ現実化しない。その意味で〈しようとすること〉はいつも何かをしようとすることである。そこに選ぶ，決めるということが現れてくる。私たちにとって，知ることのできる範囲が限定されている以上に，それ以上に実際にすることのできる範囲は限定されている。実際にできるかできないか，実際に為し遂げうるのか，否か。これもいま問うている問題ではない。いま私たちは〈何かをしようとすること〉を本質とする意志を，その本質に即して問うている。このように捉えられた意志それ自体には範囲の限定がない。〈何か〉のなかには何が入ってもよい。たとえ，現実にはありそうもないことでも入る。その上〈何かをしようとすること〉に程度もない。私たちは何かについてはっきり知っていたり，曖昧に知っていたり，何かについて何も知らなかったりする。何についても何も知らないということはない。この〈何〉に何が入ろうとも，何かを「はっきり」為す，あるいは，そのことを「いっそうはっきり」しようとしたり，「曖昧に」しようとしたりはしない。つまり，為す・為さぬに程度がないということである。何もしないときには，何についても何もしない。〈する〉と〈しない〉には中間がない。しようかすまいか迷っているときには，していない。迷いを残しながらもしているときには，している。

　「何をするのか」と問われたときの「何」は知性によって与えられる。その「何」が知られていなければ答えられない。「するのか，しないのか」と問われるならば，「する」か「しない」かという答えしかない。意志の働き，すなわち，しようとすること，選び決めること，することしないこと，には内容がない。内容は知性によって与えられる。意志の働きをそれだけとして取り出すならば，そこには内容が見出されない。

行使されるだけである。だから，範囲が限定されることもない。どんな「何か」についてでも，選んで「するかしないか」を決めることができる。意志を行使することができる。このように意志の働きをそれだけとして観るのならば，範囲が限定されていないという意味で限りがない。知ることの能力であれ，想起することの能力であれ，想像することの能力であれ，範囲に限定がある。知ることができない，思い出すことができない，思い描くことができない。これらのことを私たちは何度となく経験している。しかし，「するかしないか」〈すること〉ができないという経験は私たちのなかにはない。することもしないこともできないときに，私たちは〈することもしないこともしない〉ことを選んでいる。すなわち，そのことをしている。つまりは，別の何かをしている。意志は，私の能力のなかでも，どうやら，他の能力とは決定的に違った能力なのである。

意志の自由

意志は，真偽の判断に際しては肯定するとして働くか，否定するとして働く。行為についての判断に関しては追いかけるとして働くか，避けるとして働く。その本源に〈するかしないか〉ということがある。判断するとは，知られたり，知覚されたりすることを肯定したり，否定したりすること，あるいは，知られたり，知覚されたり，感じられたりすることを追求したり，回避したりすることである。この意志の働きが，何らの外的な力によっても規制されていないと感じるように行使されるところに，意志という自由が見出される。意志の働きを働きとしてだけ取り出すならば，為すか為さぬかである。この意志にとって，規制されるということは外的な何かによって拘束されるということである。選ぶ，ないし，決定するという点について，私の外側から規制されていると感じ取ることだけが，意志という自由を阻害する。

これに反して，私以外の何かによって為すべく追いやられていない，そのように感じる。この場合には意志がそのまま行使されている。これが意志の本源のありさまとしての自由である。そのように意志は自由である。外的な規制とは，私の思いの領域とは異なる地点からの威力の行

使であるのだから，それは知られるのではなく，感じられるというのが現実のありさまなのである。そのようなわけで意志という自由を規定する場合に，「感じる」という言葉を使わなければならない。しかし，このことによって厄介な事態が生じる。なぜならば，拘束を感じていないのは，身体を介して感覚していないということではないからである。しかし，「知る」のでもない。この拘束されているという「感じ」について，その感じられているところをいっそうはっきりさせようとする，たとえそのようにしても，その何かについて本当だ言えることに至りつくことはない，つまりは知るに至ることはない。「熱い」とか「冷たい」ということがそうであったように，ものの観念へと押さえ込もうとするならば，質料的虚偽をおかすことになる。しかし「熱い」や「冷たい」のように物体の観念を巻き込むような事態ではない。そうではないのだが，思いの領域のなかに現れてくる事態であることは言うまでもない。「第三省察」で見つけられた言葉を使えば，自由とは拘束されていると私に意識されてはいないということである。

　私は目の前の机を肉体の目を介して心で「机」として知覚している。「机を見る」と言ってみれば，見るということは感覚，「感じ」である。「熱い」や「冷たい」という感じは，机の場合のようには分節化できない仕方で身体を巻き込んでいる。これに対して，意志が働いているときに止められている，拘束されていると感じるその「感じ」は，その「感じ」のかぎりでは身体を巻き込まない。これら三つの「感じ」が異なる分析を許すにもかかわらず，同じく「感じ」として括られるのは当の「感じ」が思いの領域のなかでしか確かめられず，それについて真理を求めて行くような何かを対象としてもってはいないという点で共通しているからである。このことは「感じ」が受け身として生じていることと関連している。「見る」という感覚は，意味充実のために外的な何かの，たとえその何かがはっきりとはわからないにせよ，あるいは，空所のままであれ，外的な何かの措定を含む。「熱い」という感覚は外的な何かの措定を含まないけれども，身体を巻き込む。拘束されているという「感じ」は，そのどちらでもないが，受け身という，受動性という形式だけは残っている。思いの領域のなかに閉じ籠もりつつ，しかし受け身

という形式をもつかぎりにおいて，外部世界にまで拡がりかねない「感じ」である。私たちがこれらについてもっと精確に語り分けることができるのは，ずっと先のことになる。先駆的に予見してみれば，（思いの領域のうちに本拠をもつ）感じ，内的感覚，外的感覚というように展開される事柄である。受け身として生じるということが，これらの生成の意味であるがゆえに，同じく「感じ」として括られているに他ならない。それぞれは事態として別種の事態であり，異なる分析を求める。

非決定の自由

少し横道にそれた。先にみたように意志はそれ自身としては限界をもたない。だから，現に私がもっている意志をいっそう大きくしたいと望むいわれはない。するかしないかに程度はない。するかしないかについて自由であるためには，外的な規制がなければよい。拘束されていると感じなければよい。それだけではない。自由ということには，もう一つの面がある。することもできるし，しないこともできる，ということである。繰り返しになるが，するかしないかという選択肢に対して，「しない」ということを働かす，要するに無関心ということである。この構造は無際限へと開いている。するかしないかをしないのは一回だけであるが，するかしないかをするのに際限はない。しかし，私たちは有限的存在者であるのだから，際限がないといってもたかが知れている。するかしないかするかしないかするかしないかするかしないか。そうこうするうちに，いずれ忘れる。この構造は，ぐずぐずするという事態，不決断ということを示している。ぐずぐずしていても意志は働いている。ぐずぐずすることは疲れるのである。

　ぐずぐずするのも自由ならば，ぐずぐずしないのも自由である。だから，することもしないこともできる，つまり，する・しないという選択肢そのものを廃棄できるのでなければ自由ではない，ということにはならない。むしろ，することの理由が明確であればあるほど，私は自由にそちら側を選ぶ。もちろん，今見たようにどちらもしないということもある。それも外的な規制がないという点では自由である。いまは判断に際して働く意志について考察している。それゆえ，どちらもしないとい

第3章　誤りの由来　　　183

うことは，真偽の判断に関していえば，肯定することも否定することもしないということである。判断保留，非決定の自由である。判断という点から観れば，判断しないことの自由であるのだから，自由のなかでも空疎な自由である。同じことを行為についての判断という局面で観るならば，何もしない，つまり，追い求めることも回避することもしないという自由になる。このことはその行為者の力量の大きさによっては何でもできるということに転じうる。具体的行為に関して無記な状態，無差別の自由と解することができる。しかし，たいていの場合には，行為についてのどちらでもよいという判断は，当の行為が行為者にとって些細なことであるのか，そうでなければ行為者の無力を示している。些細なことというのは，行為者とその行為の及ぼされる対象との関係からすれば，行為者の力量と対象の力量との差異の大きさを示している。行為者にとって重大な行為選択に際しての不決断は行為者の無力を表している。何でもできることと，何もできないこととは，力量という点では大きな差異を結果としてもたらすとしても，しないという点では共通なのである。

自由の三つの層

判断は知性と意志との協働作業である。知性によって提示された内容を意志が肯定したり，否定したり，肯定も否定もしなかったりする。この意志の働きを或る内容が真であると確定する，偽であると確定する，どちらとも確定しないというように表現してもよい。確定するとは，知られている内容に何かを付け加えることではない。「私」にとって真であると思われることを，「われわれ」にとって真であると主張することである。思いの領域のなかにありながら，私の思いの領域を乗り越えて「われわれ」という場，可能的他人との共同性の場に身を置くことである。他人を説得するという場に可能的に身を置くこと，それが判断することである。現実に，他人を説得できるかどうかわからない。しかし，私は自分だけで自分の或る思いについて，それが他人に説得可能かどうか熟慮することができる。私はその可能性について独りで考えてみることができる。そしてそうであると肯定したり，そうではないと否定した

りする。これが判断するということである。十分な理由に基づいて判断するということと，自由に判断するということとは対立しない。知られている内容の明晰判明さが理由になって，その内容を肯定するように促される。この場合にも，私は自由に判断する。

　こうして次のことがわかる。意志の自由な働きは三つの仕方において捉えられる。第一に，意志の本源の層には〈するかしないか〉ということがある。このどちらを選ぶこともできるという点において意志は自由である。これを形式としての自由と呼んでおく。第二に，知性との協働関係の層には，十分な理由つまり明晰判明に捉えられたことに従って肯定か否定か（追うか避けるか）を選ぶということが見出される。この場合にも意志は自由である。これを明晰判明な知に従う自由と呼んでおく。第三に，知性との関わりを断たれた層にも，まったく選ばない，決めないという自由が認められる。これを非決定の自由と呼んでおく。意志は外的な規制を受けない限り自由なのだから，これら三つの事態はすべて自由である。このように考えてくれば，知る能力も，しようとする能力である意志も，それぞれをそれぞれとしてみた場合には，誤りの原因ではないということがわかる。知性は限られている。私たちの知っていること，知ることのできるものの拡がりには限界がある。それに対して，〈するかしないか〉という能力である意志は歯止めをもっていない。何が与えられようが，肯定することも，否定することもできる。追求することも退くこともできる。しかしながら，私がはっきりとは知ってはいないものについては判断できないはずである。その場合に，意志は非決定であるのに，肯定したり，否定したりする。そのようにして私は間違う。行為に関する判断の局面ならば，よいかわるいかわかっていないのに，追いかけたり避けたりする。そうして間違える。

意志の働く三つの層

三つの層の自由を，別の側面，つまり意志と知性との係わりという側面から見ると次のようになる。第一に，意志が本源的に〈する・しない〉という形式をもつので，この〈する・しない〉という力がもっぱら形式的に働く場合が生じる。もし，この形式が発動されているけれども，そ

の発動が外的な力によって障害を受けている，ゆがめられているならば，その場合にかぎって意志は自由ではない。指図をされて，納得できないのに，指図を受け入れて肯定する。この場合に，私は自由を感じ取ることができない。逆に，内的に規定されていても自由だと感じ取る。たとえ，知性が提供する内容によってどれほど肯定へと促されていても，根拠が不可疑でないかぎり否定するという場合にも私は自由である。本当だと思えているのに否定するという場合である。さらに，知性の提供する内容が明晰判明ではない，だから否定するという場合もある。この場合にも意志は自由である。

　形式を形式として発動することによって，肯定のようにみえることがらを否定するというようにも意志は働く。意志のはたらきを取り出してみるならば，その際には，単に〈する・しない〉という形式が，知性によって提供される内容とは形式的には独立に行使されていることになる。この本源的形式の発動の理由は，現にいま知性によって提示されている内容の明らかさではない。たとえば，もはや疑いえない確実な知を求めて，本当らしくみえるものを偽と想定する場合がそうである。その場合には，本当らしくしかみえない，明らかそうにしか思えない，にもかかわらず，否定を行使する。疑うことのできるほんのちょっとの理由でも見出されるならば，それに応じて，否定する。これが一番目の場合である。第二に，明晰判明知に従う意志の発動は自由である。言い換えるならば，疑うことができないという仕方で明白に知性が捉える内容によって，意志が肯定すべく促進され，それに従う場合の自由である。第三に，判断すべき事柄についての知が与えられていないので，意志の発動を止める。このことも意志の働きには含まれる。肯定も否定もしないというように〈する〉場合である。その場合にも意志は自由である。これら三つの場合は，これまで既に私の経験してきたことである。

三つの層の事例

二番目の場合から見て行く。「第三省察」において私は〈明晰判明に私が捉えたことは真である〉ということを方法的基準として，絶対的他の観念が表している内容を足場に絶対的他の実在を証明した。観念の明証

性に導かれて私でないものの実在を確定した。この思考の道筋は私の内から私の外への，それも私を超えて私ではないという地点への到達を示している。明証性を方法的基準に採用しながら，私は「私」という規定が不要になる地点に行き着いた。そしてこれ以外に私を〈いっそうあるもの〉の方へと超える道はなかった。こうして方法の妥当性も保証された。狙い澄まされた矢が目標を射抜いた。途中の過程を含めて，目標が射抜かれたということが，狙いの正当性をもたらす。しかしこの方法の基準は未だ限定されている。絶対的他について探究する場合に適用される方法的基準としては，その妥当性が保証されたのである。

　このときに，明晰判明な知を前にして肯定せざるをえないということを経験していた。明証的に知れば知るほど，それだけいっそう自由に，いっそう自発的に，いっそう非決定ということからは遠く，知られたことを肯定していたのである。この場合には，意志のはたらきと知性のはたらきを分別する必要もなかった。知性の指し示すことにそのまま従うことが自由であり，判断することであった。ここにおいては，つまり，絶対的他の探究においては，私の思いの領域における明晰判明知がわれわれの知でもあった。その領域は，私が輪になっていると表現した可能的な他人を私ではない他人として立てて，その上で説得の可能性を探る，そのような必要のない領域である。

　これに対して，三番目は，知性の指し示すことに従うことができない，言い換えれば，意志の従われるべき内容が知性によって提示されていない場合である。たとえば，省察の今の段階において，物体とはどのようなものであるのかという点については判明になっていない。私が思うものである限りにおいて実在するということははっきりしている。物体についても何事かは思いの領域に浮かんでおり，アイスクリームを例にとって考察したように，物体が広がった何かであるとみえてきている。これらのことはみえてきているが，物体とは何であるかという点での区切りをはっきりとつかまえる場には到達していない。未だそこまで至っていないということがわかっている。はっきりと摑まえるためには，形を思い描くという私の能力，つまり，想像力が評価されなければならない。畢竟_{ひっきょう}するに未だ，思うものであることを物体的な事柄との別個性の

もとに判明に捉える段階には至っていない。思うものと物体的な事柄との区別といっても，思いのなかの区別であるのか，両者の間にはそれとは別の区別が存するのか，肯定も否定もできないという地点にいることが，私にはわかっている。この点においていまの私は非決定なのである。当のことについて意志を発動するための理由が提供されていない。判断する素材がないから判断しない。意志を発動するための素材が与えられていないから非決定である。このことが私にとって確実なことなのである。〈することも・しないことも〉できないので〈しない〉という場合である。

　最後に，この非決定は一番目の〈する・しない〉という意志の形式にまで及んでいる。つまり，提示されている問題が或る仕方で思われている場合に，私がその思われている仕方に従って肯定・否定をしないで，逆の方向へ，肯定と思われることを否定へと，否定と思われることを肯定へと向け直す場合である。非決定にしておいて，なおかつ，誘導する側の逆を肯定する。素材が与えられていながらも，その素材がはっきりしない，それゆえに本当らしく思われるだけである，この場合になされることである。こうして知性が明晰判明にはできないからという理由とは別の理由に基づいて，私は判断を逆転することができる。疑いの道に踏み込む以前にはさまざまな本当らしい考えが浮かんでいた。本当らしいとしてもその理由がはっきりしていない。振り返ってみるならば，それらの考えは先入的な意見である。理由の承認なしに受け容れてきた意見である。当のことが明晰判明には捉えられていなかった。にもかかわらず，本当らしい側を選びたくなる。非決定であるべきなのに，肯定したくなる。しかし，もはや疑いえない確実なことを探し求めるためには，たとえ，どれほど本当らしくみえても，疑うだけの理由が一つでも見つかるならば，それを偽であると想定しなければならない。

　そのように思い定めることによって，肯定へと誘導する意見に同意を差し控え，なおかつ向きを逆転し，否定にしておく。肯定に誘う内容を否定する。言い換えれば，〈しないことにする〉。何らかの理由に基づいて肯定を否定に転化するという自由である。提示されていることとは別の理由に基づいて，〈する・しない〉という形式を形式として適用する

のである。〈しないことにする〉のにも理由が必要なのである。以上を纏めなおしてみれば次のようになる。第一番目は，明晰判明な知が与えられていない場合に，肯定へと促している内容を否定するというはたらきである。当の事柄とは別の理由に基づいて〈する・しない〉という形式を適用する。第二番目は，明晰判明知が与えられていて，それに従うというはたらきである。第三番目は，判断すべき当の事柄についての明晰判明知が与えられていない場合に，判断を保留にするというはたらきである。

第4章

意志の正しい用い方

――――――

意志の使い方

私が判断において誤る原因は，それだけとして観られた知性にも，それだけとして観られた意志にもなかった。そうではなく知性と意志とがともに働くという局面に誤りの由来が見出された。知性のはたらきが限定された領域にしか及ばないのに対して，何が提示されようとも，何も提示されていなくとも，意志は発動する可能性をもっている。このずれが誤りの原因である。直面している誤りは認識上の欠如である。しかるべく知られるべきことが知られていないにもかかわらず，〈そうである〉と言い切る。そこに誤りが出現する。もちろん，あらゆることをその一つ一つについて明晰判明に知っているのならば，誤りは生じない。有限的である私はすべてのことを明晰判明に知っているわけではない。

しかし，このことは私の欠陥ではない。私が全知ではないということは私にとってもともとのことだからである。つまり，私の具えるべきものが欠けているから，私が有限的な知だけをもつのではない。与えられているものを超えて，自分の欠如を想定するならば，私の誤りの原因を私ではないものに帰すことになる。私は私の誤りに無責任になる。知性という能力を与えている何かが私の誤りの原因であるのならば，私には私がいつどのようにして誤るのかわからない。私は誤りを回避する手だてを失う。その一方で，私の起源の作者は私をいっそう完全な方へと超えて見出された。そのものによって私の能力は与えられている。それが真理探究の可能性の理拠であった。真理探究の可能性の理拠は，また，

誤りを回避する手だての理拠でもある。既に，意志が働く局面を三つ見出し，実際の事例に即してそれらを検討した。その結果，三つの事例において，私が意志をそれぞれに適した仕方で行使して正しく為していた，ということがわかった。

　世界が目の前に広がっている。それへと私は踏み込んで行き，絶対的他と私以外の対象についての真理を求めて行こうとしている。世界についてのさまざまな知識の礎を築こうとしている。それはまた「われわれ」という場に立つということでもある。このために意志を〈正しく〉用いるとはどのようなことか明らかにしなければならない。意志は私にとってもてあますほどの広大なる威力である。この意志を適用し損なう，誤って用いるということがある。だから，正しい用い方を見つけなければならない。意志の〈正しい〉使い方は私がどのようにして誤るのかということから照らされる。「誤ること」，「間違えること」，そのことが「偽」，「虚偽」なのではない。私たちはたまたま「間違えて」たまたま「真」にいたりつくこともある。「誤ること」，「間違えること」はそれを〈よし〉として為すことではない。絶対的な語り方をすれば，間違えるよりも間違えないことの方がいっそうよいことである。つまり，間違えることは〈正しくない〉ことである。しかし，今見たように，〈正しく〉意志を用いないことと，偽を結果としてもたらすということとは同じことではない。意志の〈正しくない〉使用がどのようにして「偽」と結びつくのか。

　このことを明らかにすることを通してはじめて〈正しい〉使用と「真」との結びつきも明らかになる。そうすれば誤りを回避する手だてを探すこともできる。先に，次のように述べておいた。すなわち，偽なる認識とは知るべきことを知っていないということ，〈あるべきものがない〉ということ，欠けているということを示す，と。また，あってしかるべきものが欠けている場合に，誤りと言われるとも付け加えた。誤って偽に陥ることと，欠如とはどのような関係にあるのだろうか。知らないという否定は誤りでも，欠如でもない。ないものはないのである。それは否定であっても，私にとって欠如でもなければ，私の能力の不正な使用でもない。その一方で偽は否定と異なる。〈ないということ〉つまり否

定が真であることもある。偽ということは〈でない〉とも〈である〉とも別の事態を示している。このことは言うまでもないことである。古来「あるものをあるとし、ないものをないとする」ことを真理の徴表と看做し、「あるものをないとし、ないものをあるとする」ことを虚偽の徴表と看做してきた。偽とはこのねじれをとおして現れる。偽とは〈あるものをあるものとしない、ないものをないものとしない〉そのような欠如である。この欠如は「間違える」ということ、〈正しくなく〉意志を用いるということとどのように係わっているのか。

欠　如

私が或ることについて明晰判明には知っていない場合に、そのことに対して意志が発動するのをとどめる、つまり、判断を停止するならば、それは意志の〈正しい〉用い方である。これに対して、そのことに意志を働かせて、それについて肯定したり否定したりするならば、それは意志の〈正しくない〉用い方である。この結果、偽に同意することになれば、私は間違えることになり、たまたま真に遭遇しても、私はなすべきことをしなかったことになる。なぜならば、知られたことを主張するというのが判断することだからである。言い換えれば、判断の成立には、意志の行使に先立って、知性を働かして知の内容が与えられているのでなければならないからである。わかっていないことを主張しているのならば、私はしかるべきことをしていない。ここに欠如が見出される。意志を正しく用いることができるのに、正しく用いていない。その結果、偽に同意し、偽なる主張をすることになる。誤りの源はここにある。私の能力に欠けるところがあるから、このことが生じるのではない。意志の働きは〈する・しない〉である。〈する・しない〉には〈いっそう大きい〉ということがない。意志についてこれ以上を望みえないのである。

　知る能力である知性、それは有限である。限られている。私はすべてのことを知っているわけではない。このことは私が私自身の実在の原因ではないということと同根のことである。私の有限性は私であることの証である。すべてを知っているわけではないこと、それは私の欠陥ではない。私の誤りの源は、私の能力が欠けているところにあるのではない。

誤りの源である欠如は意志の正しくない使用にある。しかし，意志が働くこと，意志の行使が間違いなのでも，欠如なのでもない。為すことが為さぬことの欠如でも，為さぬことが為すことの欠如でもない。為すべきことを為さぬのが欠如なのである。偽を結果する誤りは欠如である。この欠如は能力の欠如でも，はたらきの欠如でもない。〈正しく〉為さないという欠如なのである。正しく意志を行使すべきときに正しく行使しない，これが誤りの源としての欠如なのである。欠如が〈あるべきもの〉の欠けているすがたであるかぎり，規定性を欠いている。否定的規定性をもっているのではない。肯定的規定性を欠いている。偽を偽として捉えるならば，「もの」ではない。「もの」ではないということが先ほどの「ねじれ」を現出する。偽であるかぎりの虚偽とは真であるかぎりの真理の欠如である。〈正しく〉なさないという欠如は「もの」ではないという点で偽という欠如と同じである。ともに肯定的規定性を欠いている。誤りはこのように〈正しく〉為さないという欠如をとおして「もの」ではない欠如としての偽に結びついている。

第5章

誤りの避け方

―――――

二つの可能性

「あるものをないとする」。そこに，あるものの欠如として，つまり，真理の欠如として偽が成り立つ。はっきりとは知られていないことをそうだと言い切って，このことはあなたの真でもあると私が主張する。このように意志を正しくなく用いる。そこに認識の欠損，欠如が現出する。意志を正しくなく用いることは真理の欠如を引き起こす。偽が露呈しているところでは意志は正しくなく使用されている。繰り返しになるが，だからといって，意志が誤りの原因なのではない。意志の不正な使用が誤りと虚偽の原因なのである。ここまでわかれば，誤らないということがどのようなことであるのか判明する。次の二つの場合に私はけっして誤らない。第一に，私が全知ではないにしても，いつか考えることになるであろうすべての事柄について私が明晰判明に知っているという場合である。というのも，明晰判明に知っていることに従って意志を働かせるならば，真なる判断を下すことができるからである。けっして間違えることはない。第二に，明晰判明に知っているのではないことについてけっして意志を働かせないということをいつでも常に為すならば，私は誤ることがない。けっして忘れることがないという仕方で，このことが記憶に刻み込まれているとするならば，私は間違えない。

このどちらかであるのならば，私は有限的知性をもちながら，意志を正しく用いることによって偽に同意するということはない。さて，私がどちらかの条件を満たしているとしてみよう。まず問われることは，私

をわれわれからこの点で区別できるのかどうかということである。われわれの一員である私がそのかぎりで上のどちらかの条件を満たしている。つまり、この条件を満たしているのは私だけではなくどの私も、つまり、われわれはみなこの条件を満たしている。こう想定してみよう。この場合には、先の二つの条件は私にとってその位置するところが能力と異ならないことになる。すなわち、この二つの条件がより大きい、より少ないということのない、誰でもがもっている能力であることになる。とするのならば、私は誤らない能力をもっていることになる。私は何度となく自分の間違いに気がついてきたのであるから、これは事実に反する。

　それでは、この条件を備えているのが、私だけであるとしてみよう。そのとき、私は、いまだ可能的であれ他の人よりもいっそう完全であることになる。このいっそう完全であるということは、私が私であるかぎりのもともとのところいっそう完全であるというのではない。言い換えれば、能力という点でいっそう完全であるというのではない。可能的な他人との比較において、たまたまいっそう完全だということである。他の人よりも私がいっそう誤りから免れているということである。世界を構成するわれわれという部分のうちの或る部分がこのようにして誤りを免れている。他の部分は誤りを免れてはいない。そのように考える方が、すべてが同じように誤りを免れていると考えるよりも、世界全体をいっそうよいものと考えていることになるのではないのか。しかし、そうはならない。なぜならば、私が他との関係でいっそう完全であるということから、世界全体もいっそう完全であるということは帰結しないからである。繰り返せば、或る部分が他の部分よりもいっそう完全であるということから、全体がいっそう完全であるということは帰結しない。いっそう不完全になるという可能性もある。その上、私が他の者よりも完全であることを要求する権利は私にはない。他の人とこの点で異なる、この点で私はわれわれのなかに入らない、私はわれわれとは異なる完全性（本性）をもつと述べ立てる理由もない。上の二つの条件は、どちらにせよ、私に適合することはない。それでは、けっして誤らないための二つの条件を考えることは無駄だったのであろうか。

誤らないという習慣

間違えないようになっていることの二つの条件は次のものであった。第一に、いつか私が出会うことになるであろうすべての事柄について既に明晰判明な知をもってしまっているか、第二に、私がそのできあがりからして、もともと、明晰判明な知にしか同意しないというようになっているかのいずれかであった。第一のものは、既に何度も誤りを繰り返している私にとって誤りを避けるための手だてにはならない。私がこれから身につけることのできる範囲を越えているからである。それに対して、第二の条件は私にとって模範になるようにみえる。確かに、明晰判明な知にしか同意しないという一つの認識を、判断するに際して参照しないことがないようにすること、言い換えれば、いつでも常に参照すること、それはできないであろう。というのも、これを可能であるとすることは、誰でもがもともとそなえている当の能力をもっているということに他ならず、しかし、それが無効であることは既に明らかだからである。さらに、この認識をいつも念頭におき続けるということも事実上不可能であろう。この一つの認識のなかに留まり続けることができないという弱さを私は経験してもいる。

　もう一度繰り返せば、この認識が認識である以上能力にすることはできない。認識が認識である以上思いの領域のなかに顕然的な仕方で常駐させるということには成算がない。私にとって或る認識は私の思いがとる姿の一つである。その姿が、あるいは、その様態が常駐するということは、当の認識が様態以上のものであることを意味している。時とともに変わってゆくことを本質とするものを変わらないものへと変質させるならば、それは様態をそもそも時とともに変わるものではない何かにしようと企てることである。この企てに理はない。しかし、当の認識を常に抱き続けるということはこの企てとは異なる。時の隙間を最小にしながら、繰り返して当のことを思い続けるということは、理に反したことではない。しかしながら、事実上、私にはそのことができないということを私は思い知っている。こうして私にできることとできないことがみえてくる。時とともに変化する思いの様態を、思いの様態のまま変化を免れた何かに変質することはできない。このように認識は私の探索の末

に行き着いた認識であり時の流れのなかで作成された。いま検討の場におかれている能力は作成された時という規定をもっていない。いつどのような時であれ，私が私であるかぎり与えられている，つまりは，われわれの能力である。

　こうして焦点が絞られ，一点に照明が集中する。集中したところは繰り返し，反復ということである。私の力のなかにあり，誤りを避けるためにしなければならないのは反復である。判断をしなければならない局面に至ったときに，明晰判明な知にだけ同意するということを思い起こす。このことを何度となく繰り返す。そのようにして明晰判明知に従って意志を行使するということを習慣にする。習慣は能力ではない。能力ではないが自分で自分に課し，身につけることのできるいわば第二の能力，あるいは第二の自然（本性）である。これこそが私の力のうちにある人間にとっての最高の完全性である。自分で自分を作りかえることができるということである。習慣を身につけることをとおして私は私を作りかえ，私の力量を拡大する。知るという能力，意志という能力，それは与えられたものであり，これ以上のものを望むことは私の力を越えたものを要求することである。しかし，これらの使い方を工夫し制御することはできる。そのようにして誤らないという習慣をみにつけることができる。反復をとおして私を変えてゆく。これが自分の作り方である。

意志と知性の協働

このようにして私は誤りを避けることができるようになる。しかし，誤りを避けるためには，誤らないことの習慣を身につけなければならない。それは二，三日で為し遂げられることではない。何か月も，もしかして何年もかけて繰り返さなければならないかもしれない。私を作りかえることによってはじめて習性として獲得できることである。自らが自らに課す習いを繰り返して第二の本性にすること，それが習慣を身につけるということである。このことは判断における誤りを回避するためになすべきことである。判断における誤りは知性によって明晰判明に表示されるところを超えて意志が拡がってしまうことから生じる。意志の正しくない使い方，言い換えれば，意志の使用における欠如が，真理の欠如で

ある偽を現出した。これが判断における偽である。

　ところで，知るはたらきによって知られる内容と判断との関係はどのようなものなのであろうか。いま一度，捉え直しをしておくことにしよう。知性によって得られる知覚内容と，それに対して意志が働いて成立する判断の内容が，内容のかぎりで異なるとは思えない。判断するとは何かを真であると主張することであると述べた。この「何か」のところに知性の摑む知覚内容が入る。「真であると主張する」というのは意志のはたらき方の一つである。それではこの「何か」は真でも偽でもないのだろうか。知覚内容それ自体を私は思いの領域のなかの出来事として受け入れている。しかし，私はそれを真であると主張してはいない。この違いは何か。真であると主張することは私にとってだけではなく，誰にとってであれ，そのことが真であると主張することである。これが「われわれ」という場に出ることである。これに対して，思いの領域のなかで明晰判明な知を受け入れているとはどのようなことなのか。実際のところ，このことは非事実的な仮定であるように思われる。なぜならば，明晰判明な知を受け入れるということと，それを肯定するということの間に事実上の隙間は見出せないからである。

意志と知性のずれとしての虚偽

これに対して明晰判明ではない知覚内容と意志の行使の結果である判断との間には隙間がある。これが誤謬の原因であった。この原因を言い換えれば，意志の正しくない使用を通してはじめて表立つ欠如であった。ここへと光を投げかけるために，意志の正しい使用を明晰判明な知に従うこととして，知性のはたらきから識別しなければならない。別の角度から言うならば，真理に至る道はその上を歩むだけではなく，偽へと陥る道が見つかってはじめてその相貌が定まる。要するに，知られる内容と分けて主張するということの役割を検討したのは，明晰判明ではない知覚内容の場合に何が起こっているのかということを明らかにするためだったのである。曖昧な知覚内容の場合に私は肯定するかもしれず，否定するかもしれない。ところで，このようにはっきりとわかってはいない内容は〈ないもの〉なのか。先に，明晰判明な知覚内容の場合に，私

はこれを思いの領域のなかで受け入れていると述べた。それでは、はっきりとわかっていない内容を私は明晰判明な内容のようには受け入れていないということになるのか。もし、この曖昧な内容が〈ないもの〉ならば、それは真でも偽でもない。しかも、〈ないもの〉に意志を働かすことはできない。私は曖昧な内容に意志を働かせて虚偽に陥る。つまり、はっきりとわかってはいない思いの内容も〈ないもの〉ではなくあるものである。

とするならば、肯定・否定以前のこの曖昧な知とは何か。明晰判明ではない知覚内容とは、そうかもしれないと思われていて、主張されていない知である。そうかもしれないと思われている知は、そうかも知れないと思われているかぎり、真でも偽でもない。判断の虚偽を回避するために、そうかもしれないと思われている内容について意志の発動を差し止めることができる。これに対して、明晰判明な内容は意志の発動と事実上は区別できない。真であると主張することと、そうかもしれないと思われているということ、この二つが判断と明晰判明ではない知覚内容との区別を特徴づけている。曖昧な、ぼんやりした内容はそうかもしれないという仕方で思いの領域のなかに受け入れられている。この内容もまた私の思いの領域のなかにある。これは何かが正しく知られていないことを示している。繰り返せば、真なる判断と明晰判明な知覚内容との差異は事実上はない。偽の成り立ちを明らかにし、誤りを避ける手だてを見出すという行程のなかで、判断の仕組みとして明晰判明な知と肯定とが区別されたのである。このことをとおしてまた、意志の意志としての威力である逆向きに肯定するという事態をも捉えることもできた。意志を思いの内容とは独立に働かせることができるということである。本当らしく見えるものを否定するという威力である。

判断するとは何をすることであったのか

なぜ、明晰判明な知と別に判断についての問いを立てなければならなかったのか。誤謬の原因を明確にし、真理の道を輪郭づけるためである。そうすることによって、真理を見出すために何をなすべきなのかということと共に、誤りを避けるためにどのようにすればよいのかということ

もわかったのである。しかし，判断を思いということとは別に取り上げなければならなかったのは，別の理由による。というのも，判断が判断としてその仕組みが問題になるのは，私の外なるものについて判断する場合だからである。私ではない物体的事象についての判断が求められる場合に，私の明晰判明に知っている内容が，われわれにとっても実際にその通りであるのかということが評価されなければならない。私の外との係わりのなかで明晰判明ということを捉え直さなければならない。

別の言い方をすれば，正しく知るということを想像力や感覚の行使のなかで明確にしなければならないからである。想像力を用いて対象を図形として把握しつつ，知覚内容を獲得する。あるいは，感覚を用いて物体的対象間の位置を測定する。想像力や感覚を用いながら明晰判明な知に至るとはどのようなことなのか。同じことであるが，このような場合に明晰判明な知覚内容はどのように成立するのか。私が私の外である物体的世界の対象について判断を下す場合にこのことが評価されなければならない。物体的世界についての真理は私の思いの領域を超えている。

その物体的世界についても，私が明晰判明に捉えている通りになっているということを主張する。それが物体について真を主張するということ，判断するということである。その基準になる明証性は私の思いの領域のなかで，私の思いを超えているという仕方で獲得されなければならない。私ではない物体的事象について誰が捉えてもそうなるということを，私の思いにおける明証性が保証しなければならない。物体的事象について正しく知るということが，私の思いにおける明証性として捉え直されなければならない。物体的事象について真理を探究する場合に，明晰判明ではないとはどのようなことなのかということを，想像力と感覚のはたらきを吟味しながら，評価し直さなければならない。これが絶対的他でも，私の何であるかでもない，物体的事象についての何であるかを探るために，判断が知の明証性とは別に問われなければならなかったもう一つの理由である。しかしながら，このことを明確にする段階に私たちはいまだ至っていない。物体の本質にしろ，想像力にしろ，感覚にしろ，未だ見定められてはいないことだからである。

第 6 章

真理の存在

―――――――

〈ある〉ことと明証性という基準

　私の思いのなかで明晰判明な何らかの知覚内容は真である。判断するとはこの知覚内容を真であると主張することである。このことはまた，思いなしではなく，正しく知ったということの表明である。そのように知られたことは何ものかであって，無ではない。何ものでもないのならば，何かでもないからである。何かについて真であると主張されるその何かは，何ものかであり，無ではない。無でないのならば，〈ある〉ことの原因を求めることができる。〈あるもの〉の〈ある〉は絶対的他を起源としている。絶対的他が私をいっそうある側へと，いっそう完全な方へと超えて〈実在する〉と見出された。それは実体である。絶対的他が実体であるとは，自分自身によって実在することの力をもつということであった。この絶対的他への依存性以外に，実在することについて他に依存しないあり方が有限的実体のありさまである。その意味で私は実体である。絶対的他が実在の原因であるということから，私以外のさまざまな実体の実在可能性が帰結する。しかし，いまはそれ以上ではない。

　迂回から戻って，明晰判明な知覚内容の存在性格についてまなざし直してみよう。私が明晰判明に知るということは，何かについて真なるものへと到達するということである。真なるものを私がこしらえ上げるのではない。だからといって，真なるものが知るはたらきと切り離されたところで与えられるのではない。私がそこへと到達することが，私にとって真なるものがあるということなのである。このありさまは，私の思

いがそうであるように私によって思われなければ〈ない〉というのではない。見つけたときに〈ある〉と言える。だからといって見つけていないときに〈ない〉とは言えない。真なるものは私のこしらえ上げたものでない。私は真なるものを創り出すのではなく，見つけだす。事態がこのようであるのならば，真なるものは私によって思われてあるというのではないあり方をしている。明晰判明な知，つまり，正しく知られた内容は私のうちに真なるものとしてある。この「ある」は私に依存しない「ある」，つまり，私にとって与えられて「ある」を示している。これが私のうちに真なるものがあるということである。

　かくして，明晰判明な知覚内容が真であるのならば，私の実在がそうであったように，この知覚内容の存在も与えられて「ある」ことがわかる。ないのでも，欠如でもない。明晰判明な知覚内容は真であり，それも私の思い，私の知るという働きとは独立に真である。このことの保証が得られた。真なるものは見出される以前には私にとってはない。真なるものが私にとってあると言えるのは，私がそれを見出し，そのことによって真なるものが私の思いのうちにあるからである。こうして私の思いを超えて真理を探究する可能性が保証された。

　その明晰判明に捉えられた知覚内容は，われわれにとって真である。明晰判明に知られている限り，私に知られているということと，われわれに知られているということの間にずれはない。だから，明晰判明に知られているものだけを主張する，それだけに意志を発動するならば，間違えることはない。しかし，意志のはたらきはそれに留まらない。未だはっきりしない思いをも肯定したり，否定したりするようにも働く。それどころか，思いが纏まりをもってきていないのに，言い換えれば，当のことについて肯定したり，否定したりする材料がないのに，意志が働いてしまうという可能性もある。これら三つの場合のそれぞれについて，それぞれに意志の正しいはたらきとして認められる経験を私はもっている。しかし，或る何かについて判断を下して真理を主張するという場合には，明晰判明に知られていないことについて意志を働かせないならば，誤ることはない。反復を通してそのような習慣を身につける。これが私にとっての誤りの避け方であった。

真理はある

そのようにして摑まれた真理は，存在する何かであり，私が産出したものではない。私はその何かに至り着き，見出す。私によって真理が見出されることは私にとって真理のあることと同じことである。或ることについて私が見出していない他の無数の真理があるという想定と，私がその当のことについて明晰判明に知った内容を真であると主張することとは，少しも背理するものではない。たとえ，当のことについて見出した真理を，私が唯一の真理であると主張するにせよ，事態に変わりはない。或る一つのことについて，相互に矛盾する二つの内容が真であると主張される。その場合には，もちろんどちらか一方が偽である。私にとって，あるいは，われわれにとって，事柄はその通りである。つまり，或ることについて相矛盾する二つのことが真理ではありえない。この点で無数の真理という想定は成り立たないように思われる。なぜならば，先の想定には，私が見出していない他の無数の真理のなかでも当の真理と矛盾しないものという除外規定は含まれていないからである。

　私にとって，あるいはわれわれにとって，一つのことについて矛盾する二つのことが同時に真として現れることはない。しかしその一方で，私にとって知られていないもの，つまりは，この場合にはわれわれにとって知られていないもの，それはわれわれにとってないものである。われわれにとってないものについて私は知ることはできない。しかし，だからといって，およそないものであることにはならない。なぜならば，われわれはあるものをあらしめる力をもっていないからである。〈われわれにとってある〉ということで〈ある〉を汲み尽くしたことにならない。その一方で，与えられてあるもののすべてが見つかるわけでもない。私の知はこのことに及ばない。

　ここで真理を知ることと真理のあることとの亀裂に出会う。真理を知るのは私であり，真理を創り出すのは私ではない。絶対的他はあらゆる存在・実在の起源である。存在するとはおよそ何ものかのありさまを，実在するとは実体のありさまを言う。絶対的他が何をどのように創り出すのか，このことは私たちにとって与り知らぬところである。というのも，絶対的他についてわれわれは包括的に把握することができないから

第6章 真理の存在

である。何が創り出されているのか，創り出されることになるのか，それは私の知のなかに入ってこない。しかし，創り出されているかぎり，私に与えられている限り，それは必ずある。その意味でだけ，事物は必然的にある。このことは実在することの原理と理由を自らのうちにもつということとは異なる。与えられているかぎりの必然性とは，与えるものによって与えられているということに制約されている。有限的世界のなかで私たちがさまざまな物事や出来事に割り与える必然性とはこの制約された必然性である。この必然性はもはや与えられないものの必然性と隔離されているわけではない。

　こうして，私たちは，有限的世界について真理を探究して行くためにしなければならないことを学んだことになる。私たちは，私が知るに至ったそれぞれの内容に注意を凝らし，それを曖昧で不明確な内容から区別しながら進んで行くならば，真理に至り着くことができるであろう。しかし，一摑みにできる内容を超えて，遠くへと探究の道のりを進めて行くためには，離れた内容相互の結びつきを評価する手だてをもたなければならない。それが必然性の問題である。制約されていない，言い換えれば，無限なるものの絶対的な必然性と，無限なるものによって一度産出されたならば必然的にある，あったと言える，そのような〈あること〉に係わる必然性との関係のなかで，有限的世界における項と項とを結びつける必然性の内実を定めて行かねばならない。これなしに学問的知識の構築はありえない。

第五省察

物質的なものの本質

第1章

課題の提示

───────

振り返ると

疑いの道を通して，私たちの意見が層構造をなしていることが見出され，地層学的探求から次のことがわかった。つまり，感覚的意見の下に科学的意見が，科学的意見の下に数学的意見が，数学的意見の底に私の作り手（絶対的他）についての意見が見出された。掘り当てた基底が示していたのは次のことであった。すなわち，私の能力が私を超えた地点で支えられているのでなければ，私はそもそも真理に至り着きうるという保証を見出すことができない。この保証がなければ，どのように簡単な計算であれ，答えを真理であると主張する理由が失われる。矛盾律とか，全体は部分よりも大きいというような思考の基本的な仕組みについても同断である。これら自明的であると思われている事柄について，その自明性の理由が要求されるときに，先に進む道が閉ざされて底に突き当たる。この底を突破しなければ理由は与えられない。超えなければならない。知の地層学的探求はここで終わる。作り手に出会うのを避けることができないからである。この作り手が力の強大さ以外の点でどのようであるかに係わらず，つまり，それが欺こうが欺くまいが，そのこととは離れた地点で思いの作用性の成立条件として「私がある，私が実在する」ということに至り着いた。私のあることは思うことである。しかし，私の実在することは生まれたばかりの赤子のように，その名前の示すところは未だ不明であった。いっさいの知識が成立するための第一の認識として私のあることが得られる。もはや，いかようにしても疑いえざるこ

第1章 課題の提示

とである。

　ここから開かれてくる思いの領域の確かさを土台にして，知の建て直しが始まる。私の何であるかを探り，絶対的他を無限なものとして私の言葉にする。私は思うものであり，それを精神と呼ぶ。思うものとは，感じ，想像し，為そうとし，為すまいとし，肯定し，否定し，知り，疑うものである。疑うとはどのようにすることであり，知るとはどのようなことであり，為そうとし，為すまいとし，肯定し，否定することが何をすることなのか。私たちは，いささか長い道のりを経て，これらのことについて多くをすでに確かなこととして知っている。また，絶対的他についても，多くのことを知り，真理の礎のありどころもわかった。とはいうものの，人間精神と絶対的他について，まだまだ，探求しなければならないことは残っている。しかしその前にしなければならないことがある。精神でも絶対的他でもない何か，つまり，物質的なものについて究明することである。この究明のなかで人間精神についても絶対的他についても，もっと多くのことがわかるであろう。四日目の省察をとおして，私の外なるものについて判断する際に，どのようにして誤りに陥るのか，どうしたらこの誤りを避けることができるのか，これらを学んだ。その一方で私の外，物体的な世界については，未だ夢という想定も，欺く作り手という想定も，私たちは突破しえていない。この突破が為されるべく直面している緊急事である。このためには物体が実在することの，その実在の意味の探索に先立って，物体の本質が解明されなければならない。それがすでに手に入れられた順序から要求されることである。ものがあって，それを私が知るのではない。私の場合には，私があって，私が知る。しかし，物体については，その知ることの結構が見通されてから物体の実在の意味が探られる。物体の観念が私の思いのなかで占めている位置を探って，それから物体の実在の意味の解明に向かわなければならない。

今日の課題は三つ

「第五省察」において明らかにしなければならないことは，第一に，物体（物質）の本質は何であるのかということ，第二に，これまでに得ら

れた探求の仕組みを用いて新たに絶対的他の実在を証明すること，第三に，数学の確実性がどのようにしてこの絶対的他に依存しているのかを示すことである。第一の課題を言い換えるならば，私たちが物質的な事物について真理を語るときに，その真理はどのようにあるのかということ，さらにこれを問いのかたちにするならば，次のようになる。すなわち，物質現象に関して真であるとされる場合の，真の〈ある〉ということがどこにおいて成り立っているのかということである。かくして物体的事象の本質領域が開かれる。第二の課題は明証性という基準を絶対的他の観念に適用することをとおして，絶対的他が実在することの第三の意味を明らかにすることである。その第三の意味は論理的必然性の範型として開かれる。こうして私たちは推論の必然性がどこへと戻るべきかを知る。必然的結合のモデルを手に入れる。第三の課題は学問的知識構築における記憶の役割の解明である。私たちは数限りない推論を組み立てながら，先へ先へと進む。最初の前提が遙か彼方の結論の真であることを支える。そのようにして私たちは，一目で見える範囲を超えてゆく。もはや忘れてしまっている推論の確かさは，忘れてしまっている今，どのようにして保証されるのだろうか。これが第三の課題である。この三つの課題が成し遂げられて，物質的事象についての学問構築の可能性が基礎づけられる。

問いの端緒

第一の課題に答えるために，物質的事物について真理を問うということがどのような眺望を開くのか，この点について明らかにしておく。まずもって，真理とは何かという問いから始めるが，この問いは，それだけでは何を問えばよいのかわからない問いである。私たちは三日目に「真理とは何か」という問いが二つの問いへと分岐して行くのを見出した。つまり，何かが真であることの条件を探る道と，その条件を探っている間にも想定してしまっている真理についての理解への問いである。後者の問いを精確に言えば〈「真理とは何か」という問い〉になるのであった。この問いは私たちの知識の底を探る問いである。その意味で本有観念のありさまを示していた。ところで，今直面しているのは真理条件を

第1章 課題の提示

求めるという意味論的な問いでも，真理の意味への問いでもない。そうではなく，物質的事物について真理を問う，このことから何が問題として現れてくるのかということである。

　「真理」のありさまという点から，このことを捉え直してみよう。ほとんど自明のことであるが，真理は不変的であり，それゆえに私のそのときどきの変わり行く思いを超えている。このことが物質的事物についての真理の理解に含まれていることは既にわかっている。そのときどきの思いを超えている，その真理がどのようにして摑まれうるのか。それが摑まれうるのだから，私たちは真理を私の思いの外のこととして放置しておくことができない。だからといって，真理が私の思いの外にあるということを否定することもできない。真理について思考するときに，真理はその思考された思考そのもののなかにも宿っている。その一方で，真理の〈真理である〉ということは，そのつどそのつどの思考を超えているということを示している。なぜならば，思考された思考が思考されたそのときに真理であるのは，その思考の内容が「私の」という限定を超えているだけではなく，不変という仕方で時間を超えていなければならないからである。そしてまた，もし，思考された思考が私の思考のまま真理であるとされる場合があるとしても，その思考は思考の形式という仕方で私の思考という限定を超えていて，そっくりそのときどきの私の思考のままとは言えないからである。このことは，真理である思考の形式は思考の〈そのつど性〉を超えているということを示している。真理がそのつどそのつどの思考を超えているのならば，その意味で真理は思考の外にある，思いの領域の外にある。このことが物質的事物について真理を問うときに，新たに眼差しを向けなければならないことである。

　五日目に問われることになったのは，物質的事物についての真理へ到達することの可能性である。思うものとして本質を探り出された私は物質ではない。その意味で，私ではない何かについて真理を求めることの可能性が問われている。私ではない何かを思いとして取り込んでいる。物質的事物の真理は思いとして捉えられながら，私の思いを超えているのでなければならない。かくして，私たちが以下において解明しなけれ

ばならないことは，物質的事物について捉えられた真理は私のうちにありながら，そのように真理を捉えることができるのは真理が私のうちにあるとは言えないからだという，この事態を明らかにすることである。物質的な事物についての真理という点で問いの領域は限定されている。しかし先に述べたように，物質的な事物が私の外に実在することの意味は定まっていない。物質的な事物が実在するか否か，このことは今の私の妨げにはならない。その一方で，物質的な事物についての真理のありかを問う問いが外向きの問いであることはわかっている。とはいうものの，問いが向かっているのは絶対的他の方向ではない。鍵となるのは，絶対的他・無限なるものではない方向での外ということ，これを横への超越と言い換えてもよい。私は私を横に超える。この可能性を実現しなければならない。

第 2 章

物質の本質

―――――――

物体と物質

物質が体をなして物体になる。物は物質からなる。物質ということで物体とか物とかが〈それからなっているそれ〉が考えられている。その物質的な事物について考える。物質的な事物について，それが何であるのかと考えるとは，物質的な事物の観念について調べてみるということである。アイスクリームについて吟味を試みたときには，目の前の「このアイスクリーム」を例に採った。思いの領域を思いの領域として確保するに先だって，手綱を緩めて，感覚や想像力の実在措定をそのまま含めながら，「このアイスクリーム」についてのできるだけ安定した知見を求めた。そうして精神の洞察によって「広がるもの」として「アイスクリーム」が捉えられるに至った。いま，振り返ってみるに，知性によって思いの領域のなかで摑み取られた「広がるもの」ということこそ，物質の観念の精査を通して明晰判明な観念へと仕上げられるべきものだったのである。私の内に私ではないものを探して物体の観念を考察したときに，明晰判明に浮き上がってきたことは，やはり，広がりということであり，この「広がり」を限定することを通して，形なり，位置なり，運動なりの観念も得られた。この広がり，この延長の観念が判明に捉えられているときに，広がりをどのような仕方で捉えているのであろうか。言い換えるならば，広がりを広がっているとして捉えるときに私はどのように思いを用いているのか。

　延長の観念は広がりを表しているけれども，延長の観念はそれが知

られた事柄，知の内容である限り，何かを広がっていると捉えたことにはならない。1メートルという観念は2メートルの観念の半分の長さを表しているが，半分の長さの線が描かれているわけではない。1メートルの観念と2メートルの観念の関係は前者が後者の半分ということにつきる。半分なのだから，1メートルは2メートルよりも〈いっそう短い〉と分別する。いっそう短いという思い描きから，知性を働かすことなしに半分，ないし5分の4などが帰結してくるわけではない。こう見てくると，半分ということと短いということとは何かしら捉え方が違う。このように，知られている内容において延長が広がっていると捉えられてはいないということは，知ることの特性から明らかなことである。知るとは思いの構造のなかでの当該の観念の位置および役割および関係を言葉で表現することである。無限を汲み尽くすことはできなくとも，無限がどのようなことであるのか，有限との関わりのなかで表現することができたように。5センチメートルを一辺としてもつ正方形の面積を5の二乗として計算する場合に，広がりを描いておくことは要請されない。しかし，そもそも正方形がどのような形であるのかと考えてみるときには，この形を思い描いてみなければならない。四つの辺の長さが等しく，一つの内角が90度である四辺形と言い直してみても，この四辺形を規定するためには，線分を規定しなければならない。

物質の本質と数学

『ユークリッド原論』のように「直線とはその上にある点について一様に横たわる線である」としてみる。このように知られるが，これが直線であるためには無数の点を線で結ばなければならない。しかし，知性は線を結ばない。線を結ぶとはどのようなことなのかということを知性を用いて探り出すことはできる。しかし，この方向へどこまで突き進んでも線は結ばれない。線が結ばれなければ，形は生じない。「線とは幅のない長さである」と知る。だが，このように知られる内容のなかには任意の長さも，かくかくの長さもない。個別的な広がりはない。広がりを広がっていると摑むためには，何らかの或る広がりを思

い描かなければならない。その広がりがこの世界のなかにあるかないか，このことが問われているのではない。実在措定をすることなく広がりを描くとは，広がりを思いの領域のこととして想像することである。私は四辺形を判明に想像する。思い描かれた四辺形と思い描かれた三角形との差異に何の紛れもない。この想像力によって構成された或る連続量を私はいくらでも区切ることができる。思いのままに区切ることができ，或る区切り方を単位にすることができる。そのようにして自然数を見つけたり，実数を見つけたり，そこからさらに無理数を見つけたりすることもできる。

　広がりに適用されることがないとき，数は知性に捉えられているにとどまる。広がりに適用されてはじめて数は物質とのつながりをもつ。形あるものを数式で表記するとき，形あるものとの連携が失われても，数式は数式でその固有の役割を果たす。しかしながら，$x^2 + y^2 = r^2$が円を表すためには，何らかの「丸」が思い描かれていなければならない。一点から等距離の点の軌跡が「丸」を構成するのではない。「丸」を構成するためには，たとえば，中心を決めて糸を結びつけ，反対側の端に鉛筆を結びつけ，一回りさせる。コンパスを一回りさせる。実地にしなくともよい。想像すればよい。連続量である広がりに，離散量である数が適用される。逆にはならない。連続量を区切ることによって離散量が得られる。なぜそうなるのか。それは知性が広がりを或る個別的な広がりとして構成できないからである。数学が物質に適用可能であるのならば，その数学の始まりには広がり（延長）を判明に想像するということがある。広がりを用いて数え，広がりに形や位置や場所的な運動を，さらにはその運動の持続を割り当てる。物質の本質と数学は想像力において出会う。

類種と個別

類としてみられた物質の本質は延長である。その延長は，しかし，何らかの広がりとして広がっているわけではない。個別的という層においてみられた延長，つまり，個々の広がりは思い描かれてつかまれる。ここで類と個別という差異を用いた。類と個別とはどのような違いと考えら

れているのか。「種類」と言う。類と種とは伝統的に一つの系列のもとにおかれる。動物という類には人間という種も入れば，虎という種も入る。動物という種は生物を類概念としてもつ。類と種はこのように相対的に，より上位の分類概念が類と，より下位の分類概念が種というように用いられる。個別あるいは特殊は，通常，この類種という系列を超えたものについて言われる。個体もやはり類種系列を越えたところに位置をもつ。プラトン，アリストテレスという固有名は個体を識別するという役割を果たしている。固有名がない場合には「この」とか「あの」という指示詞を用いて同じことをしようとする。たとえば，「この本」，「あの赤い屋根」など。個別とか特殊とされるものは，個体のいくつかのまとまりをなしている。それが一個の場合もある。「どれでもよいから（任意の）皿をもってきて」と言われるならば，たいていの場合は一枚の皿をもってくる。「そこにある何枚かの皿をもってきて」と言われれば，二枚以上の皿をもってくる。これらの表現のなかに現れている物は個別的なものである。これらの「皿」は実在しているからこそ，移動可能なものと思われている。

　しかし，個別的なものだから実在しているということにはならない。今のところ，私たちが思いの領域のなかで話を進めているから，実在措定をやめているから，というだけではない。「何でもいいから一つ三角形を思い描いて下さい」。この思い描かれた三角形は個別的な三角形である。それぞれの内角も決まっていて，辺の長さも決まっている。もちろん，測ってはいないのだけれども。マイセンのものらしい皿を思い浮かべてみよう。萩焼の茶器でもよい。自信はないけれども，何かしらの皿が思い浮かぶ。その思い浮かべられた皿は思いのなかで存在をもつが，この世界のなかに実在するとは思われていない。これも個別的な皿である。目の前に一枚の皿があって，「この皿」についてあなたと私が話し合っている。「この皿」は今ここに実在するものと思われている。そのような「この皿」は個体ないし個物と言われる。しかし，この場合も，今ここに実在するから個体なのではない。ソクラテスは最早実在しない。それでもソクラテスは個体である。"Antonius Stradivarius Cremonensis / Faciebat Anno 1721 / Made in Bohemia" が個体を指しているという可能性

第2章 物質の本質　　　　　　　　　　　　　　215

はある。つまり，排他的に，一個のものだけを取り出すことができる言語表現が得られたと思われたとき，それによって名指されたものは個体としての役割を果たす。

知性と想像力

このように考えておけば，類としてみられた延長と，個別としてみられた延長の違いについても見通しがつく。類としてみられた延長にはこれ以上の上位の類はなさそうに思えている。そういう点で私たちの知識の底になっていることが多そうな観念である。延長の観念は，物質的なことについて探求される場合には，いつもあらかじめわかっていることという位置に来る，局面を変えて言い換えれば，本有観念の位置に来ると言うこともできる。これに対して，或る延長，何らかの広がり，何らかの形，いくつかの数などは個別の位置に来るように思われる。或る延長とは或る広がりをもったもののことである。「もの」と言っても「物」ではないのだから，銅でできていなくても，木製でなくてもよい，つまり，思い描かれることができればよい。何らかの三角形もやはり，何でもよい何か三角形を思い浮かべてみれば，その三角形は個別的三角形である。このことから類としてみられた延長の方を見返してみるならば，この「延長」は思い描かれない。図を描けない。知られているだけである。知性によってつかまれている。

　これに対して個別的な広がりは想像力によって描かれている。だからといって，この個別的な広がりが知られていないわけではない。たとえば，「広がり」として，あるいは，「三角形」として知られている。知られていて思い描かれている。思い描かれてから知られるわけではない。知られてから，その後で思い描かれるかどうか，それは場合によることであろう。思い描かれているときには少なくとも一緒に何かが知られている。思いの領域のなかで，何らかのまとまりをもったものとして，知られるもの，知覚されるもの，それらは観念と呼ばれる。想像することによって思い描かれた像は，像である限り観念ではない。知られるという仕方でつかまれている〈三角形〉を観念だとすれば，思い描かれた三角形は観念ではない。しかし，それも思いのなかに描かれる。思われて

いるもののなかにも，知られるという仕方で思われているものと描かれているという仕方で思われているものとがある。ここに想像することが知ることからの差異として見出される。

観念と想像

先に述べたように，観念は思いの一区切りを一般的に名指しているのだから，どのような区切り方をするのか，どのような纏め方をするのか，どのようであろうとも観念という名で呼ばれる。物質の観念の表している事柄を思いとして表に浮かび上がらせ，そのなかでの一つ一つの思いが相互にどのように依拠しているのか探りを入れる。物質の観念も思いならば，それを通して浮かび上がる一つ一つの思いも観念である。その思いの一つとして広がりをもったものが動くということがある。この場所的運動を考える場合に，何か広がりをもつものが動くと考える。広がりを捨象して動きだけを捉えることができないと言っているのではない。広がりを捨象して捉えられた動きは，たとえば，ニュートン力学的に $P=mv$（運動量ベクトル＝質量・（速度ベクトル））というように書かれたりもする。しかし，この P は動きださない。動きだすときには，何であれ何かが，その「何」が目に見えようが，見えまいが，動くと捉えられる。同じように，何らかの形をもつものは広がりをもったものの形であると考えられる。延長の部分について，大きさが認知され，或る大きさについて形が語られ，形をもったものが相互に位置をもち，その或るものが動き，動きのなかで動き続けるもの，動かないものが見出される。

　逆の方向から言い直すならば，動くものは或る形をもったものの位置関係として捉えられる。何らかの形は大きさをもったものの形である。大きさは広がりをもったものの部分である。広がりをもったものは広がり，つまり，延長と同じである。想像するという側面から見た場合の順序は，このように延長，大きさ，形，位置，運動，持続というように展開する。私の思い描きの構造は逆のことを示しはしない。これらどのような思い描きであれ，言葉にすくい取られるならば，それを観念という言葉で呼ぶことができる。〈物質〉の観念も観念であれば，〈物質の本質

第2章 物質の本質　　　217

は延長である〉という観念も観念である。物質の観念の内容を探ってゆくと，上のような順序が見出され，それなしに物質について考えることができない事柄として，つまり，物質の本質として延長ということが見出される。そこにまた想像するという働きが組み込まれているのも見出される。繰り返しになるが，延長ということは物質的な事柄を論じる場合の底を形成する思いであり，この延長の観念と想像される広がりとが連接しているのはその底においてである。

個別的図形と底

これに対して個々の形のようなものの観念は私の思いの構造のなかでどのような位置にあるのだろうか。たとえば，四角形や三角形，四辺形や三辺形などの思いの纏まりが物体的事象についての知の底を形成すると考えるわけには行かない。もちろん，或る対象についてそれがどのような図形かということを問題にしている場合には，これらはこの問いの底の一部を形成しているかもしれない。しかし，物体的事象を捉える場合に，それがどのような多角形であるのかということ，それとは別の枠組みのなかで当該の物体について調べる場合がある。もっと細かく考えても，円か楕円かを問うている場合に，四角形や三角形を底に据えていると想定する必要はあるまい。その場合でも延長＝広がりは〈話の逆ドーム〉の要石になっている。建造物について言われるドーム（円蓋）の天地を逆にしたような構造を考えている。

　一番下に要石がきて，これを取り外すとすべてが崩れる。その要石は，思いのままにならず，それを足場に論証が成立するという位置にくる。本有観念とはそのような構造を言う。しかし，三角形や四角形のような個別的な形の観念はその要石の位置にくる場合もあれば，そうでない場合もある。ところで，要石の位置にくる延長の観念と三角形や四角形のような個別的な形の観念との見つかり方はどのように違うのだろうか。延長ということが物質的な事柄について考える場合の底をなしているということ，それはつまり，延長が物質の，物体の本質であるということであり，そのような延長を出発点にする順序関係が物体の観念を解きひろげることを通して露わになる。これに対して，個別的な三角形の観念

はこの順序関係に着目されることから明らかになるわけではない。三角形の観念は広がりの観念を底にしているが，しかし五角形の観念との差異が，この順序関係に則して露わになるわけではない。三角形の三角ということが五角形の五角であるということから構成されるわけではない。個別的な三角形の特性は，この順序関係とは何かしら違ったところを支えにしている。

第3章

純粋数学

描くことなく知る

　私は随意にどのような多角形でも思いつくことができる。17角形であろうが，2289角形であろうが，思い描くことができるかどうか，それは別にして思いつくことはできる。思いつくことは私の随意であり，いかような図形でも思いつくことができる。しかし，思いつかれる図形は，何角形であったり，円であったり，楕円形であったり，放物線であったり，双曲線であったり，サイクロイド曲線であったり，何であっても何らかの記号表現とともに思いつかれる。繰り返してみる。何でもよいから何らかの図形を思いついてみる。このことは，何らかの模様，何らかの図形が思い浮かんでいるということとは異なる。何らかの図形を思いついて，思い描く。このように何らかの図形を思いつくときに記号表現を伴う。記号表現ということは，ここでは図形として思い描かれるということとの対比のもとに捉えられている。揺れ動く青い流れのたゆたいを思い浮かべている。揺れ動く青い流れを思い描いている。この場合に図形として思い描かれていることもある。これに対して，何らかの図形を思いつくとき，思いつかれた図形が思い描かれるという順序をとる。このときに記号表現を伴う。

　たとえば，サイクロイド曲線を思いつく。その場合に，それがどのように描かれるのか知られていなくともよいが，思いつかれたことについて「それがサイクロイド曲線である」という対応をつけている。対応をつけているという言い方が，思いつかれたことと「サイクロイド曲線」

という表現との隙間を暗示すると言われるのならば，サイクロイド曲線はサイクロイド曲線として思いつかれたと言ってもよい。このときに，サイクロイド曲線が思い描かれていない場合もあるということが肝要な点である。さらに，サイクロイド曲線という概念が数学上の概念であり，この曲線が何か特性をもっていて，その特性について私が知らないとしても，だからといってこれには特性がないというようには思っていない。たとえば，トピカクス曲線について私は知らない。これが数学上の概念であるかどうかも知らない。単なる虚辞なのかもしれない。しかし，もしこのトピカクス曲線がサイクロイド曲線を七次元座標に写像変換して得られるものだと教えられる。このトピカクス曲線が数学的な特性をもったものとして数学的に記述できるのかどうか，私にはまだわからない。それでも，私はトピカクス曲線について何かを知っている。だがこれだけではそれの図を描くことはできない。もし，このトピカクス曲線について，三角形についてわかっているようにわかったとき，そのときに私はトピカクス曲線というものがどのようなものであるか明晰判明に摑まえたことになる。何かがわかったのである。何かを作ったのではない。見出したのである。

個々の広がりを思い起こす

最初にどうであったのか。三角形はどのようにしてはじめて思いのなかに入ってきたのか。この問いを歴史的展開のなかで発生論的に問うことにはさまざまな前提となる事情が含まれる。発生論的に問う場合に，二つの方向を考えることができるかもしれない。一つは，私とは別人の或る子供が三角形ということを修得して行く過程を私が観察するという方向である。もう一つは，子供である自分を考察するという方向である。後者の場合から考えてみよう。子供であるときの私を思い出しながら，この点に探りを入れることから何か確かなことが得られるということは当面ない。今の私の思いである子供としての私と，私がそうであった子供とを識別する手だてがない。私の思いを考察しようとして，考察が足場にするのは今の私の思いである。過去の私についての思いの考察は今の私の思いのなかでの過去の思いの考察として成り立つ。

いつどこで，私ははじめて三角形に出会い，それを三角形であると理解したのか。もし，そのことを覚えているならば，私は私の歴史のなかの一コマとしてそのことを位置づけている。そこからさまざまな別の思い，感情が湧きだしてくるかもしれない。しかし，そのことと個別的な図形が私の思いの構造のなかでどのような位置を占めているのかということとは別のことである。要するに，三角形を思い描こうとするときに，過去に私がいつかどこかで獲得した三角形を描き出していると説明することは，何らかの特別の場合の説明にしかならないということである。その特別の場合とは，当の三角形が個体としての三角形と考えられている場合である。あなたが通っていた小学校で，三年生のときに，先生が黒板に示した三角形を思い描いているような場合である。これに対して，ふと三角形を思いついて思い描こうとするとき，普通たいていの場合はどこかで見た三角形ではない。だからといって，どこにもなかった三角形という証拠もない。どこかで同じような形をした三角形を見たことがあるかもしれないが，どこかで見たことがあるということが，この三角形について調べようとするときに何の役にも立たない。これが普通たいていの場合であり，このような事情を説明しようとすると，思い出しているかのように，想起するかのように，三角形を思い描くと言いたくなる。

　次に，前者，つまり，総じて子供がどのようにして三角形という個別的な図形を修得するに至ったのか，このような方向付けで考えて行くとどうなるのか。この場合には，当然のことながら，歴史的・社会的状況を前提にして探求を進めることになる。たとえば，昭和50年代前半の小学校教育のなかで三角形を教えるまでにはどのような経過をたどっていたのか，というように。いや，学校教育とはまったく別に幼児の「三角」という認知の成立を問うという場合もあるだろう。この場合にも歴史的・社会的考察を抜きにできないことは言うまでもない。幼児は「丸」と「三角」をいつ，どのような経過をたどって識別するに至るのか。当然のことであるが，観察を繰り返しながら，多くの事例を検討しなければなるまい。そのようにして得られることは子供の成長過程のなかでの三角形の認知に係わる知見である。この知見は重要なことを教えてくれ

るであろう。そこから私の思いの構造に光が当てられることも大いにあるだろう。しかし，子供の成長過程を観察して得られた知見がそのまま今の私の思いの構造についての知見だと思うならば，それは思い違いである。この混同は，しかし，三角形を思い描くときに，あるいは何であれ個別的な図形を思い描くときに，時として現れる既知感を副次的に説明する材料にはなるかもしれない。三角形について考えたくなるとき，思い描かれた三角形は何かしら思い出されるかのように感じ取られる。そのことは私にとってとても自然なことである。

見出された三角形

私がトピカクス曲線を発見したと言いたいときに，何をしたことになるのか。私は三角形もいつか発見したのではないのか。あまりの昔に発見したので，発見したという記憶がないということなのか。コロンブスは長い航海の末に，何かを発見して，アメリカ大陸を発見したと思った。今まで見たこともないと思っているものが目の前に現れ，それに名前を与える。これが発見ということの形式であるのならば，私は三角形を発見したことになるのか。目の前に一つの図形を提示され，これが三角形というものだと教えられて，はじめて三角形を理解する。そういう時間点があってもよい。しかし，このときに私は三角形を発見したのか。これまでに見たことのないものに名前を与えたのか。どうも違うように思える。おそらくは，目の前の図形を三角形と呼べるようになることが，三角形の理解とつながっているとしても，そのことが三角形の理解ではないのではないか。三角形について理解するとは，四角形や円との違いがわかることを含んでいるのではないか。

　三角形について理解しているということを，数学的な文脈のなかで「三角形」という言葉を適切に用いることができると言い換えてもよいかもしれない。こうしてわかったことは，三角形についての理解とは，目の前に差し出された三角形をした図形と「三角形」という表現を結びつけることができるということとは，深い結びつきはあるかもしれないが，違いもあるということである。少なくとも，コロンブスがアメリカ大陸を発見し損なったように，私が三角形を発見し損なったということ

はない。いや，私が三角形について何も知らないのならば，私は三角形を発見し損なったことになるのではないか。しかし，私が三角形を発見したときに，私にとって三角形はかつて未知であったとしても，三角形がなかったのではない。そしてまた，コロンブスが見つけたのがアメリカ大陸ではなかったように，私が見つけ損なっていた三角形が四角形であったわけではない。三角形はあり，三角形であり続けたのであるが，私はそれについて知らなかったのである。三角形は思い出されるように見出された。

三角形の特性

私がトピカクス曲線についての理解を，三角形の場合と同じように明晰判明に提示できるのならば，私が知るに至る以前にもトピカクス曲線はあり，それはトピカクス曲線であり続けたのである。しかし，実際には，今の私にとってトピカクス曲線はあまりにも曖昧な思いでしかない。そこで三角形に戻れば，私はそれのさまざまな特性をはっきりと紛れなく捉えている。三つの辺をもつこと，三つの角をもつこと，内角の和が180度であること，二つの内角がそれぞれ60度であるのならば，その三角形の三つの辺の長さは等しいこと，などなど。そのような特性が私によって見出される。これらの特性が私によって見出される以前にはなかったのではない。私が思ってもいなくとも，三角形の内角の和は二直角である。私が思おうが思うまいが，このことに変わりはない。

　その一方で，私の思いは変わって行く，この変わって行く思いをとどめる手段が習慣であった。或る何らかの思いがその思いのまま留まり続けることはない。それが思いの本性である。これに対して，三角形の特性は変わらない。或る特性が思われているときにその特性がその特性の思いをはみ出すわけではない。三角形の内角の和が二直角であると見出されたとき，見出されたことは三角形の内角の和が二直角であることをはみ出さない。当の思いのなかにすっかり収まっている。しかし，私がそれについて考えていないときにもそれはある。つまり，「ある」という点では思いにすっかり収まってはいない。三角形が思い描かれるとき，その三角形は思われたものであり，私の外に実在しない。だが，この三

角形の特性は「ある」という点で私の思いをはみ出している。私が思わなくともこの特性はあるのでなければならない。それを私が見つけ出す。見つけ出された特性は思いの一纏まりとして私のなかにある。見つけ出されていない特性は私の思いの外にある。このように言えるのは、見つけ出された特性を、まだ見つけ出されていないという相貌で語る場合である。このことは或る特定の三角形が私の外に実在し、その三角形がかくかくの特性をもつということとは違う。

知られ想像された三角形

数学が対象とするのは知られ想像された三角形である。三角形の面積は一つの頂点から底辺に垂線を下ろしたその長さと底辺の長さの積の二分の一として求められる。これに対して知られただけの三角形について一つの頂点から底辺に垂線を下ろすことはできない。このためには何らかの三角形を思い描かなければならない。思い描かれた三角形についてその面積が上のように求められる。この三角形の特性は知性と想像力の協力の下に得られる。知られるものの真理性が思いの領域に証拠をもつならば、言い換えて、明晰判明に知られるということが当の事柄の真である証拠であるのならば、真であると知られている内容も私の思いのなかにある。

　二日目に見出された第一の認識についてはそのようであった。絶対的他の場合には私を真上に超えることが真であることの証になった。しかし、今は世界を前にして私が輪になったわれわれが対象について判断を下そうとしている。今の対象とはまず広がりであり、この広がりの分割としての数であり、この広がりの場所的移動としての運動であり、この運動の持続である。知性の協力の下に描き出されたものが対象になる。その対象について特性を摑まえようとしている。それが物質について真理を探究するということである。物質の実在の意味について私はまだ判明に捉えてはいない。しかし、物体的世界についての真理が私の思いを真上にではなく、いわば横に超えているということを私は既に知っている。延長として捉えられた物質の諸特性について、私がわれわれとして判断を下す。たとえば、三角形についてその面積の求め方がこうである

と判断する。この場合に，私によって描き出されている事物についてそれの特性が求められている。それではこの特性はどこにあるのか。

第 4 章

永 遠 真 理

———————

想像された特性の「ある」こと
想像するということの本性上，描き出されたものは描き出されたものとして捉えられ，比較される。描き出すということは空間を切り取ることである。空間を切り取って思いの領域のなかに並べる。操作の順序としてはそうなるかもしれないが，事柄の順序としては思いの領域に区切られた広がりが産出される。これが形を思い描くということである。思いを形ある空間にするということが想像力の働きである。三角形を想像するということは三角形を空間化する，広がりとして区切るということである。まず，二つの三角形を想像してみる。次に，この二つの三角形が重なるとする。そうすると，これが二つの三角形であるという証拠がなくなる。思いの領域のなかで空間化されて二つであったはずの三角形は，重なるやいなや一つになる。そしてまた，描かれた像である限りにおいてはそれが三角形であるという証拠もない。それでも私が三角形を思い描いているということは残る。どの三角形か。どの三角形でもよい。どのような三角形が思い描かれようとも，三角形の観念は三角形の観念として残る。つまり，その描かれた像が三角形であるということは残る。この三角形に特性が見出される。

　繰り返してみる。どの三角形に。思い描かれた三角形にである。三角形の観念にではない。思い描かれた，いつでも揺れ動くという意味で任意の三角形について，三角形であるのならばいつでも常に成り立つ関係が特性としてつかまれる。この特性は，それが見出される前に，三角形

の観念によって表されてはいない。というのも表されているのならば，その表されてしまっている内容は既に見出されていることになるからである。三角形の特性は想像された三角形について見出される。見出される前になかったのではない。あった。私の内にではない。私の内に思いとしてあるのならば，私に既に見出されていることになる。思い描かれた三角形は変化を免れない。変化を免れない三角形のもつ特性は変化を免れている。数についても，それが物質に適用可能であると見られる場合には，同じことを認めることができる。すなわち，知性に助けられた想像力の働き，あるいは，想像力に助けられた知性の働きとして数を用いた探索を捉える場合には，数についてのさまざまな特性は，やはり，変わらないものとして私の外にあるとされなければならない。数は思い描きを通過してはじめて実効性をもつ。つまり，物質的世界に届く。思い描かれたものの特性は思いの外にある。

不変にして永遠な本質

思い描かれた三角形にはさまざまな特性が見出され，その特性は私の思いの外に「ある」ということに支えられている。この「私の思いの外」は世界のなかを指してはいない。私の個々の思いの様態的なあり方と違うあり方をしているということを示す。これを私が私の意のままに作り変えることができないと表現し直すこともできる。私の思いが私の思うままにはならないのである。三角形の特性，本質は，そのようにして不変であり，世界のなかにはない。時間・空間的限定性を免れているという意味でそれは永遠である。三角形の内角の和が二直角になったり，ならなかったりすることはない。球体上の三角形の内角の和は二直角ではない。ユークリッド幾何学の成り立つ平面図形に関してだけ三角形の内角の和が二直角であるということは真である。だから，このことは何らかの条件付けの上でだけ，その真理性を主張できる。平面図形という根本設定をすれば，たしかに三角形の内角の和は二直角であるが，この根本設定に相対的にしか主張できない真理である。

このように反論されるかもしれない。これは，2＋3＝5が真であるならば，それはどのような条件のもとでなのかという問題と対応している。

私たちは疑いの道の上で、2＋3＝5が偽である可能性を開く想定として欺く作り手の想定を考えた。そこで見つかったのは次のことであった。〈私は2足す3を計算する度ごとに、間違えて5という答えを出してしまう〉という問題そのものが、私を超えていたのである。別の言い方をすれば、2＋3＝5が偽ではないことの不可能性にどのようにして到達できるのかということになる。これが、偽なるケースを作ることの可能性とは異なる問題であることを、私たちは既に知っている。また、昨日の省察を通して偽はあるものをないとし、ないものをあるとする点に成り立つ欠如であるということも知っている。このような判断における偽は意志の正しくない使用から結果として生じる欠如である。私の働きから生じるものであり、私の働きと別に〈ある〉と言えるものではない。私が明晰判明に捉えている事柄だけを肯定するのならば、私は誤らない。こうして2＋3＝5が偽になる可能性は排除された。しかし、このことは私たちとは別の文化圏で2＋3＝6が真である可能性を排除することとは異なる。2＋3＝6が真である可能的世界を構成できたとき、その可能的世界での2＋3＝6と私たちの世界での2＋3＝5が等価な事態を表現するということを示しているだけである。当該の可能的世界と私たちの世界との知総体の同型性が保たれているとするならば、私たちの2＋3＝5と当の可能的世界での2＋3＝6は、知総体のなかでぴたりと同じ位置にくるということである。

知総体の同型性

ところで、知総体の同型性が保たれているということは何を意味し、そのことのためにどのような証拠を与えることができるのか。肯定の道をたどる場合には、この同型性は絶対的他へと至り着く過程の構造的類似によって測られる以外にはないであろう。否定の道を遠望するならば、2＋3＝6が真である世界において私たちとは別様の知総体を組み上げることができるかどうかということによって測られる。しかしながら、知総体というとらえ方そのものがきわめて曖昧ではないのだろうか。別様な知総体という想定をいわば肉づけるために、可能的世界の条件について考えてみよう。第一に、感覚は可能的世界に及ばないということがあ

る。可能的世界の彼岸花は赤く見えない。たとえ，可能的世界の彼岸花が赤くとも。私たちが感覚を通して現実と結びついていると思っているかぎり，このことに関する別の選択肢をもたない。可能的世界は現実的世界ではないということを，「可能的世界」はその定義に含んでいるのだから。もちろん，このことは現実的世界を可能的世界の一つとして看做すことを妨げはしない。しかし，その場合にも感覚を使うことができない。

　想像力はどうであろうか。或る個別的な一つの三角形を思い描いてみる。三角形の内角の和が二直角であることは，どのような三角形を思い描くにせよ，思い描かれた図形が三角形であることにだけ依存する。このことは，上の特性が思い描き方に根拠をもっていないということを示す。そうではなく思い描かれた図形が三角形であることに，つまり三角形の観念にもっぱら根拠をもつ。一言で纏め上げれば，当の三角形が三角形であることに想像力は寄与していない。どのような三角形を思い描こうが，三角形を思い描いた以上，それは三角形である。平面図形として思い描いたのか，球面図形として思い描いたのか。このことも知性の働きに応じて明らかになることである。このように考えてくるならば，第二に，想像力も可能的世界には届かないということが見えてくる。可能的世界が個別性をその構成に組み込むことができないからである。可能的世界を物質化する，言い換えて空間化するならば，現実世界のなかのそこだけが少し異なっている別の現実世界になるだけであろう。可能的世界は知性によって組み立てられる論理的世界である。その論理が私たちの手持ちの論理であるかどうか，その点については開かれている。

　平面三角形の内角の和が二直角ではない可能的世界を構想できるかどうかという問題は，$2+3=6$ が真である可能的世界を構想できるかどうかということと同じ問題である。この迂回を通して辿り着いたことは，知総体の同型性ということが知の基本設定としての形而上学に，もっと言えば私たちの思考の基盤をなすたとえば矛盾律のような思索の構造に還元されるということである。ここまで来れば，知総体の同型性を問うことが自己参照的構造をなしていることがわかる。論理的な循環とは異なる。循環論証というのは次のようなものである。何かを真であると前

提し，その上に立って別の何かの真であることを保証し，その別の何かの真理性に基づいて最初のものが真であると主張する。この論じ方がどのような場合でも正しくない論じ方かどうか，それはまた別個に考えなければならないであろう。

　いま出会っているのは思索の構造を自分の思索の連なりとして捉えるという試みである。それゆえ循環ということとは異なる事態である。知総体の同型性を自己参照的に捉えるということは，形而上学の構築を構築過程のなかから捉えるということである。というのも，形而上学を構築するという営みが知総体に型を与えるということであり，そのことが私の知の運動として展開されるからである。こうして知総体の同型性という問題が，形而上学の確立ということと密接に結びついていることがわかる。繰り返しになるが，形而上学の成立過程は形而上学を確立して行く思いの運動の記述によってしか与えられない。これを追って行くにせよ，繰り返して辿り直す以外に表現の手だてはない。形而上学が確立されている姿をできあがった知総体の型として記述するときにもやはり自己参照的になる。たどり直しをレトロスペクティブに見るだけの話である。

　これらのことがわかってみれば，知総体の同型性を問うことはどこから見ても，どこまで行っても共約不可能な知を二つもつことができるのかという問いに帰着する。というのも，私の思いの運動の異他性の極限においてだけこの同型性が損なわれるからである。逆に言えば，この異他性の極限とは，極限として遙かに見えるだけであり，近づけば逃げるものだから，ということである。この極限の到達不可能性と知総体の同型性への問いは同じことを示している。どちらも結局のところ，問いとしての内実のなさを問いの成立に利用している。かくして，知総体の同型性について，それが複数成立するか否かという問いの不成立が示していることは，知総体の同型性以外の選択肢を閉め出す。しかし，到達不可能なこととして閉め出す。偽であるわけでも，論理的矛盾を含むわけでもない。到達できない問い，その意味で実質を補塡することのできない問いである。このことを用いて問いが立てられていたのである。このことはまた知総体の同型性という想定が容認されうるということも示

す。私たちの2＋3＝5と，或る可能的世界での2＋3＝6は知総体のなかでぴたりと同じ位置にくる，という想定は受け入れられる。同じ位置にこないという想定には到達できない。別の言い方をすれば，数学的真理を疑う理由を可能的世界という想定に求めることはできない。このことはしかし，数学が実効性をもつ学問，あるいは，物理学に適用可能な学問であるためには，想像力の働きを組み入れなければならないということと撞着するわけではない。

物質についての真理のあること

この二つのことをあわせて言い纏めるならば，知総体の同型性の想定が容認されるとしても，2＋3＝5という永遠真理が〈ある〉ことを理由づけるためには事足りないということになる。2＋3＝5が永遠的であること，つまり，時間的規定を受けつけないということ，そして真であること，この二つを否定できないということは先の想定によって，言い換えれば，二つの知総体が全体的に異他的であるということの到達不可能性に支えられる。しかし，先の想定はこの真理の〈ある〉ことには届かない。というのも，永遠真理の〈ある〉ことはこの〈ある〉の作者の措定を通してはじめて支えられるからである。つまり，永遠真理が絶対的他によって創造されるということの内実が開示されなければならない。私はすでに，私たちの有限性が絶対的他の実在を求める次第を三日目に明らかにした。絶対的他は〈ある〉のである限りすべての〈ある〉の作者として実在する。さらに，私が明晰判明に知覚しているものが何ものかであり，何ものかである限り〈ある〉ということにも私は四日目にいたりついた。

　この二つのことは一つに結びつく。明晰判明に捉えられる永遠真理は〈創られてある〉。私たちが物質の本質に関わる領域，つまり，延長が広がりの限りで捉えられる純粋数学の領域において，明晰判明に捉えられたものはその時間規定のなさに基づいて永遠真理である。このことは私によって明晰判明に知覚されたものの〈ある〉が私を超えていること，変化をその本質とする個々の思いの〈ある〉ということとは異なるということを示す。永遠真理は私に依存することなく〈ある〉。私が作者な

のではない。この事態を，永遠真理は絶対的他によってあらしめられている，と表現することができる。私は絶対的他の何であるかを知ることができるが，そのすべてを知り尽くすことはできない。無限であると知ることはできるが，その無限であることの内容を汲み尽くすことは，それが無限である以上は，有限なる私には不可能である。このことを絶対的他に対する私の包括的把握の不可能性と呼ぶことにした。これを永遠真理の発見という局面で言い表すならば，絶対的他の作意を探ることを通して何が永遠真理であるのかということを探り出すことはできないということになる。私の探求に支えられて永遠真理が見出される。私によって明晰判明に捉えられた何かは絶対的他を作り手として，私によって見出されるということに依存することなく〈ある〉。これが物質的なことに関する真理発見の道筋である。

帰属の明証性

こうして一つの結論をもつことができる。私が何らかの事物の観念を考察して，そこからその事物に属する特性を明晰判明に取り出すならば，その特性は当の事物に属しているということである。これを帰属の明証性と呼ぶことにする。たとえば，物体の観念を考査して広がりという特性を明晰判明に摑むならば，物体の観念ではなく物体に広がりという特性を帰すことができる。またたとえば，三角形の観念を開きだしてみて，内角の和は二直角であるという特性が明晰判明に知られるのならば，三角形に内角の和が二直角という特性を帰すことができる。同じように，私が何であれ或る事物の観念，つまり，私の思いの領域のなかでの一括りの思いについて，その思いを展開してはっきりとした紛れもない思いに至り着くならば，その至り着いて得られた思いは最初の思いの特性であり，その特性は最初の思いがそれの思いであった「それ」に帰属する。この「それ」のことを「事物」と表現した。「それ」に帰属するとは事物に帰属することである。

だからといって当の事物が世界内に実在するということにはならない。或る事物の観念に着目して当の事物の特性を見出す。その特性は私の思いという〈ありよう〉を超えている。思いの領域を超えた特性であ

る。この特性はそれがそれの特性である「それ」の特性以外ではありえない。三角形を思い描いてその特性を見出す。見出された特性は思い描かれた特性ではない，論証された特性である。その特性は，したがって，思い描かれた三角形に当てはまるようなありさまをしていない特性である。この特性は三角形の特性である。思い描かれた或る個別的な三角形の特性ではない。三角形の特性が，いつも，三角形を思い描きながら見出されるわけではない。或る個別的な三角形について，その図形が与えられていなくとも，あるいは，図形を思い描かなくとも，方程式を組んでその面積を求めることができる。もちろん数学が数学として成立するためには空間が開かれなければならず，そのことは想像力の行使によって成し遂げられる。その反面，知性と想像力の働きだけでは世界内に実在する〈この個物〉に届かないこともわかってきた。これが発見，物質について純粋数学という領域で発見するということである。発見された特性は〈ある〉。私の外に〈ある〉。観念の表す内容を明晰判明へと研ぎ澄ますことを通して私は私を横に超える。このことが可能になるのは想像力が空間を開く力だからである。

第5章

論証可能性

明晰判明ということと論証可能性

　明晰判明さを真理の基準として採用することは無知に隠れ家を提供することではない。そうではなく，たとえば，加法の演算規則のような記号関係の基本的な規則と思われていることさえも，問い直すことができるという可能性を開くことである。これを発見可能性の底を抜くと言ってもよい。しかし，発見されたことは論証可能でなければならない。はっきりわかるということははっきりわかるまでの道筋をもっている。知識の探究においてはっきりわかるまでの道筋は誰がたどってもはっきりわかるのでなければならない。そのことが他ならぬ私にわかるということが私たちの到達した地点である。明晰判明な知は私が知るというその「私」を不要にする。それがまた真理の証でもある。「私」がいらなくなるということは，順序正しく思索を導くのならば誰にでもわかるということでなければならない。このことが論証可能性の主張するところである。私自身と絶対的他以外の何ものかを対象にして真理の探究を行う場合に，明晰判明さと論証可能性とは同じ事柄の二面を表している。それでは論証可能性の側から真理に接近して行くとどのようなことが見えてくるのであろうか。

　このことを考える上で，まず，三角形の観念が感覚器官をとおして外的な事物から私に到来したということを否定しなければならない。感覚するということと引き離して想像するという場を開かなければならないからである。私は三角形以外の無数の形を考え出すことができる。感覚

するということだけからその無際限性を説明することはできない。それだけではない。それら無数の形についても，そこを場にしてさまざまな特性を論証できる。これらの特性が私によって明晰に認識されるならば，真であり，何ものかであり，無ではない。ここで注意を集中すべきは，論証できるということである。論証可能であるものについて，論証がなされるならば論証されたことが真だ（あるいは，偽であることが真だ）ということである。言い換えれば，論証とはそれを通して真理を拓き示す筋道のことである。その真であることは明証性に裏付けられる。数学の対象である個別的なものを論証するということはそのものを明晰に認識しているということである。論証されるならばその特性は真であり，何ものかであって，無ではない。三角形の本質が不変にして永遠であるのと同じようにその特性も論証されたならば，換言すれば，真ならば，不変にして永遠でなければならない。なぜならば，真理の規定に不変性と永遠性が含まれていなければならないからである。

　三角形の観念は私の外，世界のなかに実在するこの三角形からやって来たのではない。もし，外からやって来たとするならば，三角形についての真理は私の外にある当の個物としての三角形にあるということになる。というのも，外からやってきたとされている三角形の観念の表しているところを足場に三角形の特性を探るからである。三角形の観念の源が私の外に実在する三角形であるのならば，三角形のさまざまな特性が真であるか否かを決する基準も，外に実在していて，私が見ているこの三角形に存することになる。この場合には，三角形について論証するということが役割を果たすことができない。というのも，論証の結果を外なる真理と突きあわせることによってその結果に真という値を付け加えるとしたならば，論証するとは一体何をすることなのか。こうして，三角形の観念が外的な実在する事物から到来するということと，三角形について論証できるということとは両立しないことがわかる。

　三角形は，それを私が想像しようとすまいと〈ある〉。しかし，私の外に実在するのではない。三角形の本質は三角形の観念として捉えられる他には私によって明晰に認識される術はない。しかし，三角形の本質は三角形の観念ではない。三角形の本質は思いのままにならず，不変に

して永遠である。三角形の観念は、思いの様態として私のうちにある。私が思っていないときには、思っていることのありさまのかぎりでのその観念は私のうちにあるとは言えない。三角形の本質と三角形の観念とでは〈ありよう〉が異なる。異なるのでなければ、私が三角形について真理を捉えるということが成り立たない。しかし、両者が出会うのでなければ、私はやはり真理を捉えることができない。出会うということは論証できるということであり、明晰に認識できるということである。〈私がさまざまな特性を論証できる〉ということは、私の思いのままになるのではない真理を私は摑むことができるということである。

自明な知

「論証する」とは、しかし、どのようにすることなのであろうか。公理、定義、要請などを先立てる幾何学的な証明の手法、あるいは帰謬法などのような手法が、ここでの「論証する」ことに内容を与えるのであろうか。しかしその場合には、何らかの既知の前提と既知の推論規則を想定していることになる。私は今三角形について何らかの特性を論証するというモデルで考えている。そのときの三角形は知性に助けられて思いの領域のなかで想像力によって描き出されている三角形である。この場合に、三角形について〈三角形である〉ということを除いて既知のことは何であろうか。いやいや、この〈三角形である〉ことについての既知の事項とは何であろうか。三角形が三つの辺をもっていたり、三つの角をもっていたりするということは、既に見たように、三角形を描こうと注意を向ける度毎に何かしら思い出すように現れてくる。既知の知識というよりも、このようにして摑まれることを「自明的」と表現してよいであろう。他の何かに依存することなく、そちらの方に注意を向けると自ずから現れてくるような知である。

　このような自明な知を推論における前提の位置におくとするならば、この前提の真理性に結論の真理性が依存すると考えられるようになる。「三角形は三つの辺をもつ」という命題のかたちに言い表すならば、確かに、この命題は真であると認めざるをえない。この命題を前提にして推論を構築すれば、その帰結の真であることは推論の妥当性と前提の真

であることに依存することになる。しかし、私が三角形を思い描くとき、その三角形が三つの辺をもつと知っているということと、三角形を思い描いているということとは異なる事態とは思えないこの限りでは、どうみても、私とわれわれの間に隙間のありようもないと私が考えているからである。三角形を思い描くことができるという能力が保証されることによってしか、私が三角形を思い描いているということも保証されない。既に見つけてあるように、2＋3＝5について間違いと言いうるのならば、それは能力に保証が得られないということを示しているに他ならない。私は、2＋3＝5と三角形を思い描くということとが、それの真であるかを問い、あるいは、それの何であるかを問うことを通して、ともに能力に行き着いてしまうのを見つけた。それらはともに、自明的と言えるような知であり、判断して獲得される真理とは異なる仕方で真であると看做されてしまっている。絶対的他がすべての「私」の作者であるという同一性にこの能力は保証されている。それゆえにこの点では「私」と「われわれ」との間に隙間がない。

論証するとは何をすることなのか

推論規則があらかじめ与えられていて、それを前提へと適用して結論を導出するという手続きを、ここで「論証する」と表現しているのではない。考えてみるならば、このような手続きを何らかの問題に適用する場合には、前提と結論とが不明確であれ、ぼんやりとは見えているのでなければならないであろう。言い換えるならば、このような方法は発見の方法とは言えない。通常の「論証」とは見つかった事柄を説明し、説得力のある仕方で提示する手法のことを言うのであろう。説得力を求めるがゆえに、その手法が多くの人々に認められているということも要求される。もちろん、それがここで私の示そうとしている〈論証〉ということと無縁であるのではない。見つけた後でかたちを整えて提起しようとすると、通常の「論証」のかたちを採る。しかし、通常の「論証」のかたちに合わせて思いを動かしているわけではない。思いを動かす、あるいは、思いが動きながら思いの纏まりが現れ、そこで何かを見つけたと気づく。そうして見つけられたことが通常の知見に乗るかどうか、通常

の仕方で「論証」してみる。「論証」できるのならば，別の言い方をすれば，十分に説得力があると確証できるのならば，その知見を真であると主張する，つまりは判断を下す。

　このように思いを動かして何かを見出そうとするときに，闇雲に，先への見通しなしに動かしているのではない，何かしらの方向づけのもとに動かしている。しかし，その方向づけも思いを動かしながら見えてくる。そのように思いが動いて行きながら眺望が次々に開けてくる。その道すがらの風景と，どこかに辿り着いて振り返って，辿り着いた道筋を整序して提示して辿り直す，かくして辿り直されるときの風景とは，異なって当然である。その差異は思いのエネルギーとか，思いの生気のありさまの差異とはまた違う。さまざまな方向へ向かう内実をもちながら，一つの方向へと動いていく。辿り直しによってこのことは捉えられない。この振り返られて整序される前の思いの動きも，そのすべてではないとしても，私の制御のもとにあるからには私は何らかの方法で思いを動かし，あるいは，思いに動かされているのである。

　これが粗野であり，生でありながら，論証であるような思考のうねりである。このうねりが奇跡的にそのまま他の「私」に伝わるということもあり，そのときには通常の「論証」などまったく不要になる。奇跡的にといったが，そのような出来事が生じる機会が少ないというのではない。むしろ，私たちが意図を伝え合う日常的な仕方とはこのようなものであろう。「論証」されなくとも納得してしまう場合の方が日常的には多いのではないか。日々の生活のなかで，日々行われるような事柄についてはほとんど独創の必要はなく，どの誰でもがそのような状態にあれば，そのように行う。その場合には，思考の生のうねりの一端が吐露されることによって，意図が伝わる。

　しかし，今考察している局面は，新しい何かを見出すことの可能な独創性の発露でありうる状況である。そこでは生の思いが伝わることは不可能ではないにしても，稀であろう。同じく，同じように，崇みにとどいた者が享受する可能性のある至福ということになるであろう。要するに発見の方法は，せいぜいのところ思いの動きを共有することによって伝えられるに過ぎず，定式化したり，提示したりすることは痕跡を表出

第5章　論証可能性　　239

することになる。ところで，この発見の方法についてこれ以上のことを明らかにすることができないのだろうか。私たちは一つの別の表現手段をもっている。つまり，明晰判明ということである。思いを思われている内実に注意を凝らしながら紛れもなくはっきりしたものに練り上げて行く。これが発見の方法である。明晰判明な知に辿り着く道筋が論証である。それを辿り直す場合に，前提と帰結との間に何らかの規則を設定するような通常の「論証」（推論）が成り立つ。この「論証」を成立せしめるには，しかし，前提と帰結との「時」に関する隔たりを埋めなければならない。

思いの領域から本質領域へ

純粋にして抽象的な数学，言い換えれば，知性の助けを受けた想像力が描き出す個別的な事柄への探求，この数学の対象であるかぎりの物質的な事物に，明証性の基準を適用しうるということが明らかになった。或る個別的な事物の観念について，それの表すところを明晰判明に摑むことができるのならば，そのように摑まれた内容は当の事物の特性であり，当の事物に属する。明晰判明に摑まれているのかどうか，そのことを私は論証することを通して確認し直し，われわれという場に判断として提示することができる。提示された私の判断が偽であるとされ，そのことに理由があるのならば，私はもう一度，私が当の事物について明晰判明に把握していたかどうか，立ち戻る。論証を組み直し，それでもなおかつ，最初に私の提示した判断が支えられるとするならば，私はもう一度その判断が真であると主張する。私のその判断が社会的に受け入れられるかどうか，そのことと私の判断の真理性が依拠するところとは別である。もちろん，私自身が社会的歴史的条件の下にあり，私が見つけようとして見つけることのできる真理には或る傾向性が認められるかもしれない。そのことと，見つけられた真理が永遠的で不変的であるということとは異なる。

　私が真理を作るのではない。私は真理を見出す。私によって見出された真理が，私の見出す前にはなかったということにはならない。何かを見つけることと何かをあらしめることとは異なるからである。個別的な

物質的事物の特性は，そのようにそれが真なるものとして見出される。見出されて私の思いになっている限りでは私の思いの領域のなかにある。つまり，私の内にある。しかしながら，それが当の特性についての思いであり，その特性が私によって明晰判明に捉えられているのならば，その特性についての真理は私の外にある。しかし，世界のなかに実在するのではない。そこへと届くためには，感覚を評価しなければならないからである。それとは異なる仕方で私の外にある。この物質的事物についてのさまざまな真理が〈ある〉と言える領域を本質領域と呼ぶことにする。本質領域は私を横に超えて見出される。私が物質的事物について，明晰判明に捉えた内容はその本質領域に存在をもち，その領域において一切の特性が変化を免れた仕方で見出される。その特性は個別的な事物の特性であり，目の前にあり，触れることのできるこの個物の特性ではない。言い換えれば，純粋数学の対象であり，応用物理学の対象ではない。

第6章

絶対的他の第三証明

必然性の範型

帰属の明証性を適用することによって，思いの領域から本質領域への移行の回路が開かれた。思いの領域において，或る何かについて明晰判明に捉えられた事柄は，本質領域における当の事物の特性である。このことを用いて必然性に探りを入れる。まず，どうしてここで必然性について考えなければならないのか，そしてそれはどのような必然性なのかということからはじめよう。第一に，数学のような学問的知識が論証の積み重ねによって提示されるということがある。知識相互の結びつきの強さが問題になる。前提から結論に至る過程の必然性である。第二に，この場合の論証の積み重ねは，上に見た思いの動きではなく，動いた痕跡に関わるということがある。辿り直して，辿ったままを提示する場合も，整序し直して提示する場合もあろう。しかしいずれの場合にも，見つけるのではなく，明らかにするという狙いをもつ。明らかにしながら，さらに何かが見つかるということもある。学問的知識を提示する場合には，この二つの側面のうち〈明らかにする〉という狙いが中心になる。つまり，説明である。ここで，表現にもたらされたもの相互の関係としての必然性が問われる。

　第三に，説明の基本的形式は何かが何かであるという点にある。別の言い方をすれば，主語・述語という文の形式である。文にはさまざまな形式がある。たとえば，「星」という一語からなる文もある。条件節や譲歩節や関係節をもった複雑な文もある。それらの基本になるのは，主

語・述語という形式である。SはPであるという形式である。第四に，このSはPであるという形式のなかで，主語と述語との結びつきについて考えてみる。主語と述語とが同一であるという結びつきが一番強い結びつきである。「三角形は三辺形である」というのはこれに近い。「三角形は多角形である」というのはもっと結びつきが弱い。通常は，述語の集合に主語（の集合）が含まれる，あるいは，属するというように表現される。主語と述語の外延に注目して言われる表現である。この表現では結びつきの強さは逃れてしまう。これに対して私たちがここで考えたいのは，或る主語と或る述語との結びつきの強さ，これをさらに展開してみれば，当の主語が現れることの，当の述語が現れることへの，あるいは逆向きの関係である。

　この場合に，第五に，或る主語が現れるときに，必ず或る述語が現れるというのが最も強い結びつきだということが判明する。もっと精確に言えば，当の述語なしにその主語を思うことができないという結びつきである。否定を思うことの不可能性である。ここで私たちは必然性に出会う。結びつきの強さと言うと，何かしら奇妙に聞こえるかもしれないが，通常言われていることである。これを〈pならば，必ずqである〉と言ってもよいであろうし〈pであるならば，そしてそのときにかぎりqである〉と言ってもよいであろう。以上のことに対して，文のなかの構造として現れる主語・述語の関係と，文と文との関係は異なると言われるかもしれない。しかし，今は，項と項との結びつきの強さを総じて主題にしている。その場合には，主語と述語の結びつき方と文と文との結びつき方の違いを評価しなくてもよい。結びつきの強度だけを問うているからである。ところで，私たちは先に可能的世界は論理的世界であっても，数学的世界ではないということを見つけた。それゆえ，数学的知識の説明について考えているときに，可能的世界を持ち出して当該の結びつきの強さを測ることはできない。それではどのようにしてこの結びつきの必然性について探求を進めることができるのだろうか。必然性の範型が求められる。それを尺度に据えて〈ゆるみ〉を捉える強度が求められる。

第6章　絶対的他の第三証明　　243

絶対的他のア・プリオリな証明

　帰属の明証性とは，私が何らかの事物の観念を考察して，そこからその事物に属する特性を明晰判明に取り出すならば，その特性は当の事物に属しているということを示している。これを用いて絶対的他の実在を証明できるのではないか。「第三省察」において私たちは，絶対的他の実在について二度証明を行った。一度目の証明を通して，私の知ることが「われわれ」の知ることになる立論が得られた。二度目には私の実在することが与えられていることとして開示された。それとともに，二つの証明を通して，無限である絶対的他が私を超えた実象性の頂点に位置するものとして，自らで実在するものと知られた。証明の道筋の異なりは証明の役割の異なりを導く。これから提示しようとする三度目の証明も先の二つの証明とは異なる意義をもっている。その意義とはいったい何であるのか。本質領域における個別的な事物の〈ある〉ということの意味，それを絶対的他の〈ある〉ということの意味との差異として示す。論理的真理，数学的真理についても〈ある〉と言われる。その〈ある〉は何を示しているのか。

　絶対的他も三角形もその観念の〈ある〉という点で異なりはしない。この〈ある〉は私によって思われているという〈ある〉を示す。その一方で，無限である絶対的他と三角形とでは異なる。少なくとも，三角形は私が想像することによって開かれる空間のなかに位置をもつ。絶対的他はそうではない。しかし，また，同じく観念として摑まれるからには，帰属の明証性を適用して，本質領域における事物とその特性との関係を見出すことができるであろう。三角形の内角の和が二直角であることを論証できるのならば，「私」をも「われわれ」をも超えて三角形の内角の和は二直角である。絶対的他について，それの実在することを論証できるのならば，その通り絶対的他は実在する。絶対的他は私を超えて，有限なものを超えていっそう実象的なもの，無限なものである。これを最高に完全なものと表現する。私はさまざまな点で仕上がっていない。有限的であり，限りのなかにある，欠けている点をもつ，それが私の〈ありさま〉である。それに対して，絶対的他には欠けているということがない，それ以上の仕上がりということはない。もっと上があると思

うとき，何かを到達点にしていっそう上と考えている。その到達点にはもっと上ということがない。それを最高に完全なものと表現する。絶対的他の表現の一つである。

　有限な私を超えて，さらに実象的，さらにリアルであり，それ以上ということがない。そういうものがないとは考えられない。「ある」，「ない」と言っても，この場合には，有限性を超えて〈ある〉のだから，〈ある〉のなかでもこの上ない〈ある〉と解される。これを必然的実在と表現しよう。実在しないことがありえないという実在の仕方である。次に，〈実在〉と〈ある〉とはどのような係わりをもっているのか。ひとまず，〈実在〉も〈ある〉の一つの表現であると言っておこう。私が既に出会っているのは，「私があり，私が実在する」こと，「絶対的他が実在する」こと，「観念が私の内にある」こと，「事物の本質が私の外にある」こと，「実体が私の外に実在する」ことであった。実体のありさまはそれだけで実在するのに適しているということを示している。さまざまな様態，さまざまな性質（属性・特性）は，何かの様態，何かの性質である。その様態なり，性質なりを丸ごと包み込んで，実体はそれだけで実在するのに適している。丸ごと包んでというのは，様態や性質が〈ある〉ためには実体がなければならず，その一方で実体がどのようであるかということは様態や性質に依拠して知られるからである。この二つの側面を合わせて，「丸ごと包んで」と表現した。実在するに適しているからといって，実在することにはならない。これが有限的なありさまである。これに対してそれだけで実在している，一切の依存関係を他との間にもっていない，そういう仕方で実在しないことは不可能である，これが無限実体のありさまを示す。絶対的他の観念にはこのように，常に実在するということが属している。したがって，絶対的他は実在する。

二つのものの結びつき

絶対的他の概念のなかには実在が含まれている。だから，絶対的他は実在する。これは誤った推論である。私は，この何日かをかけて，「知ること」から「あること」へと進むように，そしてまた，精神を感覚から引き離すように自分をならしてきた。つまりは，実在（存在）措定なし

第 6 章　絶対的他の第三証明　　　　　　　　　　　　245

に物事を捉えようとしてきた。そのように私は何についてでも、実在しないという想定をすることができる。そういう私からすれば、絶対的他から実在を引き剥がし、実在しない絶対的他を想定することは容易であると思われる。しかしながら、ほんとにそうなのだろうか。どうも、そうは行かないように思われる。三角形の本質から〈内角の和が二直角である〉ということを引き剥がせるのだろうか。内角の和が二直角ではない平面幾何学上の三角形を想定することができるのか。山の観念を谷の観念から引き剥がすことができるのか。三角形と〈内角の和が二直角〉との結びつきは平面幾何学のなかでの結びつきである。これに対して、山と谷との間に幾何学的な結びつきは見つからない。では、まったく結びつきはないのか。山と川の結びつき、山と平野の結びつき、これらよりも山と谷の結びつきの方が強いのではないか。その一方、山と峰の結びつきは山と谷の結びつきよりも強いのではないかとも思われる。いや、考えてみれば、峰は山の頂上を指すこともあり、その点で山と峰とは言い換えの一つの仕方でもある。一つであると考えられる二つのものについて相互に引き離せないと主張しても、今のところ結びつきについて考えて行くための役割を果たさない。

　これに対して、三角形と二直角とは〈二つの別のこと〉である。差し当たって、直角二つを三角形とは別に考えることができる。その二つの結びつきの強さと、山と谷との結びつきとを比べている。山と谷とは別個な思いである。この別個な二つの思いについてその結びつきがどのようであるのか、これを問題にしている。山と谷が同じ形をしているならば、天地を逆さまにすれば、山が谷になり、谷が山になる。山の図は上って下り、谷の図は下って上る。そういう点からすれば、山の思いと谷の思いとは別個でありながら、図に書いてしまうと天地逆転によって形として同じになる。図を使っているにせよ、山と谷との関係は幾何学的な結びつきではない。地勢学的な結びつきである。もっと拡張して言えば、物理学的な結びつきである。地勢学的に見るならば、事実として盛り上がったところは窪んだところと対になる。自然における事実であり、それ以上ではない。その限りで谷を欠いた山を思ってみることはできない。事実でありながら、天地を逆さまにすれば重なるという思いの機制

に支えられている。

　平面幾何学において三角形と〈内角の和が二直角であること〉とが引き離しえないのと同じように，地勢学において山と谷は引き離しえない。それと同じように，絶対的他の本質から実在を引き離すことはできない。実在しないと仮想することができそうに思えた実在，この実在を欠いた絶対的他は絶対的他ではない。実在しないと仮想するとは，感覚を遠ざけるということである。実在措定をやめて見直された実在とは，見えるものが見えるとおりにあるという思い込みに支えられていた。実在することがこの思い込みの上に成り立っているとき，逆に実在しない絶対的他が想定可能になる。もう一度繰り返してみよう。かつて私は見えるものが実在するものだと思っていた。しかし今，私は見えるものが見えるとおりにあると思うのをやめている。だから，絶対的他に帰せられる実在が，このような実在ならば，実在しないと想定できると思っている。というのも，絶対的他は感覚されないのだから。しかし，平面幾何学における結びつき，地勢学上の結びつき，それらを考えてみることを通して，絶対的他がそこにおいて考察されるべき場所があり，そこにおける実在は見えるということに係わりがないことに気づく。形而上学的結びつきからして，絶対的他の本質と実在とは引き離しえない。実在を欠いた絶対的他を仮想することは不可能である。

本質と実在

しかし，だからといって絶対的他が実在することにはならない。絶対的他の概念に実在が含まれていて，その限りで絶対的他が実在することになるとしても，その実在が概念に含まれている実在に他ならず，概念を超えて，言い換えれば，私の外に実在することにはならないからである。概念のなかに含まれている実在は，特性，ないし規定性としての実在だからである。特性とはそのものの何であるかということに関係する。何であれ，何かについて，それの何であるかということ（本質）と，それがあること（実在）とは区別されなければならない。簡潔に言えば，実在と本質は区別されなければならない。本質をいくら重ねても実在にはならない。

たとえば，四角形で，厚さが4センチメートルで，横が30センチメートル，縦が20センチメートル，一部分が緑色で，一部分が赤く，他の部分が白く，表面がざらざらで，ところどころに凹凸があり，片手でもつことができ，片方の端を持つともう一方の端は垂れ下がり，熱湯をかけると溶ける。このものにいくらその他の性質を積み重ねても，このものが私の外に実在することにはならない。絶対的他が実在しないと想定することはできないとしても，だからといって絶対的他が私の外に実在することにはならない。言い換えるならば，実在しないと想定することができないのであるから，絶対的他の実在が必然的であるとしても，それは実在しないと思うことができないという思う側の必然性であり，その必然性が事物の必然性に届くということとは別である。どんな馬も翼をもっていないとしても，天馬を想像することができるのと同じように，絶対的他が実在しなくとも，それが実在すると想定することはできる。谷なしに山について思うことができないからといって，どこかに山と谷が実在することは帰結しない。

　いや，これはおかしい。詭弁である。山と谷について私が主張しているのは，それらが相互に切り離しえないということである。けっして，山と谷のどちらか，あるいは，どちらもが実在するということではない。山は谷なしではない，このことが考察されるべきことである。谷なしの山がない，あるいは，谷つきの山があるということが吟味されているのではない。山は谷なしではありえないということ，言い換えれば，山ということと谷ということとの必然的結合が問われている。これと同じように摑まえるのならば，絶対的他を実在とともにでなければ，思うことができないということ，つまり，絶対的他ということと実在するということとの必然的結合が問われている。そして絶対的他について，それが実在しないと思うことができないならば，先の必然的結合が承認されたことになる。この必然的結合は私の思いなしによるのではない。翼をもった馬や翼をもたぬ馬を想像するのは私の意のままになる。どちらの図像を思い描こうとも私にとって自由である。しかしながら，実在という特性の含まれていない絶対的他を思おうとしても，思えない。絶対的他は私の実在の原因であり，私を超えたところに見出されたのだから，私

の実在を超えて実在という規定をもたなければならない。違うように考える道筋はない。絶対的他について思ってみるかどうかということは，私の意のままになる。私の自由になる。しかし，いったん思ってしまうと，実在なしの絶対的他を考えることはできない。したがって，絶対的他は実在する。

さまざまなあること

この言明が表現しているのは事物とその特性との必然的結合である。帰属の明証性を適用して本質領域の特性に到達した。しかし，私をいわば横に超えて見出される「私の外にあること」と，私を上に超えて見出されたこの「実在すること」とは異なる。どのように異なり，どのような関わりをもつのだろうか。私たちは既に「存在」という言葉に集約される幾つかの表現を使ってきた。繰り返せば，「私がある」，「私が実在する」，「観念が私の内にある」，「絶対的他が実在する」，「実体が私の外に実在する」，「永遠にして不変な本質が（私の外に）ある」。存在として括られるこれらの表現の間に一義性が保たれているのか。それともそれらは多義的であるのか，あるいは，類比的であるのか。この問題はとりわけても中世ヨーロッパ哲学において重要な問題として問われた。絶対的他とそれによって創造された事物との差異を示すこととして。同じことが，17世紀と18世紀には超越性や無限の問題として問われることになったと言える。これらの問題のそれぞれがそれぞれに問いの領域と系列をもっていて，それぞれに大事な思索を提供することになるが，私たちはアリストテレスの言うように，〈あること（もの）は，さまざまに語られる，一つにかんして〉という点に事柄を押さえ込んでおけばよい。どうしてか。

ポール・ロワイヤル『論理学』の多義的語の例には「カノン」というのがある。これはフランス語で「大砲」と教会の「法規」を指す言葉である。また，アンセルムスの提出している例によれば，日本語に直しにくいが，「グラマティクス」が名詞として「文法家」を指すのか，形容詞として「文法的」ということを示すのかという問題がある。多義的というのは一つの語が幾つかの異なる意味をもつという事態を指している

第6章 絶対的他の第三証明

であろう。しかし，考えてみれば，意味の違いの基準はどこにあるのだろうか。「意味」の押さえ方によって異なるかもしれない。意味の用法説に立ってみても，結局のところ〈一つの意味〉を括り出すことは困難であろう。いずれにせよ，多義的とはどのようなことかという探索を先立てた上で，「存在」という言葉の使用状況を統括的に解明しようとしても順序が逆のように思われるし，先に進めそうには思えない。類比的にせよ，一義的にせよ，事情はさほど変わらないであろう。このように考えてみれば，〈存在の一義性〉と呼ばれる問題は，「一義性」の問題ではなく「存在」の問題であるとわかる。言い換えれば，〈一つにかんして〉という〈一つ〉を示すことができるのか，そしてさまざまな「ある」を連関づけることができるのかという問題である。また，「存在者」について「存在」を問うという〈存在するもの〉と〈存在〉との区別も，それ自体が「存在」をどのように捉えるのかということの上に立つ区別なのであるから無根拠に前提する必要はない。この区別はその根拠としての存在了解との関係でこそ捉えられるべきであろう。簡潔に言い直せば「存在論的差異」は一つの結論である。このように考えてくれば，次のことに気がつく。先ほどの存在に係わる六つの表現をどのように関連づけるのか，その考察を〈あるは，さまざまに語られる，一つにかんして〉ということを出発点にして始める。これを出発点にすることの正当性に気がつくのである。そしてこの「一つ」をどのように捉えるのか，「存在」という捉え方そのものに関して言えば，この「一つ」という始まりを除いて他に何も遡る地点はない。

　私たちは，既に，実象性（リアリティ）に度合いの違いが認められ，それが〈いっそうある〉ということ，「存在」の度合いに結びついて行く次第を摑まえている。〈いっそうものである〉ということが〈いっそうある〉へと結びついていったのは，無限である絶対的他の第一の証明においてであった。その絶対的他の実在は「それ自身によって実在する」と特徴づけられた。これが「存在」の順序の最先端，頂点になる。一切の存在の原因であるこの絶対的他の実在が先ほどの「一つ」の位置にくるということには紛れがありそうにもない。逆に言えば，絶対的他の実在以外のすべての「存在」は，原因として絶対的他をもつということが，

絶対的他の規定のなかに含まれている。「私が実在する」,「私の外に実在する」という表現における「実在する」は,そのように自分のうちに実在の原因をもたないということ,他によって実在せしめられているということを示す。それだけではなく,これが見出された形而上学上の位置によって,この「実在する」は世界のうちに実体として実在することを示す。世界のうちにと表現したのは,実体の多数性の下にこの実在が意味をもつからである。

　「私はある」,「本質がある」,「私の内にある」の「ある」も原因を他にもつことを示す。しかし,これらの「ある」は実体の実在とは異なる。「私はある」は他である欺く者との直面として捉えられた「ある」であった。この他を「ある」とすることの不可疑性に支えられて「私はある」に到達した。これとともに,いまだ赤子のように見出された「私は実在する」は絶対的他についての第二の証明を通して,実体のある,つまり,先ほど示された意味を獲得する。私が赤子のようにでも「実在する」と見出されたのは,疑いをはじめたのがこの世界のなかに実在している私だからである。そのようにして「私はある」は一つの「私が実在する」へと成就する。

　「本質がある」の「ある」はその本質が私の内にある観念によってしか,思いとしてしか摑まれえないことを示す。その思いの私の内にあるという「ある」は思いと切り離せない「ある」である。言い換えれば,思うことは何かを思うことであるが,そのように思っている思いは思われていることである。ここでは作用とその結果を切り離すことはできない。この点から観れば,ノエマとノエシスの区別は一つの抽象である。私が月を思うその思いは月という思いである。私が空を翔（かけ）たいと望むならば,それは空を翔たいと望むという思いである。私が喜びを感受するならば,それは喜びの感受という思いである。それを何かについて考え,何かについて意志し,何かについて感受すると分別するのは,思いの仕組みへの反省を通してである。何かを思うということはその何かが思われているということである。そしてその思われていることを私はあらしめることはできない。私にできるのは,そちらへと自分を向けること,思いから思いへと移ることである。思いを無くすことは私でないという

ことである。私が私であるということは思いから思いへと，思いから思いへと転じているということである。通常は変様というありさまをとる。長く固定化されると心の病になる。思いから思いへの変様はその思いと異ならない思われていることが私によって創られていないという点で，私の制御を超える。私によって思われていることの原因は私ではない。そのようにして本質の「ある」は私を超えて〈あること〉として摑まれる。

いわゆる「存在論的証明」

回り道は何のためであったのか。実在なしの絶対的他を考えることはできない。したがって，絶対的他は実在する。この「実在する」は特性であったはずである。三角形とその内角の和の二直角であることとが切り離せないように，山と谷つきであることとが切り離せないように，絶対的他と実在とは切り離せない。切り離せないから，絶対的他は実在する。このことが妥当かどうか，それを問うために回り道をした。特性をいくら重ねても実在には届かない。実在を特性にもつ場合以外はそうである。カントによって「存在論的証明」と呼ばれ，批判される場合の批判点の一つは実在がものの述語ではないという点にあった。この批判からすれば，実在なしの絶対的他を考えることができないということから絶対的他の実在することは帰結しない。いや，実在するとは事物に帰することのできる特性ではないのだから，そもそも実在なしに絶対的他を考えることができないと言えないのである。その通り，絶対的他以外の事物の場合には，実在措定をやめてそれの何であるかを捉えることができた。これに対して，絶対的他の場合には実在しないと思うことができない，言い換えれば，それに必然的実在を帰さずに当のものを考えることができない。そして絶対的他の実在は他の事物の「存在」の原因である。それゆえ，実在なしに絶対的他を考えることができないならば，絶対的他は実在すると結論できる。

それでもまだ反論の余地はある。絶対的他が無限である，言い換えれば，一切の完全性をもっている，そして実在はその完全性のうちの一つである。それゆえに，絶対的他において実在は完全性，あるいは，特性

の一つである。したがって，絶対的他は実在する。このように証明を展開するときに，前提となっている〈絶対的他がすべての完全性をもつ〉ということが成り立たないならば，この証明も成り立たないことになる。たとえば，四辺形のすべてが円に内接すると前提し，そこから菱形が円に内接するという結論を引き出すならば，推論が妥当でも前提が誤っているので，結論も偽になる。それと同じように，〈絶対的他がすべての完全性をもつ〉ということも，私が措定してみただけであり，理由に支えられていないのではないのか。ここで問われなければならないことは，何であれ何かにどのようにして「すべて」という語を加えることができるのかということである。四辺形の「すべて」を通覧して，四辺形の「すべて」について，それが円に内接するとわかるわけではない。そうではなく円に内接しない四辺形を見つけて，「すべて」の四辺形が円に内接するわけではないとわかる。それでは部分否定ではなく，何かについて「すべて」と主張するにはどのようにしたらよいのであろうか。

　私たちは既に絶対的他の第一の証明においてこれの答えを見出してしまった。要点だけを繰り返せば次のようになる。「すべて」という言葉の使い方を実例を用いて教えることはできない。限定のない「すべて」つまりは無限についての理解が先立って初めて限定付きの状況について「すべて」という言葉を使うことができる。その無限なるものを，絶対的に私ではないものとして絶対的他と呼んだのである。そのように思い起こしてみるならば，絶対的他を無限なるものとして捉えている場合には，必ずそれにすべての完全性を帰していることになる。その場合にすべての完全性を通覧できなくてもよい。通覧できないということが無限ということの意味内容に含まれている。このようにして，絶対的他がすべての完全性を有するということが必然的であるとわかる。そうは言ってもしかし，絶対的他を概念として規定することはできないではないか。これが，いわゆる「存在論的証明」に対する批判点のもう一つである。

　この反論に対しては，絶対的他がすべての完全性を有すると規定できないとしたならば，私たちは有意味に「すべて」という言葉を用いることができないと答えることができる。絶対的他は「すべて」という言葉を私たちが使っていることの最終制約として摑まれる。三つの辺をもつ

直線図形について考えようとする場合に，そこから内角の和が二直角であると論証できる特性をその図形に帰属させている。「すべて」の三角形について，それの内角の和が二直角になるという特性を帰している。そのように「すべて」を使うことができるのは，何の限定もない「すべて」が使えるようになっているからである。この「すべて」は本有的な位置にくる思いである。これを観念として括れば無限ということになる。「すべて」の平面三角形の内角の和が二直角であることの必然性とはこのことを示している。最終制約としての無限，絶対的他についての把握に支えられているということである。ここにおいて本質が実在であるという境地が開かれる。〈であること〉と〈があること〉とが合致する。この本質と実在との引き離しがたさが学問的知識における必然性の範型になる。

第 7 章

明証性，必然性，確実性

結合の必然性と実在の必然性

絶対的他についての理解のなかで，結合の必然性と実在の必然性が一つに溶ける。絶対的他における実在と本質との引き離しがたさが，結合の必然性の範型になり，この同じことが必然的実在の内実になる。必然的実在とは〈それ自身によってあること〉，つまりは常に実在すること，これを自己原因と纏め上げてもよい。自分が自分の原因であること，これを粘土で花瓶を作るという事態にならって捉えることはできない。私の実在の原因が私ではないということも，物体を使って物体を作るという例で説明することはできない。だからといって創るという事態と別ではない。私は絶対的他によって実在せしめられる，つまりは創られる。この創られるということは，なにゆえに私である私が実在するのかという問いの答えを提供する。これに対する答えを私の〈何であるか〉のなかに見つけることはできない。絶対的他が私の実在の原因であり，理由である。理由であるような原因，原因であるような理由である。創られる，つまり，実在するという点に着目すれば，原因であり，私の何であるかが与えられるという点では理由である。絶対的他は無から一切を創る。無から一切を創るものは自分をも無から創る。無から自分が創られたときに自分がある。絶対的他がないときには何もない。自分で自分を創ることによってはじめて自分がある。それ以前ということもない。これが自己原因という思考の機微である。

　この絶対的他についての理解における実在と本質との引き離しがたさ

が論理的必然性の根拠になる。これ以上に強い結びつきを求めることはできない。その否定を思うことの不可能性の範型がここに与えられる。この必然性は結合の強度として与えられる。地勢学的結合の強度は、図としての組み合わせを介して幾何学的強度によって測られる。幾何学的強度は形而上学的強度によって測られる。三角形とその特性との引き離しがたさ、それが必然性として捉えられるのは、明証性との連関においてである。明証性は、既に三日目に明らかにしたように、能力の無名性を通して絶対的他に支えられる。物理学、数学、形而上学における確実性は強度によって貫かれる。それはまた真理性の高度でもあり、実象性（リアリティ）の度合いでもある。さらには明証性の度合いとも連携する。帰属の明証性を通して、事物とその特性との関係が開かれた。このことを用いて絶対的他についてのア・プリオリな証明を成し遂げた。明証性の度合いは、必然性への問いを引き出し、必然性が最終制約として絶対的他における本質と実在との引き離しがたさに行き着く。明証性が〈事物とその特性との結合〉の強度と一つになる。

　こうして明晰判明に捉えられた向こう側に、明証性を必然性の強度として支える構えが得られる。心の働きを超えたところに心の働きが支えられるという機制を見出すことができた。そのときに、私の至り着きうる明証性が「われわれ」という境地で保証されるばかりではなく、本質領域における対象、言い換えれば、純粋数学の対象に関して保証される。明証性の頂点と必然性の頂点とが合致することが確認され、本質領域のなかに強度の尺度、結合の必然性が打ち込まれる。これが学問的知識を組み上げて行く際の結びつきの確かさ・確実性の根拠になる。思いの領域における項と項との結びつきが本質領域における項と項との結びつきに支えられる。その範型となるのが絶対的他における本質と実在との結びつきである。なぜ絶対的他なのか。絶対的他の観念が最も明証的であり、この観念を通して私は絶対的他が実在することに至り着き、かくて明証性が「われわれ」という点で保証されたからである。

明証性と確実性

明証性の頂点と必然性の頂点が合致すると述べた。しかし、両者の関係

は並行ではない。明証性は観念が明晰判明であるということを示す。私がものごとをいっそう明らかに，いっそうはっきりさせてゆくには過程がある。いっそう明証的に捉えるということがある。これに対して必然性の方にはそのような程度がないように思われる。しかし，既に見つけたように，まったく度合いがないというのではない。物理学上の必然性，たとえば分子間の結合の強度のようなものは，数学上の必然性を尺度にし，数学上の結合の強さは形而上学上の必然性に支えられる。三つで終わるわけではないが，今私たちは三つの水準の必然性に着目している。

これに対して，明証性の方はいわば無段階に程度をもつ。無段階でも最上階がある。それが絶対的他の観念である。明証性は思いの領域のなかにおける観念について言われる。私によって明晰判明に捉えられていることだけが，私を全面的に説得する。このことは思いの機制に属することである。思いとしてみた場合には，〈はっきりわかること〉と〈すっかり納得すること〉との間に隙間はない。この明証性が本質領域に足場を据える必然性に届く。明証性と必然性とはそのように関係する。思いが事柄に届くというようにである。届いて帰ってきた思いの側を確実性ということで表現しよう。確実性は明証性に連動して，いっそう確実であるということを受け入れる。しかし，確実性は思いの領域内だけのことではない。ものの必然性に支えられた明証性のありさまを示す。別の見方をすれば，明証性を思いの痕跡として，思いの外側からでも見るように捉えるところに確実性が成立する。こうして見直してみるならば，必然性も確実性も明証性からの展開として得られることがわかる。真理の探究の核心には，私がはっきりと紛れもなく知ったことだけを受け入れるということがある。

確実性と事後性

確実性の把握には，今見たように，本質領域に届いて戻って来るという事後性が含まれる。このことについてもう少し敷衍してみよう。何かを見つけるとしよう。私たちにとって「私が実在する」ことの意味も，絶対的他の役割も見出されたことである。上に利用した三角形の例を用いれば，その内角の和が二直角であることも見出されたことである。ある

いはまた，私は16プラス44の答えを見出すこともある。誰にとっても，とても簡単に見つけることのできるものも，専門家の長年の研究の末に見つけられることもある。しかし，見つけられて提示されたときには，いっそう簡単に見つかったから不確実だということにはならない。見つかるまでの手順の長さと確実性の評価とは別のことである。いやそれどころか，見つけるまでの過程とは別に発見されたことの確かさを評価できる。もう少し精確に考えてみよう。見つけるまでの過程ということで，発見の道筋，先に述べたように思いの動きが移り変わって行く過程のことを考えている。この場合の発見された事柄が真であるかどうかは発見された事柄の明証性によって測られる。或る思いが明証的であるから，そこから生じる別の思いも明証的であるという推移則には何の妥当性もない。どのような迂路を辿ろうと，一直線に行き着こうと，当の思いが明晰判明に捉えられていれば，それは真である。見つけるということはそのようなことである。つまり，見つけるまでの途中経過は結果の明証性について評価する場合の対象にはならない。

　しかしながら，見つけたことを説明しようとすると，これでは済まないことに気がつく。どうしてそこまで至り着いたのかという過程が必要になる。なぜだろうか。説明ということが可能的であれ他人を前提にする働きだからである。先にも述べたように，思いの運動を共有している他人が相手であるのならば，説明する必要はない。私は自分が明晰判明に捉えたことだけに納得する。その納得が他人への説得にどのようにつながるのか。「私」と絶対的他を巡る形而上学的思索を紡ぎ出し，「われわれ」という場で真であると判断する。その場合には，私が納得するということはあなたが納得するということも含む。しかし，今は，これも先にわかったように，私が輪になって本質領域に向かっている。その一方で，先取りして言えば，身心合一体としての人間同士の交流にはまだ至り着いてはいない。そういう現状では，実体の多数性の下に開かれた世界のなかで私は独りではない。ここで可能的他人への説得，説明ということが，確実性ということと共に問われている。

　問題を立て直してみよう。数学的対象について真理を見つけることと，真であると説明することとは異なる。真理が見つかったときには，見つ

けられたことは明晰判明に摑まれている。ここに至り着いた思いの動き方が真理の理由になるのではない。きわめて単純化して言ってしまえば，もし至り着くまでの思いの道程が結果の真理性の理由であるのならば，私が窓の外を眺めて，雲を追うという思いも，55＋1087＝1142が真であることの理由に入れなければならない。発見までの思いの流れは発見の理由になることがあっても，真であることの理由にはならない。これに対して，当然のことながら，真であると説明するためにはそれが真であることの理由を提示しなければならない。普通たいていの場合には，至り着いた過程が振り返られて真であることの理由の系列が探される。そのようにして見出された結果が真になるような論証が組み立てられる。発見されるまでの道のりが長かろうが，短かろうが，そのことと発見された事柄の確実性とは別のことである。発見された事柄の確実性は真であることの理由の提示に依存する。こうして確実性について二つのことがさらにわかった。

　第一に，絶対的他についての知の近さである。発見するまでの道のりがどれほど長かろうと，発見されるならば，2＋3＝5よりもその明証性について，必然性について，したがって確実性について，絶対的他についての知の方が他の事物についての知よりも，理由の順序という点でいっそう近いのである。言い換えると，わかってみれば，もっとも当たり前のことなのである。有限性の理解に先立って無限性が捉えられているということである。第二に，形而上学を探究している間，つまり，心と絶対的他の真理を見出そうとしている間，逆に言えば，世界を前にした探求の始まる前は，確実性と明証性を区別する機会がなかったということである。

第8章

記憶の在処

発見と説明

　発見することと説明することとの差異を通して，未だ探索していないことが見つかる。それは記憶である。記憶まで辿り着くのには少し時間がかかる。説明には，発見と比べてみたときに浮き上がってくる特有な事後性がみられた。一つは見出されたことが説明されるという点での事後性である。もう一つは確実性を獲得するための事後性である。というのも，説明の確実性は本質領域，あるいは〈ものの領域〉からの突き返しによって成立するからである。言い換えれば，明晰判明に捉えられたことが〈ものの領域〉における本質，あるいは特性の諸関係に支えられるのであった。これをもう少し先に延ばしてみるならば，次のことがわかる。すなわち，説明の確かさが〈ものの領域〉における安定性に依拠するとき，説明は当の説明以外のあらかじめ確保されている何かを要請するということである。この点で説明は事後的になる。この事後性は説明が確かさを求めるかぎり，必ず付随する事後性ということになる。

　しかし，発見と説明との関係には見出される過程がそのまま説明であるという場合もある。この場合には，見出されたものについて説明がなされるという点での事後性はない。事後性が介入してこない場合，つまり，発見が説明になる場合には，順序に従って見出され，その見出された順序が見出されたことの説明になる。ところで，何かを見出すには注意をしなければならない，何かに注目しなければならない，何かへと心を向けなければならない。たとえば，私の思いのなかにどのような観念

があるかと注意を向ける。人間の観念があると見つける。同じことであるが，人間について知られている何かがあると見つかる。次に動物の観念に注目を集めると，人間的なところとそうでないところを見つける。人間的な要因のなかでも動物には文字使用能力はなさそうだと思う。このように思いが動いて行く場合に，一つ前の思いが，その次の思いの見つかったことの確かさに理由を与えるわけではない。

順序と推論

見つけることの紛れのなさは辿ってみる順序の他にその足場を求めない。もちろん，人間とは何か，動物とは何かということを求めて，辿ってきた思いの外を探す場合には事情が異なってくる。思いのままに進むことと，その進行からはずれた思いへと足がかりを求めることとは異なる。この違いは，何かを前提にして，別の何らかの結論を引き出すという点にある。もう一つ，思いのなかを動いて何かが明らかになることのなかでも，思いの順序を辿り直すということもある。ここに順序と推論という対が見つかる。順序は，これが辿り直しであるかぎり，思いの動きとともに見つかるという点に違いはない。これに対して推論においては，結果が前提を求めるという仕方で進む。そうすると二つの場合があることになる。順序に従って思いが動き，何かが明らかになるという場合が一つの場合である。ここで順序に従ってと書いたが，順序がわがものになってそれに従うのは辿り直しの場合である。たいていの場合は思いの動きが順序になる。もっと精確に言えば，思いが動いて行き明証性にとどいたときに動いてきたことが順序として捉えられる。この点で順序という言い方には，もう一つの場合，つまり，思いの流れの外側に明らかさを支える何かを求める場合が混ざり込んでいる。つまり，説明の順序ということが混ざり込んでいる。

　順序を辿って追っているその動きそのものは，明らかさへの方向付けのなかに収められているにもかかわらず，当の思いの外に支えられていない。言い換えれば，思いが動いて行くことが順序を生み出しているというかぎりでは，順序は思いの外を求めない。そのかぎりで順序は順序として浮かび上がってこない。つまり，説明にはならない。思いの移行

がどこに向かっているのかという顧み(かえり)に応じて当の思いがその外と係わる。つまり、自らの動きを動きとして捉えるときに順序という理解が生じる。しかし、順序の場合には顧みの混入として順序把握が生じるが、推論の場合には、顧みは推論の成立根拠になる。推論の結果の真理性は当の結果以外のものに求められる。私がいま辿り着いている結論は事前に獲得されている前提と推論規則に依存している。ここに私たちは、事後性が記憶と関係する地点を見出す。繰り返してはっきりさせるならば、思いの流れの外とは顧みのことであり、ここに事後性として流れの遡行のような事態が生じる。流れの遡行らしき事態といっても、逆向きに流れ直すわけではなく、流れの外に向けて思いが転ずるということである。時計で追えるような時の流れではない。それが推論のかたちを採って説明がなされるということである。

前提の知と記憶

説明の説得力は推論の確実性に存する。推論における結論は前提の知にその確かさを負っている。さらに展開すれば、結論の確実性は前提の確実性と、前提から結論までの推移の確実性とに分けることができる。推移の確実性は順序の響きを伝える。両者の違いはどこにあるのだろうか。順序が思いの移行についての何らかの規則として形式化されないかぎり、推移の確実性から区別される必要はない。にもかかわらず、推移の確実性は〈ものの領域〉の支えを担保にすることはできるが、順序は結果の明証性によってしか保証されない。この区別が微力であるのは、得られた成果についての確実性としてみた場合には、差異がないからである。言い換えれば、説明という視点から見れば、ともに事後的になるのである。

もう一度、順序と推論の移行との区別を事後性ということに着目して纏め直すならば、次のようになる。前者にはそれが遂行されているとき、つまり、顧みが生じていないときには事後性はないが、後者の確実性は、そもそも推論が説明方式であるという点から、事後的に確保される。もっとも、ここで事後的と言うが、見方によっては事前とも言える。というのも、当の遂行の外を指す表現が求められているからである。二つの

事後性を再提示してみれば，一つは見つけてから説明するという事後性であり，もう一つは説明の確実性に関する事後性であった。前者は，発見と説明という二つの事柄の規定から現れる出来事の流れとしての前後である。これに対して，後者の事後性は私が現に今思っている思いを逸脱することから生じる事後性である。逸脱であるがゆえに，事前とも，事後とも言える。順序と推論との差異の考察から浮かび上がってきたことは，この二種の事後性が一方向への流れからの逸脱という点で特質をともにしているということである。

　事前にせよ，事後にせよ，時計的未来でも時計的過去でもない。思いの動きの流れを逸れるということである。三角形の内角の和が二直角であるという定理を証明するために，三角形の定義や，平行線の定理を確実性のよりどころにする。この場合，三角形の定義へと思いが転ずるとき，思い出すかのような働きとともにその定義が現れる。しかし，この定義が時計的過去性をもっているわけではない。三角形の定義は変化をしない。もともとの事柄として永遠的かつ非空間的である。小学校四年生の時に深山第二小学校の二階の西側から三番目の教室，前から五列目，黒板を背にして右から二番目の机で習ったあの「三角形の定義」を思い出すのではない。説明というのはそもそも振り返りである。振り返り，顧みるときに，顧みられたものが思い出されるかのようである。いや，思い出される。しかし，思い出されたものが時計的過去において実在していたというのではない。実在しようが，すまいが，そのこととは関わることなしに思い出される。それは，一つの方向に進んでいた思いが逸れるときである。思いの逸脱である。知識の積み重ねについて保証されるべき記憶の問題が生じるのは，この逸脱からである。

　説明の筋道を辿るときに，或る前提を認め，その前提に基づく結論を認め，この結論を前提にして別の結論を説明する。最後に至り着いた結論の確かさは最初の前提の確かさにも依存している。今現に至り着いている結論が真であるという理由を形成する前提は今はない。にもかかわらず，結論が真であると主張できる。至り着いた思いの明証性がそれ以前の思い，あるいは少なくとも今の思いをはずれた思いに支えられている。この事態を表現しようとして前提を覚えていると言う。あるいは推

第 8 章　記憶の在処　　263

論の過程を記憶していると言う。私たちの獲得した表現を用いれば，逸脱が生じたのである。このことはまた思いの流れが留まることでもあり，前提された事柄にいつも注意を向け続けることができないということでもある。注意を結論に向けていながら，現に今は注意を向けていない前提の確かさを支えに結論が真であるとする。もっと一般的に言えば，私は同じ一つのことを注視し続けることができない。これが，私でも，絶対的他でもない，他の何かについての知識を組み上げて行くときに直面する記憶の問題である。

注意の持続と広がり

注意を向けていないにもかかわらずそれについて知っていると思われている。これが今はない前提の知のありさまであり，推論過程についての知のありさまとしての記憶である。必ずしも一つのことにしか注意が向かわないということではない。むしろ，一つ，二つと数え上げることは注意が向かうということの表現にそぐわない。たとえば，キマエラに注意を向けることが一つのことに注意を向けることになるのか。国連憲章に注意を向けることが一つのことに注意を向けることになるのか。六角形に注意を向けるときに何をしているのか。六角形をありありと思い描き続けようとすることなのか。それも確かに集注のすがたの一つである。このときに模擬的に線を引いて六角形を構成しているのではないのか。どこに一つが成立するのか。幾何学の問題を解こうとして六角形に集注するということは，その図が紙の上などに表現されているにせよ，いないにせよ，その図形について考え続けるということ以外ではない。要するに意識を一点に集めるとは同じ何かについて思い続けるということである。その同じ何かの「同じ」ということは当のものの〈何であるか〉，たとえば，六角形であることによって供給される。志向対象のようなものをあらかじめ措定しておくということとは異なる。〈同じ何かに注意を向ける〉という場合の，〈同じ〉ということを本質領域の何かが支えるということである。「何を考えていたのか」と問われて，たとえば「三角形についてです」と答えるような場合である。「窓の外の満開の桜をずっと見ている」ということとは異なる。この感覚の場合については

いずれ考えることになるであろう。

　このようにわかってくれば，一つのことに注意を向けるとは同じことを考え続けることであると理解される。繰り返しになるが，ここでの「同じこと」とは対象の同一指定に連なるどんなことをも要求しない。六角形を考え続けるのも，国連憲章について考え続けるのも，キマエラを考え続けるのも，一つのことに注意を集中していることである。六角形を六つの三角形に分割することができると考え続けるのも，国連憲章を破った国がどこかと考え続けるのも，キマエラが三つの動物からなる，その三つを考え続けるのも，一つのことに集注することである。それゆえ，絶対的他の実在証明の全体に注目を集めるということもありうる。比喩的に言えば，一目で見渡すことのできるかぎり，それへと心を向けることができる。その広がりは，しかし，どこまでも行かない。そしてまた，この注意し続けることに限界がある。注意の場合に広がりと持続は相関する。広がれば広がるほど，持続は不要になり，持続すればするほど，広がりは不要になる。相関と言っても，逆相関である。無際限の対象に注意が広がるならば，持続最少，つまり，瞬時において，注意がすべてに広がる。逆に，注意が無際限に持続するならば，広がりは最小限になる。無際限に広がる注意は一瞬であり，無際限に延びる持続は一点である。このことは注意とか集注という事態において，広がりと持続に区別がないことを教えている。この広がりにおける，したがって，持続における限界が記憶という問題を引き起こす。

第9章

人と分かち合える確かさの起源

―――――

思い出すこと

こうしてわかったことは、思い出すとは常に同じことに注意を向けていることができないということである。これを肯定的に表現すれば、思いが逸れるということである。時間的過去に関わっているわけでも、既にないという過去に関わっているわけでもない。過去から未来へ、あるいは未来から過去へ、時の流れが設定されていて、そこに記憶が埋め込まれるということではない。そのような設定された時というのは、私たちの行為連関を統べるための一つの尺度として構成されたものに過ぎない。過去の何かを思い出すのではなく、思い出すということが過去性を刻み込むのである。思い出すとは持続にか、広がりにか展開される。この広がりとは想像される空間、物質の本質である延長（広がり）のことではない。思いの広がりである。展開されたときの項目の多さである。一目で収めることのできる領域の広さである。注意を向けることができないということは思いがその射程から逸れるということである。思いが一つの方向から逸れても、それでも思いの推移、思いの移り変わりに変わりはない。逸れた思いが逸れた思いとして、はっきり摑まえられることも、ぼんやりとしか定まらないときもあろう。

　思いが逸れるということはけっして虚偽の方向を指し示しているわけではない。逸れても明晰判明に知覚されるならば、その思いは真なるありさまを示している。このように考えてみれば、次のこともわかる。すなわち、第一に、思い出される思いについて、言い換えれば、一つの方

向から逸れた思いについて、その思いに欺かれて間違えるということはない。なぜならば、それもまた思いに他ならない、明晰判明に捉えられる思いは真であるのだから。思いの明証性が起源の作者に保証されるのと同じように、思い出された思いの真であることに要求されるのは明証性である。私を真上に超える通路を私が見出したときに、私は明証性を自分の思いとして獲得することになったのである。

　第二に、思い出された思いが後になって偽であるとわかるということもない。なぜならば、思い出された思いも思いだからである。明証性の記憶という問題も、記憶の明証性という問題も生じない。かつて明晰判明に捉えていたことがいま偽になるという問題も、かつて明晰判明に捉えていたことがいま曖昧に、不分明になるという問題もここには生じない。この問題が生じるのは設定された時の流れに従って「いま」と「かつて」を別の事態として分けるからである。線を引いておいて、その線の或る点を「いま」とし、別の点を「かつて」とする。「いま」の或る状態は「かつて」の別の状態と比べられる。こうして「いま」の思いと「かつて」の思いとの食い違いが指摘される。しかし、私たちが辿り着いたのは「いま」と「かつて」の違いは思いが逸れるか逸れないかの違いに他ならないということである。思いをそのまま思っているのが「いま」ということであり、思いを動いていると見るところに「これから」が生じ、思いが逸れたという思いが「かつて」の思いになる。とはいうものの、けっして思いが二重化しているのではない。言葉を用いて思いを摑む、ここに二重化が生じ、「いま」、「これから」、「これまで」という語りが生じる。思いの流れは一重である。それゆえ、明晰判明に捉えられていることが後で偽であるとわかるということもない。

　第三に、最早当然のことであるが、夢のなかをさまよっていると仮定しても何も変わらない。思い出された思いの明証性は夢であると想定しても真である。そもそも夢であるかどうかということが、真であるかどうかに響くのは、私たちの知識が物質的事実にどのように届くのかという点においてである。夢という想定を感覚と想像力とに引きつけて立て直すならば、その核心には次のことがある。想像力という点から見れば、物質的現実を数学的構造として捉えることの妥当性の問題が核心にな

る。感覚という点から見れば，個々の物質的事物が実在することの基準の問題が核心になる。この二つの問題は次の「省察」において私たちが考察することである。

物質の本質と空間

想像力が空間を開く，ここに数学と広がりとしての物質的世界との接点がある。三角形について説明するときに知られている内容と三角形を一つの閉鎖空間として設定するときに思い描かれた図形との差異，この差異は延長＝広がりの観念と想像された広がりとの差異に重なる。こうした広がりについての真理は，真理の発見がいつもそうであるように，「ある」何かの発見である。真理の発見は私が新しいことを思いつくことではない。真理は私が見出さなくとも，私というありさまを超えて「ある」。私の思いのままにならない。それが不変で永遠な本質のありさまである。世界のなかに事物が実在するというありさまが，時間性と空間性とをその成立の制約にしているとするならば，広がりとして捉えられる変わらざる本質はこの二つの制約をもたない。永遠な本質が広がりに基づいて捉えられるということは，物質の本質が空間性の根拠であることを示している。

　このことは，私が判明に想像することを通して明らかになる。繰り返せば，想像するとは広がりを思い描くことである。この点では，三角形を想像することも，ここにいないピエールを想像することも同じである。両方とも現実の世界に届いてはいない。目の前にいる人について考えるのも，ここにいない人について考えるのも，同じく考えることである。その一方で，目の前にいる人を想像することはできないことではないが，通常のことではない。ピエールの生年について考えることはピエールを思い描くこととは異なる。しかし，ピエールが今何をしているのだろうと思ってみるとき，私たちはピエールを想像している。想像されたピエールは，あたかも現実世界に現に実在するかのようであっても，現前してはいない。目の前にいないから想像される。これを，準現前化の働きと呼んでみよう。三角形についても同じである。それに対して，内角の和が二直角であるというような三角形の特性に関わることは，想像され

るわけではない。しかし，三角形が想像されて空間が開かれなければ，この特性は宿るところを失う。三角形の観念の表すところを明晰判明に捉える。明晰判明に捉えるということは，「私」が捉えるというその「私」が不要になるということである。誰が考えようとも，三角形の内角の和は二直角である。こうして知られた内容は想像された三角形の特性である。

　今度は少し記憶の糸を辿ってみよう。昨日，長堀橋の地下街を歩いていた。ぶらぶら歩いていた。何を思いながら。すれ違う人たちとさまざまな店のたたずまいを見ながら。何を思いながら。もしかしてあの人のことを考えていたのかもしれない。しかし，その痕跡はない。跡を探そうとすると思いは地下街を逸れて行く。地下街の店は，たとえば，書店として痕跡をもつ。今ならば，いつでも思い浮かべることができる。けれども，歩きながら考えていたかもしれないあの人への思いに痕跡はない。カフェに入って「記憶」について考える。「記憶」についてのその記憶はメモをとったあのカフェの紙ナプキンの上にしかない。そのときに考えられたことを今は思い出すことがない。思い出すとしたならば，それは私の順序で「記憶」について考えを進めるときだろう。そのときに，思い出したという事態に気づくだろうか。気がつくときには，あの紙の上に描かれた，上手く形容できないが，店を表す印とともにであろう。

　想像することと思いを進めること・探求することの関係とはこのようなものであろう。想像するとはいつも痕跡に関わり，思い描いて成立する。探求することを与えられながら先へと知り進むことと表現できる。この場合には流れることを支えとして思いが成立する。痕跡が残ることなく流れる。この流れが逸れるときに思い出す。痕跡に触れてはいない。思い出したという証拠を「逸れた」ということ以外に求めることができない。私たちが絶えず思い出したという思いに襲われる可能性をもっているのには，このような事情がある。想像に関して言えば，不在のイメージが現出するとき，それは痕跡である。この痕跡が思い出したことの証拠になる。ふと目を逸らすと，窓に雨粒がぶつかり，流れ落ちる。遠くの風景が一瞬にしてかすむ。知覚の場に戻っている。もう一度，記憶

の場に，もう少し精確に言えば，「記憶」を問うていた場に戻ろうとする。なかなか戻れない。何かきっかけが必要と思える。もう出発しなければならない。これらのことから次のことが見えてくる。思いを想像として働かせる場合に，思い出したと気がつくのはイメージが思いの或る連関を飛び越してしまうときである。思いを知ることとして働かせる場合には，思いの動きからなだらかさが失われる瞬間に思い出すと気づくことになるであろう。

確かさの起源

物質に関する本質領域が開かれ，私がそこへと至ることができる可能性，つまり物質の特性に関する論証可能性が得られた。この本質領域を対象とする学問，それが純粋数学である。この数学が学問として構築される，言い換えるならば，確実な知識の積み重ねとして或る構造体を為すためには，第一に，知識の確実性の基礎が示されなければならない。最小単位として考えれば，主語と述語との間の結合の強さを測る尺度がなければならない。第二に，知識の確立と時の流れとの関係を探索しなければならない。なぜならば，知識の構築には時間がかかるからである。第一の問題は絶対的他のア・プリオリな証明を通して明らかになる。その証明を通して，結合の必然性と実在の必然性が一つになる結構を得る。知識の必然性の範型が〈それ自身によってあること〉として開示される。原因を実在にも本質にも適用して言えば自己原因である。〈何であるか〉ということの頂点と〈があること〉の頂点とが無限において一つになる。それはまた明証性と必然性の頂点が合致することでもあった。

　第二の問題は記憶の問題である。長い連鎖を辿って推論を重ねて行く，そのなかでも結論の確かさは前提の確かさに依存している。私の注意の及ぶ範囲のなかで明晰判明に捉えているのならば，明晰判明に捉えていること以外の何ものでもない。注意が持続しているかぎり思い出すことはない。注意するとは志向性をもった働きである。それも散乱しているのではない。思いを一つの方向に向けているということである。思いの運動のなかで注意の方向と変わらない場合には，思い出すということは生じない。一つの方向を眼差しながら思索が展開して行くときに，その

方向から逸れるという場合がある。逸れたときに注意されていない事柄が思い出される。思いの運動のなかでの逸脱として意識された思いが記憶である。そのようにして逸れたと思われている思いである思いが明晰判明であれば、その思いは真なることを表している。見つけて行くままに前提から結論に至る場合には逸れるということはない。前提から結論に至り、前提を振り返る、そのようにして推論を確かめようとしたときに逸脱が生じる。振り返られた前提の明証性はそれ以前の思いの運動に支えられている。その意味では前提の明証性は書きとどめておくのでないかぎり、なくなってしまった痕跡に他ならない。

しかし、現に振り返っている今、私たちの見つけた用語に従えば、逸れるという思いを抱いているとき、逸れたという彩りをもった当の思いが明証的であれば、言い換えれば、逸れながらも思われている当の対象について明晰判明に捉えられているのならば、そのようにして捉えられている内容は真である。この真であることは明証知の真理性にだけ支えられている。よく言われる〈記憶の明証性〉でも〈明証性の記憶〉でもない。言い換えれば、覚えていることがはっきりしているのでも、はっきりしていることを覚えているのでもない。思われていることがはっきりしているのである。こうして次のこともわかる。過去の前提の確かさを保証するということが意味しているのは、順序が捉えられていて、辿り直しができるということ、そうでない場合には、確かめようとして逸れたときの思いが明証的だということ、同じことであるが、「なぜ」という問いに明証的な思いが与えられるということである。要するに、記憶を保証するべく、記憶力という能力を保証する必要は何もないということである。書くことによって痕跡を残し、想像力に機会を与えることは記憶の補強として有効なことなのである。

今日の終わりに今一度振り返り見るならば、結合の必然性は「真にして不変な本性」に支えられつつ、否定が明晰判明に捉えられないということに終着した。実在の必然性は、しかし、結合の必然性からは帰着せず、「自らに固有な力で実在すること」によってのみその内実を獲得する。この二つの必然性が実象性（リアリティ）の頂点で合致する。絶対的他のア・プリオリな証明が示していたのはそのことであった。かくし

て私たちは明証性を通して学問的知識の確実性に届いたことになる。この学問的知識の確実性は絶対的他という無限をただ一つの理由にする。言い換えれば，学問的知識の確実性と真理性が絶対的他の認識に依存する。かくして人と分かち合える確かさの起源が絶対的他に存すること，このことを私たちは手にすることになった。それとともに一般存在論への基礎的方向付けを手にしたことになる。一般存在論と呼ぶのは実在と本質とを存在として捉える存在論のことである。ア・プリオリな証明を通して，実在と本質とが絶対的他において引き離しえない一つであることの意義を取り出すことができたのである。

第六省察

身心の区別と物理学

第1章

最後の日に為されるべきことごと

さまざまな物体があること

昨日の省察において，私たちは数学が学問として成立していることの基礎を明らかにした。第一に，物質の本質は想像力が開き出す空間，つまり，広がり＝延長であること，このことを明らかにした。「物質」と「物体」については，物体は物質からなり，本質はともに広がりであるとしておこう。第二に，物質の特性を，私は私を超えてあることと見出した。これらさまざまな特性のある領域を本質領域と呼んだ。第三に，明証性という基準を本質領域へと適用することの可能性を手に入れ，これを帰属の明証性と呼んだ。第四に，このことを通して論証可能性に裏付けが得られた。かくして，第五に，帰属の明証性を用いた絶対的他についての第三の実在証明を遂行した。第六に，この証明をとおして，結合の必然性と実在の必然性が一つになる場を切り拓いた。知識を築き上げるときの項と項との結合に範型が与えられた。必然性の範型として絶対的他の実在と本質との引き離しがたさが据えられた。明証性と必然性と確実性とが有限性を超えた地点で一つに収斂するさまを見届けた。最後は，第七に，結論が前提の確かさに支えられるという推論の構造が，どのような運動として捉えられるのかという点を記憶の問題として明らかにした。記憶力を保証するという問題がここでは生じないということが判明した。以上によって，数学の基礎づけとして為さねばならぬことが為されたのである。

　さてそれでは，私たちが明らかにしなければならずにまだ残している

ことは何か。一言で云えば，物体ないし物質的な事物の実在の意味である。物体的なもの，たとえば，さざ波を立てながら流れるこの川があるというこの「ある」は，私たちの知総体のなかでどのような位置を占めるのか。私の思う働きとこの「ある」はどのように切り結ぶのか。これを明らかにすることは感覚の役割を見定めることでもある。さらには，物体的事象についての真理を究明する学である自然学（物理学）の基礎設定について明らかにすることでもある。物理学，ここでは物質現象を扱う学問のすべてを物理学（自然学）として括っておく。疑いの道を振り返ってみれば，物理学は目覚めに達しているということの上に立ってはじめて成り立つ学問であった。目覚めた目で見ることをその確かさに組み込まなければ，物理学は学問として成り立たない。目覚めるということは感覚をとおして世界と関わっているということである。このことが物体の実在するということでもある。

最後の到達点に至るための四つのこと

最後の日に大きく言って四つのことが為されねばならない。まず第一に，私の思いの働きが物体の実在とどのように関わることになるのか，このことを探索しなければならない。翻(ひるがえ)ってみれば，形而上学は知性の行使によって確立された。数学は知性に助けられた想像力によって開かれた。物体の本質は広がりである。知性が捉える広がりを想像力がひろげることをとおして物体の本質が広がりであると定まった。残っているのは個々の物体と知性がどのように係わり，想像力が物体の実在にどこまで迫ることができ，或る何かについて物質現象を感覚するということと，この物体があるということとはどのようにして重なっているのか。これが第一のことであり，私たちの省察全体の到達点でもある。

この一番目の目標のなかで，第一に知性，想像力という思いの働きから物体への接近がはかられる。第二に，この接近のなかで私は私の物体つまり身体に出会う。心と身体とはどのように異なるのか，どこまで異なるのか。思うことである私という心，広がりである私の身体，この二つは二つなのか，一つなのか，どこまで，どのように異なるのか。これらの問いに答えることが大きく言って二番目の問題になる。身心の実象

的区別という把握に至る。これが定まるその一歩先に物体の実在の意味が立ち現れる。ここを拠点として、三番目に、物質現象についての学を組み上げて行くに際しての思いの働きを、とりわけても感覚の使い方を明らかにして行く。四番目に、物質現象を解明する学としての自然学（物理学）の確立のあとに残ることとして、心と身体が合して一つの人格となる「私」、つまり身心合一体としての「私」を対象にする領域が現出する。ここで個人倫理の核心に到達する。多くの人々と交流を取り結びながら生きて行く、そういう私を人々のなかで捉えるための足場が見出される。私たちはさまざまな誤りにさらされている。人間の本性は限られていて弱いものだとわきまえながら、猶予の許されない世の中の流れのなかで、どのようにして避けるべき誤りを避けることができるのか。不確かさに満ちた人の世の中で安寧を保つにはどうしたらよいのか。そこへ向けての出発点に立つ。

出発点としての物質的な事物が実在しうるということ

先に、私が何らかの事物の観念を考察して、そこからその事物に属する特性を明晰判明に取り出すならば、その特性は当の事物に属しているということを示した。これを帰属の明証性と呼んだ。このことは物質的な事物について言われていたのであるが、その物質的な事物は知性と想像力の対象であるかぎりの、それであった。これを言い換えて、純粋数学の対象であるかぎりの物質的な事物と表現する。その例として挙げうるのは、三角形であるが、しかし三角定規ではない、つまり、世界のなかに物体として実在するかどうかわからない、そのような三角形のことである。そのような物質的な事物についてその特性を明晰判明に私が捉えるのならば、その特性は当の物質的な事物の特性である。帰属の明証性が示していたのはこのことである。その特性は〈ない〉のではなく〈ある〉。私の思いを超えて、しかし、世界のなかにではなく〈ある〉。これを私たちは本質の〈ある〉と呼んだ。思いの領域を横に超えた本質領域に永遠的で変わることのない本質はある。この本質領域においては、内角の和が二直角であることも、三角形も、ともに特性である。つまり、主語・述語という区分があっても、その区分は存在依存性に関わる区別

にはとどかないということである。この点で実体と様態の区別とは異なる。ここでは「円」と「円であること」に区別はない。それが本質領域のありさまである。それらは〈ない〉わけではない、〈ある〉。しかし、世界のうちに実体として実在するのではない。〈それだけである〉と言えるありさまをしていない。〈ある〉という点に関してはのっぺらぼうである。このありさまを実在するという視点から見るならば、実在可能性、実在しうるということになる。純粋数学の対象である物質的な事物は実在しうる。だが、その実在しうること、本質領域の〈ある〉に私が届くか否かは、私が明晰判明に知覚することに支えられている。なぜならば、帰属の明証性なしに私の思いは本質領域には届かないからである。

可能的実在と明証性

このことは、しかし、次の難問を引き起こす。つまり、私が或るものを明晰判明に知覚し、また別のものを明晰判明に知覚し、しかもこの両者が相互に矛盾を来す場合である。この場合に、この二つのもの、ないし事態がともに実在可能なのであろうか。この問題は、実在可能ということが現実的に実在していないことを表しているかぎりでは難問でも何でもない。というのも、その場合には、相互に矛盾するものの実在可能性を示しているに他ならないからである。可能性の水準において、他の原理、たとえば、共可能性条件のようなものが働くとするならば、何の困難ももたらされない。たとえば、〈円が中心から等距離の点の軌跡であること〉と、〈円が中心から不等距離の点の軌跡であること〉との実在可能性がはかられる場合に、両者がともに可能であるが、その他の図形との融和性を条件に実在するのは前者だけであると説明することができる。私たちが直面しているのはこれとは違った事態である。相互に矛盾する二つのことを同時に明晰判明に知覚するならば、この二つのものは本質領域に同時にあるということになる。先の例を使って言い直せば、円は〈中心から等距離の点の軌跡であり〉かつ〈中心から不等距離の点の軌跡である〉ことになる。もっと単純化するならば、私が明晰判明に知覚するものが矛盾であるという場合をどのように評価するのかという問題である。表現は単純になっても事柄に変わりはない。明晰判明な知

覚が矛盾であるということが，この知覚と知総体との関係を巻き込むからである。ところが，知総体を総覧してこのことを判定するわけには行かない。

　もう一度問題の核心を捉える努力をしてみよう。私が明晰判明に知っているその内容は実在しうる。その内容がその他の明証的な知と矛盾していても，実在しうると言えるのか。実在しうるとするならば，本質領域に相互に矛盾した二つのものがあるということになる。これは不可能である。とするならば，他の明証知と矛盾することを私は明晰判明に知覚することはできないのである。知総体を総覧することができない以上，明証性の基準のなかに他の知との非矛盾性を導入することはできない。誰にでも与えられている知ることの能力を私が正しく用いるのならば，私が欺かれて間違うことはない。このことは，真上に超えて絶対的他に突き当たって保証されたことである。その私からすれば，私が明晰判明に知るものは矛盾ではない，矛盾である可能性はない。私が明晰判明に知ったものは真なのであるから。私の知がとどくのはそこまでである。私は有限であって無限ではない。〈ある〉ことの原因である無限について私は包括的に把握はできない。私にとって，しかし，今やわれわれと等価な私にとって，私が明晰判明に知ることに矛盾するものは実在不可能である。このことは〈ある〉ということが私だけではなく，われわれをも超えているということを教えている。われわれの知を超えていることをわれわれは知ることはない。知ることができないのではない。そこに知るということがないのである。私は絶対的他の視点に我が身を置くことはできない。私が絶対的他へと放った思念がどのように戻ってくるのか，私に確認できるのは，そして知ることができるのはこのことである。私が明晰判明に知覚するものは実在しうる。

想像力の方が物体に近い

純粋数学の対象である物質的な事物の実在しうることは既に知られている。そしてまた，想像力と純粋数学の対象との関係についても，既に知られている。つまり，広がりの観念は知性によって捉えられ，この観念を広がる空間として描き出すのが想像力の働きであり，そこに物質世界

を数学的に把握する根拠が得られたのであった。このことは知性よりも想像力の方が実在する物体の近みにあるということを示す。想像する，像を思い描くということは心の働きを物体の方向に向けるということである。それでは想像するということを手がかりに物体が〈ある〉ということへと進んで行けるのではないのか。思い描かれた像は世界のうちに実在する物体とつながっているのではないのか。物体が実在するということの意味するところを，まず，想像力の働きを中心におきながら探って行くことにしよう。

第2章

想像力から物体の実在へ

———————

知ることと想像することの違い

心の想像するという働きと，純粋知性の働きとの違いをとおして，想像することの働きとしての特有性を示すことからはじめよう。この「純粋知性」という表現を，私たちはこれまで使ったことはなかった。なぜ，ここでこの表現を使うのか。それは〈知る〉ということの実際が，形而上学の領域を離れたときに，想像力や感覚と区別のつかない仕方での心の動き方だからである。純粋数学においては，想像力に助けられた知性という仕方で心を動かす。物理的現象を対象とする学問においては感覚と想像力に助けられた知性を働かす。たとえば，既にわかっているように，三角形の特性を考えているときには，形を思い描きつつ，形にならないことを捉えている。その形を思い描くという働きを，形にならない特性を捉えることと区別して，それとして取り出すとどうなるのであろうか。三角形が何であるかを知りつつ，いや知っているから，三角形を思い描く。三角形を思い描くとは，三つの線に囲まれた平面図形をあたかも紙の上に書いてある三角形のように思うことである。紙に描かれていない三角形をあたかも現前するかのように見つめる。それは少しも特別なことではない。ちょっと「三角形」を思い浮かべてみよう。「星形（アステリスク）」を思ってみよう。「まるいかたち」を頭に描いてみよう。みな同じことである。どの場合にも，形を目の前にあるかのように思い浮かべている。想像するとは目の前にあるかのように思ってみることである。

複雑な図形の場合にはどうであろうか。5角形を思い描く，12角形を思い描く，36角形を思い描く。しだいしだいに角がはっきりしなくなる。120角形になると，もう思い描くのがいやになる。無理に思い描こうとしても，120角形と121角形の違いはまったくわからなくなる。これに対して，120の辺をもつ図形と121の辺をもつ図形の違いを私は知っている。それぞれの図形の内角の和が何度になるのか，計算をすることもできる。n角形の内角の和は，$180 \times (n-2)$ という式を使えば計算できる。120角形どころか，私には12角形を思い描くよりも，12角形の内角の和を計算する方が思考の集中力を必要としない。そのように想像することと知ることとがずれて行く。千角形を想像することは，もはや，千角形の特性を見つけるのに役に立たなくなってしまう。というよりも，千角形と一万角形との差異を思い描きのなかで表現することはできないのだから，思い描かれた千角形は千角形とは言えないことになる。

新しい緊張

もう一度五角形に戻ってみれば，五角形ならばありありと思い描くことができる。もちろん，思い描かなくとも，五角形が五つの辺からなる平面図形であること，などなどを知っている。このように考えてくると，純粋知性の働きと想像力の違いも見えてくる。第一に，想像するためには，知ることにはなかった新しい心の緊張が必要になるということである。空間を張り出すために求められる心の緊張である。このずれを少し別の展開の下に例示してみれば，次のようなことになるであろう。「解剖台の上でミシンとこうもり傘が出会う」という一句は，知性と想像力のずれと戯れの産物である。石でできた建物の一室，天井が高く，だだっ広い，血の通わない清潔さと無音に支配されている部屋を斜め上の天井の角から俯瞰する。金属的硬さの解剖台が平行四辺形に見えている。その上に足踏みミシンが見える。ミシンの多くの部分は曲線で制御されている。そのミシンに，大きな襞のばらけている黒いこうもり傘が，取っ手の部分を上にして寄りかかっている。このように見るのは想像力の働きである。知性が結びつけることのできないものを，想像力が描き出

すことによって空間的に結びつける。結びつかないものが空間的に結びつく。その驚きと発見が私の思いを刺激し，浮かんでは消えそうになるイメージとそのイメージをすくい取ろうとする知性がゆきつもどりつ思いを突き動かす。そしてこの運動は安らぐ終点をもたない。そこに未完のポイエーシス（制作）が完成する。

　第二に，想像することが新しい緊張であるということは，何かを想像するときに，その何かについて少なくとも何らかのことを知っているということでもある。このことには昨日気がついている。知っている何かが初発となって想像も可能になる。そしてまた，何も想像していないから何も知らないということにはならない。この二つの働きの順序に着目するならば，想像力がなくとも私は知ることができる，しかし，知性がなくては思い描くことができないということになる。そのように想像力の働きには知性の働きが食い込んでいる。こうして想像するという働きは純粋知性の働きを前提するのでなければ，その働きを説明できない機能であることがわかる。もちろん，だからといって想像されたことがらがいつも知性の言葉になっているというのではない。イメージは知の言葉をはみ出す。それでもなお，先ほども述べたように想像される何かについて何らかのことが知られているのでなければ，想像するということは像を結ばない。思い描かれているときには少なくとも一緒に何かが知られている。逆ではない。

想像することと物体の実在

第三に，物体的事象との関係が考えられる。想像するとは目の前にあるかのように思ってみることであった。ところで私は私を物体へと振り向けることがなくとも私である。想像する力が働いていなくとも，私は私を思うものとして捉えることができる。そのように想像する力を想定しなくとも，本質に着目するかぎり私はこの今の私のまま，つまり，思うものである。私からのこの隔たりはそのまま私ではない何かとの距離の近さでもある。このことは想像するという働きが私のなかで完結してはいないことを示している。そのままが空間性であるような何かが実在しているとするならば，つまり，物体が実在するのならば，それに向けて

第 2 章　想像力から物体の実在へ

心の眼差しを向けることとして想像することの働きがよくわかるようになる。知ることが心の眼差しを自分自身に向けるのに対して，想像することは自分を物体の方へと向けかえる。私は想像することによって，知られている事柄を，あるいは，感覚によって受け取られた事柄を，物体のもとに見る。比喩的に語ってみよう。カーテンの掛かった窓がある。遮光性のカーテンではない。薄いレースのカーテンでもない。外の明るさが窓枠を浮き出している。そこから日々眺めている浅間山のたたずまいを思ってみる，思い描いてみる。浅間山のたたずまいが目の前に浮かび上がる。ふと，私は何をしているのかと思う。カーテンを開けてみる。私は肉の目で見る。浅間山は今日も朝日に向かって 銅(あかがね)色に輝いている。そのように物体の方向へと心を振り向けること，想像するというのはそのようなことなのである。

　物体が実在するのならば，その物体の形象を描き出す働きとして想像力は容易に摑まえられる。私ではない何かを私に見せる想像力の働きは，物体が実在するとしたならば，飽和した説明を得ることができる。しかし，想像力の働き方を入念に探ってみても窓を開けなければ物体にはとどかない。この世の中に三角形をしたどんな物体がなくとも，私は三角形を想像することができる。三角形を既に知っているからである。私は，想像力の働きから，物体の実在を蓋然的にしか推量することができない。「蓋然的」という言葉を使うが，けっして確率論的な含みで用いているのではない。つまり，想像力が現に働いていることから，物体の実在が，たとえば60％の確率で帰結すると主張しているのではない。このような見方からすれば，或る人にとってそれは100％でありうるとともに，或る人にとっては1％でありうることになるであろう。蓋然性を確率で言いたくなるのは確実性に程度のあることを見失ってしまったからである。私たちが使う「蓋然的」とは，明晰判明な知に裏打ちされていない，それゆえ確実性の程度が低いということ，また必然的ではないということを示している。私たちは既に，確実性と必然性を測る尺度を手に入れている。数量化できないことを数量化する危険を冒す理由は何もない。

第 3 章

感覚についての振り返り

────────

感覚から物体の実在へ

想像する働きを足場に物体の実在の問題を考えてみた。しかし，想像しているときに，想像されている物質的な事物がある場合もあろうし，ない場合もあろう。そのように，対象となる物体の実在については低い確かさにしか辿り着くことができなかった。物体の実在の意味を想像するということに基づいて割り出すことはできない。その場合に物質的な事物ということで考えられていたことは，純粋数学の対象であった。つまり，広がりである。しかし，物体について私は広がりの他に，色，音，味，痛みなどを想像しもする。いや待て，色や，音や，味を想像するという言い方は「想像する」ことに合わないはずではないのか。想像することは眼前にないものを思ってみること，思い描くことなのだから，色を想像するというのはどうにもそぐわないと言われるかもしれない。空間を張り出すことと味とはどのように関係するのか，と。この問題に出会うとき，私たちがいま物体へと近づいて行っているという省察の大きな流れを呼び戻しておかねばなるまい。

　知性から，知性に助けられた想像力へと進んで来た。さらに想像力から感覚へと進む。もう少し精確を期して言えば，知性に助けられた想像力から，知性と想像力に助けられた感覚へと進む。想像力に助けられた感覚ということで意味されるのは，空間の開けの上に感覚が成立するということである。色や，音や，味は，これらを支える〈広がり〉を要求する。日々の生活のなかでは，色は何かの色であり，音は何かの音であ

り，味は何かの味である。これらの「何か」には物体が入ると思われている。痛みは身体という物体の痛みだと思われている。しかし，色が想像されている場合に，何かの色であるその物体が一個のどこかにある物体だと思われているわけではない。現に感覚していない色を思い描くとはそのようなことである。音を想像するとは現に聞いていない音を思ってみるということである。味についても，痛みについてもこのかぎりでは同じである。その一方で，色を想像する，音を想像する場合に，色が見られるもの，音が聞こえるものであるかぎりでは，感覚を引き入れているに違いない。想像するという働きだけでは色を想像するという事態を汲み尽くせない。

　知性の方から進んで行くと，想像力の向こうに，比喩的に言えば，カーテンの掛かっていない窓として感覚の働きを見出す。山藤の紫色を目で見て，空間性のなかにおいて，紫と知る。感覚は想像力よりも物体に近い。そのように想像力よりも感覚の方が物体に近いのであるから，物体についてその実在の意味を探るためには，先ほど想像力についてしてみたことと同じように，感覚という働きにも吟味の眼差しを向けて当然である。感覚ということに着眼して，物体が実在するということの確かさを示す立論が得られるのかどうか試してみるべきである。

振り返りの順序

感覚から出発して物体の実在へと肉薄するに当たって，その出発点である感覚について，それをどのように考えていたのか見直しておこう。見直しの順序を次のように設定する。第一に，疑いの道に入る前に私が感覚によって知覚していたもののなかで，どのようなことを本当だと思っていたのか。そして，そのように考えていたことの理由（原因）は何であったのか。最初にこのことを考察する。第二に，そのあとで疑いの道に入って，それら感覚による知覚を疑った理由（原因）を考察する。第三に，そして六日目に至っている今，さまざまなことがわかり始めている今，これら感覚による知覚の内で私が信頼してよいものは何であるのか，このことを吟味する。

第 4 章

疑 う 前

────────

感覚について疑う前

私は手を持っていると思っていた。頭も持っていると思っていた。そういうふうにしてこの身体を持っていると思っていた。そしてこの身体はさまざまな物体の間にあって、いろんな物体とぶつかったり、いろんな物体を取り込んだりしていると思っていた。この手は見えるもので、見える物体である。私の身体も、たとえ特別なものであっても、物体だと思っていた。物体に取り囲まれながら、この身体は私にとって具合よく触れられたり、いやな仕方で触れられたりしていた。都合よく、好ましい仕方で触れられているのか、それとも、具合わるく、いやな仕方で触れられているのか、それを気持ちのよさと痛さで選び分けていた。

身体を感じる

私は手を持っていると思っていた、と書いた。この思っているというのはどのような「思う」なのか。形而上学的精確さを求めるわけではなく、日々の生活のなかでそう「思っている」。私たちにはもうわかっているようにこの「思っている」ということは知っていることでも、想像することでもなく、それらが不分明な仕方でまざっているにせよ、感じていることである。手を持っていると感じる。この表現は違和感を与えるかもしれない。私が手を持っているということは、私にとってたいていは目で見て知覚することではない。もっと、じかに感じ取っている。目という身体器官を使って情報を受け取ると説明されるような仕方で、感じ

ているのではない。そうではなく，それとして感覚器官を割り当てることはできないが，〈手を持っている〉と身体で感じ取っている。

　いや，この表現は奇妙である。身体で手を感じ取るとはどのようなことなのか。手を持っているというのは身体感覚に裏付けられている。だが，身体感覚とは何か。身体感覚は身体をその成立の支えにするのか。子供の頃に自分には手や，足や，頭や，胴体があると感じていた。この表現が違和感を与えるのは，手を感じるために特有の注意の向け方を必要とするように考えられているからである。たとえば，〈人の声を聞く〉という表現と，〈人の声を感じる〉という表現の差異のように。「感じる」という言葉はそのような分けのわからなさをもっている。思いの思い方のなかの一つとして，他の思い方との差異の下に「感じる」ということを特徴づけない場合，「感じる」ということはこの分けのわからなさを伴う。別の角度から見れば，証拠を挙げるわけでも，理由を挙げるわけでも，ことさら他の知との区別をつけようとするわけでもない，そのような場合に「感じる」という言葉を使う。〈現代が危機的状況だということをちゃんと知っているわけではないのだけれども，茫漠とした不安を感じる〉というように。私はそのような仕方で，子供の時から身体をもっていると感じていた。そのことに理由が必要だとも思っていなかった。

感覚していたこと

同じように，この私の身体がさまざまな物体の間にあって，そのさまざまな物体から多様な刺激を受け取っていると感じていた。茄子を洗っていると，ふくらみをもった実の部分の皮はつるつるしていて，むしろ気持ちがよい。しかし，ヘタの所に手をやってトゲに刺さると，痛い。痛いと感じるものを遠ざける。心地よいと感じるものを引き寄せる。そのようにして，自分にとってよいことと悪いこととを選び分けていた。心地よさと痛み，快と苦，その他にも，飢えと渇きを感じる。食べたい，飲みたいという欲求を感じていた。さらに，喜びを受け取ることのできそうなものを求め，悲しみや苛々したりすることの元になりそうなものを避けていた。そのような感情を引き起こすものを求めたり避けたりす

るという身体の傾向性を感じていた。おいしそうなものを見れば食べたくなる。栄養があると言われても，口に苦いものは避けたくなる。理由があって避けたり，求めたりするのではなく，おいしそうだから求め，まずそうだから避けていた。自分の身体がそのように向かっているということを感じていた。その一方で，自分の身体の外では物体がひろがっていること，その形，運動，そして物体が堅かったり，柔らかかったり，熱かったり，冷たかったりすることを感じていた。その他にも，光，色，香り，味，音を感覚していた。そうした感覚される事柄の多様性を組み合わせて，空，大地，海やその他の物体を相互に区別していた。

そのときに感覚についてどのように思っていたのか

物体を前にして，その性質を直接的に感覚していると思っていた。物体から受け取ると思っていた性質は，先ほどあげたような，形，運動，色，味のようなものであり，それらは私とはずいぶん違うものと思っていた。それというのも，私には聞こうともしないのに音が聞こえていたし，逆に聞こうとしても，何も音が聞こえてこないことがあったからである。目の前に，大きな黒い箱が置かれていれば，そして目を開けば，その箱を見ないことができなかったし，逆に，その箱が見えるところにないときには，それを見ることができなかったのである。そのように感覚は私の意志，〈しようとすること〉とは関わりなく与えられることがあった。そしてまた，感覚を介して知覚された観念は自分で作り上げた観念よりも，また記憶のなかにとっておかれている観念よりも，いっそう生き生きとしていて，それなりに判明でもあった。

　そういうわけで，私には物体の性質は私自身から出てくるのではなく，私とは別の物からやってくるように思われていた。そのようにして受け取られたと思っていた観念は，そのやってきた元のものと似ていると思っていた。どうしても，丸く見えているこの指輪の丸いという思いは，この指輪の丸さを表していて，そっくりそのままではないとしても，とても似ているはずだとしか，考えることができなかった。結局のところ，感覚したことのないものについては何も知るわけはないと納得していたのである。見たことも，聞いたことも，触れたことも，味わったことも，

香りをかいだこともない，そういう何かについて〈知る〉などということは起こりそうにない，そう強く思い込んでいた。感覚に前もってなかった何も知性のなかにはないと思い込んでいた。そう思い込んでいたのも，物が感じる通りになっていることの理由について考えようとしていなかったからであるし，今見てはいないが知っていると思っている思いよりも，目の前に見て，あるいは触れて，それを思っている，その思いの方がありありとしていると思っていたからである。「思い」という思いよりも，目の前に飛んでいる蝶の方がくらべようもなくはっきりしていると思っていた。

身体が自分の物であると，どうして思っていたのか

そして，この物体，これを私の身体と呼んでいた。身体という特別な物体であると考えていた。身体という物体は，他のどんな物よりも遙かに私に属していると思っていた。どうしてそう思っていたのかというと，一つにはこういうことがあった。椅子は，私が席を立てば，それまでいくら密着していても私から離れてしまう。着ている物も同じである。ところが身体はどこにでもついてきて，椅子や着る物のようには私から切り離すことができない。脱ぎ捨てるわけには行かない。二つ目には，水を長い間飲んでいなかったり，汗を沢山かいたり，塩辛いものを食べると，水を飲みたくなる。喉が渇くということはそのように身体的なこと，つまり，物体に起こるような出来事であるのにそのような欲求を感じるのは私であった。電車のなかで，そんなにぎゅうぎゅう詰めでもないのに鞄をぶつけられて少し怒りを感じ，身体がこわばるのがわかる。思ってもみなかった幸運に巡り会って身体が踊る。喜び，悲しみ，怒り，その他の感情は感覚と同じように身体を介して受け取られる。目で物を見るというのと同じように表現すれば，身体で受け止め心で悲しむ。これに反して，知られるだけの悲しみは少しも悲しくない。飢える，渇くという欲求とともに，嬉しい，悲しいという感情も身体が刺激されて私がそのような感情を抱く。書物を読んで登場人物に感情移入をする場合も同じである。そういう身体は，だから，私の一部だと思っていた。三つ目に，痛みと，その反対のくすぐったいような心地よさを私は自分の身

体の部分に認めていた。足が痛かったり，呼吸の気持ちよさを胸に感じたりした。私の身体とは別の物体に痛みを感じたり，心地よさを感じたりはしなかった。そういうわけで，私のもっとも近くにある物体が身体であり，それは私の一部，というよりも，私であると思っていた。

身体の感覚と心の思い

しかし，どうして痛みの感覚から心の悲しみが生じ，心地よいという感覚から心の喜びが生じるのか，私にはわからなかった。それだけではなく，飢えの感覚と私が呼ぶ，あの胃のあたりに感じるちょっとした緊張感を伴った引っ張るような，そして落ち着かないような感じ，そういう空腹感から，食べようとする意志がどのようにして出てくるのか私にはわからなかった。喉が乾燥しているわけではないのに，喉の所に感じる乾燥感がどうして飲もうとする意志につながっているのか，これも私にはわからないところであった。この種の他のことでも同じである。わからないことであったが，何度も何度も繰り返して経験することであり，それゆえ自然にそうなり，私というものにそうなる仕組みがもともと備わっている。自然がそのように教えてくれるのだと思っていた。どうしてそう思っていたかと言うと，痛みの感覚と心の悲しみとの間，空腹感と食べようとする意志との間には何も似ているところがなかったからである。指を刺してしまった画鋲の形と，私の痛みとの間に似ているところは何もない。考えてみれば，感情も含めて，身体において感じること，これには形の感覚，色や音の感覚も含まれるのであるが，それら感覚と感覚を引き起こす物との繋がりについては，総じて自然によって教えられたと思っていた。というのも，喉が渇いたから水が飲みたい，ということの理由について考えてみようとするよりも前に，もうすっかり信じ込んでいて，そうなっているものだと思い込んでいたからである。

第5章

感覚知覚を疑いに呼び戻した理由

────────

外的感覚と内的感覚

身体の表面から外に向かっている感覚を外的感覚と呼ぶことにしよう。視覚，聴覚，触覚，味覚，嗅覚のいわゆる五感がこれに当たる。それに対して，飢え，渇き，痛みなどを内的感覚と呼ぶことにしよう。これら感覚の告げ知らせることを私は本当のことと思っていた反面，さまざまな経験がこれら感覚への信頼をぐらつかせもしていた。見えている通りに判断していると思っていても，実は間違えていたということがあった。離れたところから見て，木の幹が雨に濡れて黒いと考えていたら，もともと黒い幹であった。遠くに小さく見えていた看板が，自動車で通り過ぎるときに見たら大きかった。こういう事例に事欠くことはない。見て知って判断する場合だけではない。聞いて知ったと思って判断する場合も，触れて知って判断する場合も，味わって知って判断する場合も，香りをかいで判断する場合にも，間違えた経験が何度でもある。そういうわけで大事なことについては，外的感覚だけに頼って判断する場合には，「あやしい」と思うようにしていた。

　事情は内的感覚でも同じであろうか。内的感覚は外にあると思っている何らかの物との関係を必要としない。遠い，近いということもない。隙間がない。だから，それを信用して間違うことなどありそうにない，そのように思えていた。とりわけても，痛みほど私の身体にとって内的なものは他にありそうにない。しかしそれでも，喉が渇いているので水を飲もうと判断して間違えること，お腹が減って食べようと判断して間

違えること，痛いと思ったところが傷んでなかったこと，そういうことはあった。いやそれどころか，喉が渇いているのかどうか，その感覚を当てにしてだけ水分補給を考えていると，間違えることがある。空腹についても同じである。痛みはどうか。昔から戦争や事故で失った腕に痛みを感じるという事例が報告されている。「幻影肢」と呼ばれている。それだけではない。歯が痛いときに，あまりに痛いので歯医者に行き，医師に「どの歯が痛いのですか」と尋ねられ，途方に暮れるという経験もある。一番内側の感覚，隙間がないので一番間違いが起こりそうにないと思えるような感覚でも確かだとは言えない。そのように思っていた。

感覚に基づく判断を疑う二つの大きな理由

今見てきたように，自分のさまざまな経験から感覚に基づく判断が当てにならないと思われていたのであるが，確実な知識を求めて疑いの道へと進むことになって，間違えたことがあるという経験だけではなく，次の二つの理由を付け加えることになった。それは夢ということと私の起源の作者ということである。夢とはどういうことなのか。眠っているときに夢のなかで感覚することと，起きているときに感覚することとを，感覚されている内容で区別することができない。見えている景色，聞こえている音，触れているこのざらざら感，酸っぱい味，揮発性の臭い。それらを起きていて感覚することも，眠っていて夢のなかで感覚することもある。そんなふうに私には思われるのだから，目覚めているときに見ていることが見られている物からやってくると，どうしてそっちの方だけを信じようとするのか。

　もう一つの理由，私の起源の作者を知らないということについては，もう少し事情は込み入っている。2＋3＝5のようなとても簡単な計算でも，私たちには間違えることがある。そのような数学的意見を疑う理由として私を超えた私の作者に出会った。そのことを通して何がわかったのかと言えば，私の知る能力を私が自分だけで評価することができないということである。このことは知る能力だけではなく，当然のことであるが，私の他の能力にも当てはまる。感覚の場合に当てはめてみれば，本当だとしか思えないような感じについても，感じ間違いをするように

できているという可能性がある。酸っぱいものを甘く感じ，漬け物のにおいをバラの香りと感じ，ざらざらなものをつるつると感じ，細い叫び声を爆音に感じ，青が赤く見える。そもそも私がこんなふうにできている。この可能性をどうしたら取り除くことができるのか。

疑わしい感覚への対策

感覚に基づく判断には疑わしいところがあったけれども，これに対処することは難しいことではなかった。というのも，第一に，自然的欲求は，私が理性をもって止めなければ，どんどん突っ走って行くものであるということがわかっていたので，飲みたい，食べたいということをいわば野放しにすることはできず，自分の状態にとってどうであるのかを考えて，制御しなければならない。そのように，自分の自然が教えてくれるものについて，あまり信用しすぎてはならないと考えた。第二に，外的感覚の場合にも，見ようとしなくても見えたり，聞こうとしなくても聞こえたり，そのように私の意志とは関係なしに感覚することがあるにしても，だからといって私ではない当の事物から感覚の内容がやってくると結論してはならないと考えた。というのも，私の側でその内容を作り出しているのかもしれないのだから。自分で感覚内容を作り出すといっても，もちろん，妄想や，幻覚のことではなく，刺激が与えられたときにそれを機会にして，私の方で内容を産出するということである。そういう能力について私は何の認識ももっていなかったが，だからといってないということにはならないのである。

第6章

わかりはじめている今

―――――――

その今はどうなのか

もう何日もかけて，省察を続け，さまざまなことがわかってきている。とりわけても，私自身と私の実在の原因である絶対的他についていっそうよくわかりはじめている。その今の足場に立って感覚について考え直してみると，どのように見えてくるのだろうか。私は自分の能力を正しく用いれば間違うことがない。このことは感覚という能力についても当てはまる。どうしてそうなるのかということを既に私は知っている。その理由を一言だけで云ってしまえば，能力を保証するという問題が有限的な私たちの領域を超えているからである。反対側から言ってみれば，すべての人にとって能力の起源は同じだからである。もう少し丁寧に言えば，すべての人の能力が同じ欺くことのない絶対的他を起源にしているからである。繰り返しになるが，ここでいう能力とはひとの一人一人に異なるような能力ではなく，与えられていれば人であるかぎり同じく与えられている能力である。いま問題にしているのは，感じるという能力である。この能力を正しく用いるのならば欺かれることはない。しかし，まだ，どのような使い方が正しい使い方か私にはわかってはいない。とはいうものの，暑いと感じているそのことに誤りがないことは，私自身への省察を経ていまや知っている。あの山門が朱色であると見えている。そのこと自体には誤りがない。しかし，そこからあの山門は朱色であると判断を下すならば，もしやその判断は偽であるかもしれない。だから，今，感覚が捉えるものを，すべて本当だと受け入れてしまうこと

第6章　わかりはじめている今

はとてもできないにしても，そのすべてに疑いを差し挟まなければならないとも考えられない。以上のことが，感覚ということを手がかりに物体の実在の意味を探求して行くときの出発点になる。このように出発点を確保してから，物体の実在という問題を，これまでに得られているところを取り込みながら，もう一度，知性のレヴェルに立ち直して提出しなおさなければならない。感覚と物体の実在という関係を解明することは，感覚の仕事ではなく知性の仕事だからである。

第7章

物体と心との区別

明証性という基準

「第五省察」までの流れを取り戻しながら物体の実在証明へと向かい直すことにしよう。「第五省察」は数学における想像力の場を整え，私たちが帰属の明証性と呼ぶ基準を絶対的他の観念に適用することから，それの実在証明へと入って行った。帰属の明証性とは次のことであった。私が何らかの事物の観念を考察して，そこからその事物に属する特性を明晰判明に取り出すならば，その特性は当の事物に属している。こうして私は私を横に超えるすべを獲得した。つまり，物質的な事物の本質と特性が〈ある〉，その〈ある〉という領域を見出し，絶対的他における実在の必然性に基づいて，この〈ある〉と実在との関係を明らかにできた。いまここで，私は，物体と出会う場になる感覚について，これまでに獲得されていることを確認し，知性の明証性を新しい局面に適用しようとする。そのときに，これまでの成果を組み込みながら私の手にしている明証性という基準は次のものである。つまり，私が明晰判明に知っているすべてのことは私が知っているようにある，ということである。本質領域に〈ある〉というその〈ある〉も原因として絶対的他を要請する。三角形の内角の和が二直角で〈ある〉というこの〈ある〉が存在の諸様相の下に捉えられることになる。この〈ある〉は，思いのままにならぬという点で私を超えて，絶対的他を原因として〈ある〉ということを示している。私が明晰判明に知っていることは，何らかの事物とその特性の関係としての形式を基本にもち，その特性は当の事物に属する。

その特性は本質領域に〈ある〉。つまり，私に明晰判明に知られているとおりに〈ある〉。この〈ある〉は実在という視点から見れば，先に見たように可能的実在ということになる。

実象的区別

ここからさらに一つの展開が得られる。明晰判明な知相互の関係についてである。明晰判明な知とは，思いが思いとしてはっきりしていて，一つの纏まりとして捉えられているということを示していた。そこには他のものとの区別が含まれている。さらに，明晰判明ということが程度，度合いを許すということも再確認しておこう。不明瞭で不分明な思いから，はっきりして紛れのない思いまでの程度がある。そのはっきりして紛れがない，つまり，明晰判明ということにも度合いがある。絶対的他の観念，これを無限の観念と言い換えてもいいが，明証性はここに頂点をおく。この頂点が存在の頂点でもあった。明晰判明な知が他のものとの区別を含んでいると述べた。数学的知識を例にとってみれば，三角形と四角形はともに明晰判明に捉えられる。形と運動もともに明晰判明に捉えられる。しかし，三角形と四角形はともに形として，運動から区別される。先ず第一に，三角形も四角形もともに形であるということは，三角形よりも形の方がいっそう明晰判明に捉えられているということを示している。疑いの道においてそうであったように理由の順序が確かさの水準を示す。次に，形の観念と運動の観念は〈広がり〉という観念に支えられている。形の観念と運動の観念はいわば土壌をともにしながら異なっているということになる。これに反して，もし，二つの観念があって，その両方ともが明晰判明に捉えられ，しかも，一方が明晰判明に捉えられるために，他方が必要でない場合があるとする。このような二つの観念の認識上の独立性は，認識されるべき特性の存在上の独立性を帰結する。どうしてそうなるのか。

明晰判明に知られているものは私に知られている通りにありうる。二つのものが明晰判明に知られているとする。その二つのものは知られているとおりにありうる。当の二つのものが，相互に依存性をもつことなく明晰判明に知られているのならば，その二つのものはそのように存在

しうる。つまり，その二つのものは相互に依存性をもたず別個のものである。したがって，一つの事物ともう一つの事物とが別個であると確かに知るためには，当の二つの事物の観念が相互に依存することなしに明晰判明に捉えることができればよい。このような差異を「実象的区別」と呼ぶ。〈もの〉と〈もの〉とが異なるように異なるということである。〈もの〉といっても，目の前に実在するこのスズラン，つまり，個物のことではない。実象性の，言い換えれば，リアリティの一纏まり，一纏まりのリアリティのことである。「一つでなければあるのでもない」と言われるようなあり方をする〈もの〉と言ってもよい。ここから出発して，心と物体（身体）との違い方を見つけることができる。

身心の区別

物体（身体）が実在するとはどのようなことか。物体の実在の意味は何か。この問いへの答えを私は求めている。知性のレヴェルに戻り，これまでの成果の上に立って明証性という基準を捉え直した。「第五省察」を経て，この基準は思いの領域から実在可能性にとどく道筋を与える。これを用いながら，物体のありさまへとさらに迫るために，物体と心との差異を考える。私は思うものである。その〈心である私〉は思うということをやめると〈ある〉ということもなくなる。なぜならば，心は思うものなのだから，思うのでなければ心ではない，心がないからである。思うということが心の本質をなす。

　一方，私はもしかして身体を持っているかもしれない。なぜ，「持っているかもしれない」などと不安定な表現を用いる必要があるのか。事実，私は身体を持っているのではないのか。ここまで私たちの省察を伴にされた人は身体を持っていて，その身体に心が宿っているなどとは考えないであろう。また，身体が心という働きをするとも，身体が心のような振舞いをするとも，身体が心だとも考えないであろう。あなたが身体を持っているということの確かさが，感覚に支えられているということをあなたは既に知っているはずだからである。あなたによって知られていることのなかに「感覚に支えられているという」知が含まれるのであり，逆ではない。このこともわかっている。

第7章 物体と心との区別

　その知っているという水準での確かさ，そこから探りを入れるとき，私は，分離できないほど強く結びついていると感じている身体について，それを持っているのかもしれないとしか言えない。私がこの身体とどれほど一体をなそうとも，一方では，心の明晰判明な観念を，広がるものではないということとの対比の下に，思うものとして私はもつ。他方では，身体の明晰判明な観念を，思うものとしてではないということとの対比の下に，広がるものとして私はもつ。言い換えれば，「思うもの」という観念は，それがはっきりと摑まれるために「広がるもの」という観念を必要としない。広がるものという観念は，思うものという観念を必要としない。疑い，知り，肯定し，否定し，為そうとし，為すまいとし，想像し，感覚するもの，これが思うものであった。形，位置，大きさをもつもの，運動するもの，それが広がるものであった。それぞれを規定するために要求される観念は交差することがない。このように相互に依存し合うことなくそれぞれが明晰判明に知られる。かくして，先に得られたことに従って，心と身体とは別個なものであり，別個に実在しうる。このことは確実である。心は身体（物体）に依存することなく，身体（物体）は心に依存することなく，実在することが可能である。

第8章

物質的な事物の実在証明

―――――――

想像する能力と感覚する能力

心と物体（身体）とが独立に実在しうるということがわかった。これが物質的な事物の実在証明のために用意されなければならない第一のことである。第二に、心と物体（身体）という実体間の関係を捉えるために能力を評価しなければならないということがある。私たちは思いの領域から出発している。その点は変わらないにせよ、物体（身体）が実体として実在するということを考察するのに応じて、思いの働き方ではなく能力という視点から私の見直しをしなければならない。私たちは既に、知る働き、想像する働きについてはその役割を見つけ、適用の局面も明らかにした。そして感覚するという働きについて吟味することが残されている。感覚についてかつてどのように私が考え、どのような理由でそれを疑い、現状がどのようであるのかを調べた。そのことをもう一度「知る」という水準で開き直すことを通して心と物体（身体）との実象的区別に至り着いた。このことは「感覚する」ということが心と物体（身体）との関係に基づいて生じているということを示している。感覚について問うことは二つの本質を異にする実体の関係を問うことでもある。感覚という事態は心と物体（身体）との関係を基礎にもっている。異種の実体間の関係を考えるときに、共通の基盤になるのは実体、属性（能力）、様態という実体の仕組みである。そういうわけで思いの領域と呼んできた領域を、私は思う実体の様態が実体の能力（属性）の行使によって成立すると捉え直すことになる。振り返ってみるならば、絶対的

第8章 物質的な事物の実在証明　　301

他の実在証明の局面ではこのような「実体」という捉え方を用いることはできなかった。「第五省察」において本質領域が開かれ，帰属の明証性が確立され，さらには今日の省察において明晰判明な知が可能的実在にまで届くことが確認され，ようやく実象的区別が摑まれ，実体間の関係を問うための説明装置が整ってきたのである。感覚する能力を考察することは物体（身体）と心との関係を考察することである。

　能力という言い方は，「何の」能力なのかという補いを必要にし，当の能力がその「何」とどのような関わりをもっているのかという解明を要求する。想像する能力にせよ，感覚する能力にせよ，もちろん私の能力である。しかし，能力という捉え方は私が何かを思っているその様，つまり様態ということとは異なる事態を表している。両手を上にまっすぐ伸ばしてみる。それは私がとっている一つの姿勢であり，身体の様態である。それに対して，そのような様態をとることができるということは身体を動かす能力に依存している。この能力は身体という実体の属性である。様態はそのときどきに変わる。それに対して属性である能力は時の経過に対して安定している。先ほど「何の」能力という言い方をしたが，その「何」には実体が入る。実体が能力を発揮し，その発揮された姿が様態である。そういう意味で能力は実体の属性という位置に来る。物質的な事物の実在証明ということが，私という実体と物体という実体との関係に関わるのであるから，私の能力が評価されなければならないのである。物質的な事物の実在を証明する準備として第二になされなければならないのがこのことである。

心の能力，場所を変える能力

心という実体が想像する能力をもち，感覚する能力をもつ。想像する能力とは，像を思い描くという能力である。私は知ることを通して絶対的他に行き着き，想像することによって数学の場を開いた。そして数学は知性に助けられた想像力を出発点にもち，想像力に助けられた知性によって数学的探求は推進される。感覚についてもこの知性への関係はわかっている。〈感覚に基づく判断〉と先に纏め上げたことを分析すれば，知性の助けとともに感覚を通して刺激を受け取り，そのようにして知ら

れた内容について意志が働くということになる。「青」が見えるわけではなく，青い色をした物を前に置いている。与えられる何かを「青」とするのは知性の働きである。そのように，想像する能力と感覚する能力とが働いているときには知ることの能力は働いてしまっている。振り返って，知性能力の特有性を考えてみると次のように言うことができる。「第二省察」において，私が何であるのかということの探索には知る働きを行使していた。想像力を自己知，つまりは自分が何であるのかということの解明に適用することも，感覚を自己知に適用することもお門違いのことであった。知ることによって私は私の本質を捉え，その意味で私の全体にとどいた。しかし，想像すること，感覚することの場合には，そのようにそれぞれの能力がそれらだけで私の全体に，つまり本質に届くことはない。今となってみれば，これらのことは至極当然のことに思われる。想像力も感覚も知性によって助けられることを要求する。能力という点から表現すれば，知性能力，想像能力，感覚能力は横並びの能力ではなく，想像能力と感覚能力とは知性能力が働いているという条件のもとに働きを完成させるということになる。

　また，能力という点から言えば，先ほども見たように，身体は場所を変える能力，姿勢を変える能力というような能力をもっている。これもやはり能力である。能力であるかぎり「何の」という補いを要する。能力が実体の能力であるということは，実体がなければそれの能力もないということである。それゆえ，場所を変える能力も支えとして実体を要求する。実体を要求するが，これらの能力は空間のなかで行使される能力なのだから，これらの能力を説明しようとすると〈広がり〉の観念を用いることになる。つまり，もし物体が実在するならば，運動するという能力はそれの能力であり，知る実体の能力ではない。なぜならば，〈広がり〉ということなしにはこの能力を説明することはできないだけではない。その上，どうみても知るという働きを一切含んでいないからである。

感覚は受容能力

さて，想像する能力は物体が実在するとすれば，その働きを十分に明ら

第8章　物質的な事物の実在証明

かにできるのであった。しかし，そこまでである。像を思い描くということから物体の実在へは蓋然的な帰結しか得られなかった。思い描かれた像の素材はどういう経路を辿ってかは別にして，いずれ実在する事物に至り着くと考えても，どのような像であれ思い描くのは私の作用性の発露である。たとえ，それが私の辿ってきた私に特有な経験によって何を想像するかということが，場合によっては拘束されているにもかかわらず。いまはそのような私と他の私との違いが生じないような能力について考えているのであるから，そのような問題はそもそも生じない。想像することは私にとってその発動の源が私であるという点で作用能力である。

　これに対して感覚する能力について考えてみるならば，これが受容能力，受け取る力であるということはすぐにでもわかる。なぜかと言えば，私の意志には関わりなく何かを感覚するからである。たとえば，目を開けるということ以外に私は見ようとすることはできない。見るためにまずもって為されるべきは，目を開けることである。目を開けることは眼前の物を無差別に見ることである。何かを見ようとすることではない。目を凝らすことははっきり見ようとすることであり，注意を向けている何かを見ようとすることではない。注意を向けている何かを見ようとすることは，肉体の目をそちらに向けようとすることである。月に照らされたスタニスラフ広場を見ようとして見る者は幻視者である。見ようとして見えるのならば眼前に物はいらないからである。物があってそれを見る。音がしていてそれを聞く。それは私の意のままにならないことである。無音室で音を聞こうとしても聞こえない。聞こえれば幻聴と看做される。そのように感覚する能力とは受け身の能力である。感覚が何かを受け取ることであるのならば，その何かを与える物がなければならない。何らかの作用能力の発動に応じて受容能力が何かを受け取る。感覚として受け取られるものは，既にわかっているように物体に帰するような何か，つまり〈広がり〉を根底において理解されるようなものである。したがって，思うものである私ではない何かが実在していなければ，感覚という能力は発動されないことになるであろう。そうすると残るところそういう作用能力を発端にして私が受容能力を介して受け取っている

広がる実体の観念が，はたして広がる実体を発端にしているのかどうかということである。

因果の規則をもう一度

もう一度整理しながら先に進もう。感覚するという能力は受容能力である。なぜならば，感覚という働きが実現されるためには，何かが，言ってよければ刺激が与えられなければならないからである。つまり，この何かを与える作用能力がなければならない。今見えていると感じていて，言葉にはなっていない何か，それを与える能力は知るという働きとはおよそ縁がない。感覚を〈感じている〉というだけで抑え込むならば，それは刺激であり，たとえば一定の波長をもった光，一定の波長をもった音であり，それらがそれらとして産出されるかぎりにおいては知性作用を予想することはない。それどころか先ほども見たように，私は自分の意志にかかわらず多くの感覚内容を受け取っている。そのように受け取られて，知性の関与の下に言語化されて，たとえば「赤いバラ」の観念が成立する。こうして感覚能力が働いているということは，それに対向する作用能力が働いているということである。能力が働いているということは，その能力がそれの能力である何か実体が実在するということである。したがって，私が見ているときに何らかの実体が実在する。しかし，それが私ではないかどうかわからない。絶対的他かもしれない。あるいはもっと他の何かかもしれない。この可能性をどのように取り除くことができるのか。ここでもう一度原因と結果の規則を適用しなければならない。

「第三省察」において獲得された因果の規則とは〈或る結果を作るためのすべてをもっている原因（作用的で且つ全体的な原因），この原因のなかには，当の結果のなかにあるのと少なくとも同じだけの実象性がなければならない〉というものであった。この規則が思いの領域にある観念の表している内容に適用される。観念が表している内容はその内容の何であるかとともに，それのあることの原因・理由を問うことができる何かとして存在している。対象的実象性の原因探索が必ずや形相的実象性に至り着くということも判明した。表されるものは必ず表すものを

要求する。この因果の系列は実象性の度合いを辿ることなしには辿ることのできないものである。或る何かが別の何かの原因いうなら理由であるということは前者の方が後者よりも存在という点でいっそう重いということを示している。「第五省察」において明らかにされたのは，実在がそれの本質である必然的存在においてこの存在の度合い，存在の重みが比較級を超えた最上級に至るということである。それが絶対的他，つまり無限のありさまである。振り返ってみれば「第三省察」における「いっそうの実象性」という表現が存在の重みを示していたことがわかる。存在の一般理論のうちでその意味が明らかになったこの存在の重みと因果の規則とを物体的事物の観念の表している内容に適用する。その観念の表しているのは〈広がる実体〉という実象性である。先に私の外に実在する〈赤いバラ〉との関係の下での「赤いバラ」という観念の成立について述べたが，一般存在論という水準においてはここまでの個別性には到達しない。物体の実在することの意味が見定められ，感覚の役割が明らかになり，身体の構造と心との係わりが明らかになる，そのようにして物体についての認知の仕組みが解明される。先に述べた「赤いバラ」という観念の成立事情は，そのような予想的な認知の形式のあらすじを述べたということになる。

物質的な事物は実在する

かくして形而上学の立論を物体の観念に適用することがどのようなことであるのか判明する。「第三省察」において絶対的他の観念について行ったことと並行したことを物体の観念について探査するのである。繰り返しになるが，物体の観念が表している内容，それは〈広がる実体〉ということであるが，そのことを形相的にか凌駕する仕方でかもっている原因を求める。「形相的に」というのはいわば〈そのままそのとおりに〉ということであり，「凌駕する仕方で」というのは〈もとを包み込むほどに優れた仕方で〉ということを示す。物体の観念が表現している対象的実象性が，形相的にか，凌駕する仕方でかそこに内在している実体がなければならない。この実体は，知性的な働きを一切求めることがない。〈広がり〉を本質にしてそこから説明のできるさまざまな事象の原因と

理由になるような実体が求められる。思うものである私も〈広がる実体〉を観念としてもっている。つまり広がる実体を〈広がる実体〉そのものとしてではなく，〈広がる実体〉として知られる何かとしてもっている。

　この観念というありさまが〈広がる実体〉に対して凌駕するという位置に来るのか，つまり，私のもっている物体の観念が物体に関する事柄をすっかり包み込むという位置に来るのか。しかし，少なくとも私は私が広がる実体ではないことを知っているのであるから，物体の観念が表していることを形相的実象性としてもっているわけではない。それでもなお，私も物体も実体であるのだから，実象性の度合いという点では同等である。両方ともそれ自身で実在しうるものである。言い換えれば，物体は物体として〈広がるもの〉として説明され，その説明のなかに〈思う〉ということは含まれない。逆に，心は心として〈思うもの〉として説明され，その説明のなかに〈広がり〉ということは含まれない。そうすると，私が〈広がり〉という捉え方をもっているから，物体を〈広がるもの〉として捉えることができるという可能性も開かれることになる。私は形相的実象性として〈広がり〉をもってはいないが，知るという点ではそれを凌駕しうる仕方で〈広がり〉をもっているという可能性である。いやしかし，表されるものは表すものに行き着くのではなかったか。それでもなお，私が観念としてもっている〈広がり〉が表すものであり，それによって表されたものが物体の〈広がり〉であるという認識上の可能性は消えない。このように考えてみると，物体の観念が表している内容の作用的かつ全体の原因の候補として，物体，私，私よりも実象性の段階の高い他の存在，絶対的他という四つが残ることになる。

　もう一度考え直してみよう。心と物体の関係の心の側からの表現が感覚である。心の感覚するという能力は受容能力であり，受け取られる内容には〈思う〉ということによって説明されるような何も含まれていない。心は思うものであり，物体は広がるものである。この二種類の実体の間には〈であること〉と〈があること〉との両方における相互の無依存性がある。それでも私が感覚する能力を正しく用いるのならば，私がそうではない〈広がる実体〉を捉えるということがある。感覚を正しく用いるということは因果の規則からはずれた問題ではある。そしてまた，

感覚能力を物体に対してどのように適用することが正しく用いたことになるのか、私にはまだわかっていない。しかし、感覚能力が私の能力である以上、正しく用いれば真理に辿り着くという可能性は開かれている。絶対的他がこのことを保証している。これをさらに言い広げてみるのならば、思うものである限りどのような思うものであれ同じくもっている能力を使用できないものと想定することに何の理もないということである。別言するならば、人であればどのような人であれもっている能力が正しく用いられて間違うとするならば、それは間違いにはならないということである。絶対的他が私たちの能力を保証するということは、その能力を正しく用いるのならば真理に至り着くという可能性が開かれることである。このことを踏まえて先の四つの候補、すわなち物体、私、私よりもいっそう実象的な存在、絶対的他について考えてみよう。物体以外のものが私の物体の観念が表している内容の原因と理由であるとしたならば、私は、私ではない広がりを本質にする物体以外の何かを物体として捉えていることになる。この場合には、感覚を正しく用いても物体についての真理に至り着かないということにもなる。〈広がる実体〉という観念内容の原因・理由は実在する物体でなければならない。したがって、物質的な事物である物体は実在する。

物体があることの意味

かくして明らかになることは、物体の実在の意味が感覚の直接性に存するということである。伝聞でも、啓示でも、ひらめきでも、幻視でも、幻聴でもない。感覚能力を正しく用いて物体的事物を直接的に感覚しているということが、その物体が実在しているということである。感覚能力が正しく用いられているということの厳密な基準、あるいは直接性の厳密な基準を定める必要はない。暗ければ明かりをつける、遠ければ近寄ってみる、一人だけでは当てにならないのならば、他の人にも見てもらう。見る場合ならば、ぼんやりであれ見ることができていれば、正しく見ているのである。聞く場合ならば、うっすらであれ聞こえていれば、正しく聞いているのである。はっきり見えて見間違う、はっきり聞こえて聞き違う、これらにおいて感覚は正しくその能力を発揮している。言

い換えれば，感覚と物体との間に直接性が保たれている。

　この直接性に対立する間接性とは何のことであるのか。伝聞，啓示，ひらめき，幻視，幻聴は物体と感覚との関係では確かに間接性を示している。しかし，一番難しいことはそこにはないのではないのか。感覚の間接性を捉えることでもっとも困難な点は，視覚の場合ならば，見られた物体が実際に見られたものではないということにあるのではないか。たとえば，遠隔操作の結果としての映像の場合である。見られた画面という物体は実際に見られたものである。しかし，それはそれの映像である実物ではない。聴覚についても並行的に考えることができる。距離的には近くとも，一定の装置を通して発生する音声を聞くことは，それはそのまま実物の音声ではあるが，しかし，当該の装置を通す前の音声ではないという点では実物ではない。触覚の場合であれ，味覚の場合であれ，嗅覚の場合であれ，媒体を通して感覚されたものは媒体を通さないで感覚されたものに対して間接的である。しかし，間に挟まるものを「装置」から「媒体」へと拡張した途端に，大気までが含まれてしまうことになり，直接・間接という区切りを見失うことになってしまう。そこで「転写」，「複写」という概念を使ってみよう。そうすれば適切に言い表すことができるかもしれない。「転写」，「複写」はどちらがどちらの転写であれ，複写であれ，転写・複写として成り立つという点で実物と模像との関係を破壊する。そう考えてみると，感覚の直接性とは見るということ，触れるということ，聞くということ，嗅ぐということ，味わうということ以外ではないと思い至る。何かの転写物であれ，複写物であれ，見られたものは直接に見られた物体である。当該の見られたものが複写物であるか否か，それは最早視覚の問題ではない。要するに，視覚の間接性とは見ていないということに他ならない。触覚，聴覚，味覚，嗅覚についても同断である。かくして私は振り出しに戻ったことになる。感覚の間接性とは，例えば，伝聞であり，啓示であり，ひらめきであり，幻視，幻聴の類である。しかし，「装置」，「媒体」，「複写」についての寄り道を通して，実物の実物性とは当該の物体の何であるかということに支えられ，感覚にそのことを求めてはならないということがわかった。

第8章　物質的な事物の実在証明　　　309

　正しく感覚するとは感覚の能力の劣化とは異なる事態である。物体的事象を正しく，つまり，直に感じ取っていない，もっと言えば感じていないだけである。物体的事象が正しく受容されるべき状況で感覚が働いていないということである。感覚を用いて物体的事象の実在することを捉える場合にそうあるべき感覚の使い方をしていないということである。それが感覚を正しく用いないということ，感覚するということと物体的事象との関係が間接的になっているということである。はっきり見えているのか，ぼんやりと見えているのか，その違いは対象の何であるかに係わる異なりである。しかし，それも測定可能な数値によって定めることはできない。私にはっきり見えていればはっきり見えているからである。そのことに基づいて判断を下し，誤ったのならば，同じ条件で他の人に見てもらえばよい。それでも食い違うならば，目の検査を受ければよい。これらは見られた物体が何であるのかということに係わる事態である。視覚が直接的か間接的かという問題ではない。私の目覚めた目にぼんやりとであれ見えている物体は実体として実在する。それ自身で実在するに適したものとして実在する。私がそれを感覚しているということに依存することなく実在する。
　広がりをもつものは物体である。見えなくてもよい。さわれなくてもよい。物体が実在するとは私によって直に感覚されることである。あなたに感覚されて，私に感覚されないときに，私の感覚能力が他の人のそれとの関係のもとに，正しく働いているのかという問題が生じる。この正しさは論理的な条件に基づくものではない。同じ条件で多くの人が同じように感覚すれば，同じように感覚した人の感覚能力は正しく働いている。この「同じように」という表現は適合する領域の広さを示している。それでよい。どうしてそうなっているのかということは心と身体が一つになっている人間のありさまを考えるときに明らかになるであろう。かくして，物質的な事物の実在証明について以下のように言うことができる。物体の実在証明は，存在の一般理論と認識能力についての理論とが合わせて一つになるところに切り拓かれた。実象性の同じ度合いにおいて，心と物体（身体）との実象的区別を支えにして，感覚する能力の受容性に基づいて，この実在証明はなされた，と。感覚の直接性と

物体の実在との関係を証明することが物理学の基礎づけのためになされねばならないことであった。物理学を組み上げて行く上で，感覚の使用をどのように評価すべきであるのか，次になすべきことはこのことである。その次に心と身体が一つになった「私」という人間における感覚についての評価が問題になる。

第9章

物理学の出発点

―――――――

物理学と数学

私が直接的に感覚している対象は，物体として実在する。物体について実在するとは，感覚されていることである。だがしかし，その物体が，私に感覚されているとおりになっているというわけではない。すでにわかっているように，感覚が捉えるものを，すべて本当だと受け入れてしまうことはできないが，そのすべてに疑いを差し挟まなければならないとも考えられない。このことは感覚を知性から切り離してそれだけとして捉えようとする場合に，明晰判明という方向には進みえないということからもわかる。というのも，感覚の対象が時間と空間に制約されているからである。その一方で，知性に助けられた感覚として，個物という層においてではなく，純粋数学の対象として〈かたち〉という類において捉えられた物質的な事物については，それが明晰判明に知られるならば，帰属の明証性に従って，知られたとおりに当の物質的な事物に帰属する。ここに感覚の対象をその探求の領野とする自然学（物理学）と形と数を対象にする純粋数学との関係が明らかになる。数学のもっている仕組みに合わせて自然現象を切り取るということではない。感覚を介して取り入れられた物質的な事物・現象が明晰判明に知られる場合に，それは数学的構造において捉えられている。言い換えるならば，物理学（自然学）は，その明証性・確実性を数学に負っているということである。数学が物理学の確実性の基礎となるのはこのようにしてである。

物理学の対象

純粋数学の対象となるのは，黒板に書いたこの三角形ではない。そうではなく三角形というものである。一言で云えば，時空的規定性を離れて捉えられた形と数である。時空規定がパラメーターとして加わってもかまわないが，たとえば，今目の前にあるこの物体を対象にするのではない。思いの仕方からすれば，知性に助けられた想像力の対象が純粋数学の対象である。これらについては明晰判明に捉えることが可能である。これ以外の物体的事象として二つのタイプを考えてよい。一つのタイプとして，太陽はこれこれの大きさをもつ，あるいは，これこれの形をもつ，というようなもの，つまり，限定する力の弱い言い方になるが，時空的位置規定を通しててはじめて特定できる個別的なものをあげることができる。理解のために，通常の言い方を借りれば，物理現象，あるいは，自然現象である。もう一つのタイプは，光，音，香り，味，痛みのようなものである。これに類するものは，第一のタイプにくらべると，知性のレヴェルに乗りにくいもの，その意味で明晰に知ることのできにくいものである。これら二つのタイプとも純粋数学の対象にくらべれば，疑わしいところを秘め，それらを確実に捉えることが難しい。しかし，私たちの省察が示してきたことの上に立てば，これらについても真理に到達できるという可能性が開かれていることに気づく。このことを少しずつ解きほぐして行くことにしよう。

自　然

自然なものは生まれをもつものである。その生まれをもつものが，生まれたことによって備わることになる性質も自然（本性）であり，その備わった本性がゆがめられずに発揮されることも自然なことである。そのように自然とは，何かがそこにありはじめる，そのありはじめるときに当のものとしてありはじめる，そのありはじめのありさまのことを言う。ありはじめるということは，何かによってあらしめられるということである。あらしめられてあることになる，そのあることになっている，ありさまである。当のもののあることとともに，与えられている当のもののありさまも自然と言える。自然はそのようにして技術，人為などと対

立軸をもっている。

　自然は与えられたものとして絶対的他を原因とする。絶対的他は，あらゆる存在と真理と善との根拠である。与えられた自然を与えられたものとしてだけ看做し，その自然が告げ知らせるものをそのまま受け取るならば，そこになにがしかの真実性を見つけることができる。なぜならば，絶対的他によって与えられるものが与えられるとおりにあるときに，そのものが無の方向，偽の方向，悪の方向に向かっているということはありえないからである。そのように与えられているものを二通りに分けることができる。第一に，一番大きく括って一般的に言えば，世界と世界の秩序である。これらで示されているのは自然と言っても物質現象だけではない。そして第二に，個別的に見れば，私の自然（本性）であり，これは，与えられて私に属することになったものの複合体である。これらが二つの自然である。

自然の教えること

このように与えられたものの複合体として私を捉えるときに次の三つのことが浮かび上がってくる。第一のことは私が身体をもっていることから生じる。私が身体をもっていて，この身体は，たとえば，痛みを感じているときには，具合がわるく，私が飢えや渇きをおぼえるときには，食べ物や飲み物を必要としている。これは自然なこととして私が受け容れていることであり，私である限り誰でもが与えられていることとして，ここには真実がある。感覚は時として間違いへと促すような情報を私に与えるけれども，しかし，通常はこのような自然なことについて私は疑ってはいない。与えられたものとして捉えられた自然，その自然が感覚を通して告げ知らせることには真実がある。これが自然ということから教えられる第一のことである。

　自然の告げ知らせる第二のことは，心と身体の関係についてである。飢え，渇き，痛みという自然から教えられる心と身体の関係である。「私が私の身体に，あたかも水夫が船に乗り合わせているかのように」という心と身体との関係を示す比喩がある。これはアリストテレスが用いている比喩である。この比喩は最初から肯定的な意味で用いられては

いなかった。つまり，心と身体の関係は水夫が船を操るようなものだとは考えられてはいなかった。おそらくは，よほど単純な，あまりものを考えようとしない人でなければ，この比喩を肯定的に用いることはないであろう。しかし，なぜこの比喩が不適切なのか。この問いに答えるのも容易であろう。すなわち，もし水夫が船に乗り合わせているのならば，船が壊れたときに，水夫は目で見て，どこが壊れているのかを知り，その壊れた箇所を修理する。身体と心の関係もこれとほぼ同じであり，私は自分の身体の傷を見て確かめ，その傷を消毒するではないか。もしあなたの身体の傷に，私が気づいて消毒するのならば，水夫と船の比喩が当てはまるかもしれない。しかし，私が私の傷に気がつきそれに対処する場合には，この比喩は当てはまらない。この二つの例の違いはどこにあるのか。もちろん痛みである。もう少しこの線を辿ってみよう。

　痛み，飢え，渇きというような内的感覚に着目すれば，水夫と船の比喩が成り立たないことは一目瞭然である。飢えの感覚というのは，身体が飢えていること以外の何ものをも告げはしない。お腹がすくはずもないのに，お腹がすいても，お腹がすいていることに変わりはない。思いとしてお腹がすいていると思っているだけということとは異なる。身体が食物を要求し，心がそれを感じ取っている。痛み，飢え，渇き，これらだけではない，性的欲求もそうであろうし，他にもあるかもしれないが，それらは心の状態だけでも，身体の状態だけでも，説明のつかないことである。心と身体が合わさって一つのものになっているということから生じる思いの様態である。痛みを痛いと感じているのは心であり，その点では痛みは或る感覚であり，感覚として思いの様態である。しかし，痛みがどのように生じてきたのかということと痛みが私にもたらす障害とを考慮に入れて，痛みという事態を解明しようとするならば，身体に言及せざるをえない。というのも，もし，痛んでいるという振舞いがあるだけで，それ以外に痛みなどないと考えたいのならば，その場合には人と人との間の痛みに関する行為のやりとりと，一人の人に起こる痛みという出来事とを区別できないからである。このように，心と身体が合わさって一つになっていること，そして内的感覚がその混ざり合わせという事実の証拠であること，これらが自然によって告げ知らされる

もう一つのことである。

外界との関係
さらに第三に，私の身体のまわりにはさまざまな物体が実在していて，その或る物を私は求め，別の或る物を私は避ける。このことも複合体としての私の自然が教えることである。別の言い方をすると，上記のことは，事あらたに心を働かせなくともおのずから既に私にはわかっている。そして物体に取り巻かれているなかで，私はそれぞれがそれぞれに異なりをもっているさまざまな音とか，香りとか，味とか，熱さ，冷たさとか，堅さ，柔らかさなどなどを感覚する。これらの感覚の変化には，何かしらそれに対応する変化が物体の側にあると考える。感覚の変化と物体の側の変化との間に，似ているというようなことはないであろうが，何かしらの対応があると考えている。なぜならば，物体的な事物が実在するとは何かが直接的に感覚されていることであると既に知っており，自然である私が感覚を介して受け取ることに真実のあることも知っているからである。そういうわけで或る感覚があり，その次に別の感覚があるのならば，何か別の物体的現象があると看做すのである。もちろん，この感覚というのは，外的感覚であり，痛み，飢え，渇きのような内的感覚のことではない。

　以上のことを一言で云えば，心と身体の合一体である私が，まわりの物体から刺激を受けているということである。受容能力としての感覚を使いながら，私はさまざまに与えられたことに基づいて物体について知る。このように感覚が知性に捉えられたものを感覚知覚と呼ぶ。この感覚知覚のうちの或るものは私にとって心地よく，或るものは心地わるい。このことは，全体としての私，つまり，合一体としての私が取り巻かれている物体および物体的現象によって，それがこの合一体にとって具合がよいのかわるいのかは別にして，さまざまな仕方で刺激されていることを示している。このことも誰にでも与えられたこととして確かなことである。

　こうして物体的現象，および心と身体が一つになった人間に起こる現象について，三つのことが自然的事象を探究するための足場として得ら

れた。これらを繰り返して纏めてみるならば次のようになる。第一に，内的感覚の伝える身体についての情報の正しさ，第二に，内的感覚は心と身体とが一つになっていることの証拠であること，第三に，物体的事象の真理を求める場合には外的感覚を用いるべきであること，この三つである。

しきたりから受け取ったもの

しかし，自然によって告げ知らされているように一見思われる，つまり，感覚を正しく用いて得られたと思われるけれども，そうではないこともある。たとえば，見えないところには何もないと思ったり，もっと言えば，宇宙空間に何もないと思ったりすることである。あるいは，高熱にうなされる子供の熱い額に触れて熱いと感じたときに，子供のなかに熱そのものがあるように思ってしまう。目の前に，真っ白い紙と再生紙のややベージュがかった紙とがある。真っ白い紙には白さが，ベージュがかった紙にはベージュがかった色があるように思ってしまう。フランスのシャーベットはソルベと言うが，安物ソルベの一部の隙もない甘さを感じると，この物体は甘さそのものなのではないかと思いたくなる。遠くのものは小さく見える。小さく見えれば，小さいと思う。このような例を挙げるにいとまはない。いくらでも挙げられるが，要するにこのように思ってしまうのは与えられた自然ないし私たちのありのままではない。言い換えれば，感覚を正しく用いているというわけではない。そうではなく，まわりの人々から教えられて，あるいはそういうふうに思ってしまうという長い間に培われたしきたりによって，そんなふうに思うようになっているのである。それはまた生活上の便宜に裏づけられていることである。生活する上でゆっくり考えて結論を下す必要のないこと，そうしている余裕のないことも多い。羊羹は甘いと思っておけばよい，煎餅は辛いと思っておけばよい。蟻は虫眼鏡で見て大きくとも，実は小さいと思っておけばよい。自動車は遠くに見えても大きいと思っておけばよい。普通たいてい，生活する上では疑いをかける以前には本当だと思っていたしきたりはその通り守っておけばよい。今は，それがどのように不安定で，根拠がないのかを知っているが，それの有用性も知

っている。しかし，自然現象についてしっかりした知識，つまり，学問的知識を獲得しようとする場合にはこのしきたりを退けなければならない。

　しきたりから離れて，感覚を自然現象の解明のために正しく用いるということはどのようにすることなのか。先に自然として，世界，世界の秩序，私という合一体の三つを挙げた。私が自然現象を探究して行くために用いる私の自然とは合一体としての自然，物体との関係から考えれば，それも感覚である。合一体における感覚がどのように自然探究に役立つのか。このことを明らかにすることが私をしきたりから免れさせることにもなる。感覚は既に明らかになっている通り，知性と想像力の助けを借りて働くのであるが，感覚の固有領域を限定してみるのならば，それは当然ながら，知性による探究の対象でも想像力による探究の対象でもない領域ということになる。そういう点で，感覚の対象からはずすものを学問領域という点から言えば，論理学に属するもの，純粋数学に属するものである。言い換えれば，論理法則と自然法則である。もちろん，これらは個別的な物体的現象との関係の下に構築されたり，あるいは変更を迫られたりする。しかし，それらは法則としてみられるかぎり，知性の構想をとおして見つけ出される。それゆえ，私と物体的現象との係わりのなかで，その究明の足場を探しているときには視野の外においておくことができるのである。

外的感覚

吟味すべきは，かくて，身心合一体に与えられているもの，その自然の教えである。その自然は，先に見たように痛いという感覚をもたらすものを遠ざけ，心地よい感覚をもたらすものを追い求めるということを教える。このように合一体を基盤にして考えるのならば，外的感覚と内的感覚との差異が見えてくる。外的感覚ということによって五感のことを考え，内的感覚によって飢え，渇き，痛みに代表される自然的欲求ないし自然的傾向性を考える。この二つの種類の感覚が合一体としての私に与えられている。しかし，この合一体における感覚が，それだけで，つまり，知性の吟味を経ることなしに，物体的現象の何であるかを示して

いるというわけには行かない。内的であれ，外的であれ，感覚は物体の実在にはとどく，それゆえ物体の或る変化から別の変化への移行を追いかける。だが，感覚がそれだけで物体の特性にとどくことはない。たとえば，夜の街灯の光は，星よりも大きく見える。この見えに基づいて，街灯は星よりも大きいと判断するわけには行かない。火に近づくと，温かくなり，もっと近づくと，熱くなり，もっと近づくと，痛くなる。火のなかに，温かさにも熱さにも痛さにも似た何かがあるわけではない。そうではなく，それら感覚を引き起こすような何かを火がもっている，あるいは火とはそのようなものである。個々の物体の特性についての調査は，感覚を介して観察された結果を材料として，想像力の助けを借りながら知性によってその物体の特性が表現にもたらされるという流れをとる。この過程の始まりにおいては物体の本質が広がりであること，物体の基本的特性，物質的世界の総体についての基本的知識などが探究の素地として与えられている。知性の関与によって表現にまでもたらされた感覚を「感覚知覚」と呼ぶことにした。この感覚知覚は知性の関与によってひずみを与えられる。物体的世界は感覚されるとおりになっていると思うのも知性の一つの関与を示している。私が疑い，確かなものを求め，その上に立って明晰判明な知を土台としたのも，このひずみを正すためであった。

　また，感覚が動いて行かない，変化して行かないからといって何もないと考えるのも知性の関与の結果であり，その関与の内容が吟味されなければならない。何も見えないし，何の香りもないから真空があるということにはならないということを，私たちは感じるのではなく知っている。感覚にとって変化がないということは実際にはない。感覚に変化があってもそれが表現にもたらされないならば，つまり感覚知覚が成立しているのでないのならば，感覚内容は仮想的なものとして間接的に，たとえば，脳内の或る微細な箇所の興奮あるいは或る種のインパルスなどのように神経・脳生理学的に表現されるか，あるいは，知覚表出を出発点にして探りを入れられるか，後に見るように合一体の振舞いとして解明されるか，ということになる。それでありながら，感覚が動かないので真空があると結論することは，私のなすべき事をなしていないという

意味で自然の秩序をかき乱していることになる。しかし，子供のときに星は街灯よりも小さいと判断していたように，いまだって知性による修正を加えなければ，何も感覚しないので真空があると判断してしまう。どうしてそのように判断してしまうのかと思いをめぐらせるならば，要するにそのように判断することに私が慣れているということに行き着く。慣れているという理由しか見出されないということは，私に与えられた能力としての自然をしかるべく用いていないということを示している。

内的感覚の排除

このように外的感覚の場合には，知性による吟味との往復のなかで得られたことがらに基づいて，物質的現象についての真理に辿り着く可能性が与えられている。しかし，その場合でも見逃してならないことは，感覚について考える上での出発点がどこにあるのかということである。すなわち，心と身体が合して一つである，その私にとって何が具合よく，何が具合のわるいことであるのか，このことを教えるという点に，そもそも感覚の役割はある。この事態は外的感覚も内的感覚の影響を蒙っているということを示す。見る，聞く，触れる，嗅ぐ，味わうということが生命維持ということに条件づけられているということである。感覚がすべて「生きている」という色に染まっていることを忘れてはならない。そして生命維持ということが先ずもって個としての当人の生命維持であることを考えるならば，そして物理現象の学問的解明が誰でも承認しうるという点に妥当性をおくならば，感覚のもっている生命維持という値は物理現象の解明にはむしろマイナスの役割を果すことがわかる。ここから物体的事象の研究に際しては内的感覚を可能なかぎり引き離さなければならないということが帰結する。繰り返しになるが，物体的現象の特性を明らかにしようとして，感覚を用いる場合には，合一体としての私の自然が教えることをそのままにではなく，知性との相互条件づけ関係の下で外的感覚を用いなければならない。言い換えれば，物理学的な，自然的な真理を見出そうとするならば，合一体における生命維持をもっぱらとする内的感覚ではなく，知性と係わりながら外的感覚を用いなければならないということである。

第10章

心と身体と合一体

―――――――

内的感覚の誤り

外的感覚も内的感覚も具合がよい，具合がわるいということを通して，或る物体的対象が私たちの生命維持に対してプラスになるのかマイナスになるのかということを知らせる。しかし，感覚はそのことを通して当の対象の何であるかということについては素材を与えるだけである。私は外的感覚と知性との相互条件付け関係の下に判断の真偽へと導かれる。この相互条件付けということはまた，外的感覚とその対象との隙間に看て取れる。隙間とは，外的感覚においては感覚対象を感覚内容として知性との係わりの下に捉えるということを示している。これに対して内的感覚についてみれば，感覚対象はそのまま感覚内容である。痛みは痛み以外ではない。鋭い痛みは鋭い痛み以外ではない。もちろん，皮膚の表面では痛みはそれを引き起こす物体と或る種の関係の下にある。針で刺したような痛みは羽毛で触れられたくすぐったさと程度で結ばれる。その点では皮膚の表面の痛みは触覚の延長上にある。触覚は触れる物と触れられた感じへと分節化される。しかしながら，痛みが身体の損傷という値をもった途端，くすぐったさとの程度の差異は消失する。それとともに先の分節化も消失する。そしてそれが痛みというものである。つまり，たいていは身体の損傷と係わっているということが身体的な痛みの核心にある。

　飢えも，渇きも外的感覚のどれかの延長上にはない。飢えは飢え以外ではない。渇きは渇き以外ではない。このことは痛みという事態の難し

さを示している。身体の損傷とゆらぎを含んだ関数関係にある痛みは痛みの対象との隙間をもたない。痛いことが痛みの対象であり，痛みの内容である。痛んでいない痛みの対象があるわけではない。それゆえに外的感覚と異なり，痛み，総じて内的感覚は誤りそうにはみえない。ところが，感覚が生命維持に関するこの役割をいつも正しく果たしているわけではないということも既に私たちは知っている。この健康ということに係わりながら感覚において生じる誤りについて，私たちはこれまでまだ調べてはいなかった。もっとも，外的感覚を素材にして知性の矯正のないままに判断を下すとどれほど誤りに巻き込まれることになるのか，そのことは既に見たところである。だから感覚に由来する誤りといっても，残っているのは誤りがなさそうにみえる内的感覚の場合である。痛いときに痛い，喉が渇いたときに喉が渇いている。このことに少しの隙間も入り込む余地はなさそうに思える。それでも痛いと思って間違えることもあるのではないのか。判断の誤りとは異なるが，何かしらの誤りがありそうに思われる。この点に探りを入れてみよう。

　その前に念のためにもう一度，感覚と感覚知覚の差異について纏めておこう。現在のところ「感覚」ということで示されているのは，心と身体との合一体における感覚である。それは外的感覚と内的感覚に分類される。外的感覚とは，いわば外向きに働く感覚であり，いわゆる「五感」がそれに当たる。外的感覚は，それが直接的に受容するときに物体的現象の実在には届くが，それだけでは物体の何であるかには届かない。内的感覚は，飢え，渇き，痛みのような感覚であり，心と身体が無差別に混ざり合って一つになっていることを表している。痛みと外向きの感覚である触覚との，効果としての差異は身体の損傷にある。感覚知覚は，知性の協力の下に働くという層のもとに捉えられた感覚である。感覚知覚は自然現象を判明に捉えようとする知性との相互的条件づけの下で捉えられる感覚を含むが，私たちは「感覚知覚」という概念をもう少し広く用いている。たとえば，「痛い」という表現を含むところまでを感覚知覚と呼ぶ。「痛い」という表現の成立には知性の協力を含めなければならない。要するに「感覚」と区別された感覚知覚は心の様態であり，思いの領域のなかに位置をもつ。外的感覚が知性との相互条件付けの下

に物体的特性の解明に寄与するという事態は、私たちにとって意志の行使によって得られることである。

外的感覚の場合

さて元に戻って、内的感覚の虚偽について考えるが、その前に外的感覚が身体維持に関する虚偽に関与しているのかどうか、という点からはじめよう。第一の例は、おいしい味にだまされて毒を食らうというものである。身体維持に直接的に関与するという事態には、身体からの距離が空間的に近いものが多い。もちろん、ライオンとネコとを見間違えて喰われる、雷鳴とメタル・ロックとを聞き間違えて撃たれて落命する。ひどく下らない例であるが、これらも生命維持に関する間違いの例にはなる。しかし、こうしたことの生じる頻度が多いとは考えられない。それよりも、気持ちのよい手触りだと思ってさわっていたら、手が傷だらけになっていた、あるいは、よい香りだと思って鼻に入れたとたんに毒を吸う、これらに類する例の方がありそうに思える。身体に対して空間的に近づくにつれて、危険が増す。猶予が許されない。これらの例が示していることは、はたして与えられたものとしての感覚が生命維持という点で、その機能を果たし損なっているということなのであろうか。この場合に感覚することに間違えがあったわけではない。食べてみたら毒であったという例を考えてみよう。口に入れて、おいしい、あるいは、まずくはない、そういう意味で毒ではないと思って飲み込み、身体をこわす。これは味覚の間違いではない。或る味に対してそれが毒であるという対応づけがなかっただけである。この事態を味覚の間違いとすることはできない。私たちの味覚の精度が問題であるとするとしても、味覚の精度は私たちに与えられている感覚の有限性に由来することである。したがって、これを与えられた感覚という能力の誤りとすることはできない。有限的であることは人間にとって悪いことではない。有限的であるからこそ希望をもつこともできるのだから。

自然的欲求の誤り

このことは内的感覚についても当てはまるのではないのか。空腹時に食

べたいと感じることは自然的な欲求である。私たちがそうしようとしてすること，意志の結果ではない。別の言い方をすれば生理的欲求である。しかし，自然的な欲求においてさえ私たちが誤るということもあるのではないか。自然的衝動，生理的作用，自然的欲求などと呼ばれるもの，それには飢え，渇き，あるいは，性欲，尿意，便意なども含まれるであろう。こうした衝動ないし欲求を私たちは感じる。この感覚を内的感覚と呼んでいる。先ほど見たようにこれらの欲求とこれら欲求を感じることとの間に隙間はない。飢えにせよ，渇きにせよ，性欲とともに，身体の側から見れば，脳の視床下部において制御されていると言われている。その一方で，飢えとは空腹感という感覚のことであり，渇きとは水分への渇望感という感覚のことである。このそれぞれ前者と後者との二つは一つのことの二つの面である。もちろん，食べたいということと空腹感とは一致しないこともあるだろう。というのも，この食べたいということが，意志の働きを含んだ，そして心の他の働きも関与している複雑な事態を表現しているからである。ここで考えようとしている飢えというのは，たとえば私ならば，胃のあたりで感じるえも言えぬ，しかし紛れもない空腹感のことである。身体的状況と結びついているのであるが，それだけではなく心が感じ取ってしまっていることでもある。飢えと空腹感との両者を切り離せない。内的感覚のこのありさまは，身体と心とが混ざり合っている，その事実を示している。

　普通たいていの場合，飢えているときに食べ，渇いているとき飲むことは健康維持にとって当然よいことである。そうではない場合があるのならば，それはやはり自然の誤謬と言われてよいのではないか。空腹感に悩まされるが，これ以上食べると肥満になる。浮腫（水腫）とは異常な水分貯留が起こった状態のことを言うそうであるが，そうした浮腫性疾患の場合には，喉が渇いても飲むことについて制限を受けることがある。つまり，飲みたくて飲むと身体に害を及ぼすということである。そのような例は，他にも多くありそうである。これらの場合に，合一体としての一個の私が，その私に与えられていて意志の制御の下に起こることではない，そうではなくまったくの自然的な欲求に突き動かされて自分を危険にさらすことになる。しかしだからといって，普通たいていの

場合にはこの自然的衝動を私は信頼している。そうでなければ、生活に支障を来し健康維持もできない。そういう私の自然が間違えるということはどのようなことなのだろうか。

自然が誤る

このことを病気だからそのようなことが起こると説明すればよいのだろうか。病気だからそのようなことが起こると考えるということは、健康な状態では同じようなことは起こらないとすることである。しかし、どうみても、この場合に、飢えや渇きを感じることが病気ゆえに生じているということではない。病気と健康との区別は難しい。しかし、私たちは、多くの場合にこの区別を承知している。とても曖昧な言い方になるが、私に与えられた自然が上手くいっていない場合に病気ということになる。飲みたくて飲むと身体に害を及ぼすという場合に、身体に何か疾患があるからそうなるというのは正しい言い方であろう。しかし、喉の渇きを感じるという感覚が損なわれているというわけではない。言い換えれば、渇きの感覚が病んでいるわけではない。このことをもう少し別の角度から考えてみよう。

時計が合っていないとしてみよう。つまり、精確に時を刻んでいない。二つのことが考えられる。一つは電池が弱っているとか、機械的な部分の不調である。もう一つは、作った者の意図通りに作られていないということである。後者の場合には、作者の意図に反して、日本標準時を伝えている標準電波を拾わずに、違う電波を拾ってしまうなどという場合がある。この二つの場合には、時計は精確な時を刻まない。しかし、機械の不調であれ、意図通りに作られていない場合であれ、物理法則には従っている。そういう意味では、その器具は時計の役には立たないが、そのものとしては自然の秩序を乱してはいない。このことを、水の摂取を制限されている人が水を飲みたくなるという場合に適用してみよう。その人は水を飲みたくて飲んで、病気を悪化させる。時計の例が教えているのは、もし身体が物体であり、物体が従う法則にすべて従っているのならば、そのときに身体は誤ってはいないということである。喉が渇き、水が飲みたくなるということは自然なことであり、そのかぎりで何

も誤りではない。健康な人はこの自然的欲求によって健康を維持している。浮腫性疾患の病人は同じ欲求によって健康を損なっている。身体は物体の法則に従っているだけである。誤っているとは言えない。どちらの場合も自然なことである。

外的命名

しかし，もちろん，正しく時を告げない時計を故障した時計と呼ぶように，水を飲むことが自分の状態を悪化させるのだから，喉が渇くということを正常ではない，病気のゆえであると言うことはできる。しかし，このような言い方は，これまでに見てきた自然ということとはずいぶん異なるように思われる。時を精確に刻まない時計を壊れた時計だと考えるのは，作った人の視点に立っていることを示す。時計に割り当てられた役割を果たしていない。このことを，渇きと水を飲みたいという結びつきが，自己の保全を損なうという場合に当てはめてみるならば，人間身体の当該の部分が何の役に立つのかという視点に立っていることになる。喉の渇きに応じて水を飲むことが，健康の維持に繋がる場合と，病気を悪化させる場合がある。病気を悪化させる場合に喉の渇きは，私にとって具合のわるいことで，健康を促進する場合には具合のよいことである。この具合がわるいと具合がよいという判定は，身体にとっての好・不都合のように見えながら，身体にとっては外的な事柄である。身体は物体の法則に従っているだけである。故障した時計と呼ぶように，飲み物が身体を損なうとき喉の渇きを異常と呼ぶならば，その異常ということはともに，かたや時計にとって，かたや身体にとって，外的命名ということになる。

時計の場合には，製作の意図を明確にすることができる。しかし，身体の製作の意図を探ることはできない。私が自分の身体を作ったわけではない。時計を例にとることができるのはここまでである。この問題の難しさは，時計との比較では肝心なところを摑むことができないという点にある。身体についてそれを製作した意図を探ることはできないとしても，身体のいわば設計図に相当するものを作り上げることはできる。或る程度のずれを認めつつ，身体の正常な状態，正常な動きのいわばモ

デルを作ることはできる。それとの比較に基づいて，正常か異常かをおおよそのところ判定することもできる。これに対して，喉の渇きの例が示しているのは私の健康維持にとって具合がよいか，わるいかということの基準の難しさである。この「私」というのは身心合一体としての私のことである。健康が帰属するのはこの合一体としての私である。喉の渇くままに水を飲むと，健康を損なう場合と，健康を促進する場合とがある。この合一体としての私には範型も，モデルもない。病気もまた自然のなせる業であるのだから，自然ということを病気と健康との判定基準に用いることもできない。人工物を嚥下して疾病が生じるとしても，要するに病気の原因が人工物であるとしても，病気が私に生じている以上は私が自然であるのと同様に病気も自然である。病気とはいつも私の病なのである。

　もう一度問題を纏め直してみよう。身体に着目するならば，或る場合には，喉の渇きが健康を損なうという結果をもたらす。だからその場合には身体が上手く働いていないことになる。しかし，これは身体に対しての外的な命名になる。つまり，身体の外からの視点で考えられたことを身体に当てはめている。その一方で，合一体の心の方に着目すると次のようになる。喉の渇きを感じて水を飲むと健康を損なう。健康を損なう場合には，喉の渇きを感じないようになっていればよいのに，そうはなっていない。この場合には，感じることに問題があるということになる。喉が渇いて水を飲むということは，身体に着目するかぎり避けようのないことである。しかし，合一体の心の側に着目するのならば，喉が渇いても心はその欲求を留めることができる。喉の渇きを感じて，飲まないようにする。飲まないようにしている間ずっと喉の渇きを感じているのか。喉の渇きにまた襲われることがある。今度はどうしようかと考えることもあるだろう。時間もたったので飲んでもよいと考え，飲むこともあるだろう。喉の渇きを感じるということにとってそちらに注意を向けるということも関係して来る。しかし，喉の渇きを感じない期間が或る程度の長さで持続した後に喉の渇きを感じる場合に，そちらへと注意を向けたから感じるというのとは異なる事態が生じている場合がある。このことによって注意を向けたから感じるという場合を取り除いて

いるわけではない。喉の渇きを感じて，飲もうかなと思い，飲むのをやめて，しばらくして喉の渇きを感じ，飲もうかなと思い，飲む。こういう場合があると主張している。肝心な点は喉が渇いたという感じがなくなっている場合があるということである。心の側から考えてみるならば，喉が渇いたという感じをなくしてしまうことができる。この感じをなくしてしまったときに，身体側からみても一定の変化が応じているのかもしれない。しかし，そのことが私に可能なのは，たとえば，喉の渇いた感じから注意を背けることによってである。精確に言えば，感じをなくすのではない。当該の感じとは別の方向に注意が向かうのである。身体における喉の渇きをなくすことはできない。心における喉が渇いたという感じは注意を逸らすことによってなくすことのできる場合がある。心と身体との私にとってのこの違いは何を意味しているのか。

心と身体の違い

心は思うものであり，身体は広がるものであった。思うものとは，知ったり，しようとしたり，想像したり，感覚したりするものである。心の働きを「思う」ということによって統括したのが「思うもの」という表現である。そういう意味で「思う」ということは心の本質を示している。身体は広がるものという点では物体と異なるところがない。物体は縦，横，深さという三つの次元における広がりとして捉えられる。大きさ，位置，運動，持続などもこの広がりを用いて説明できる。そういう意味で広がりは物体の本質を示している。心の本質は思うものとして，「広がり」という概念に依存することなしにはっきりとわかり，物体の本質は広がるものとして，「思う」という概念に依存することなしにはっきりとわかる。そして，それぞれは実在することの原因を自分のうちにもっていない。言い換えるならば，自分が自分を実在せしめているのではいない。創られて別個に実在するという点で，心と物体（身体）は実象的に区別される。心の本質と実在は物体の本質と実在に依存しない。ところでいま，私は合一体としての私について考えている。私は心をもち，身体をもつ。この表現は心からはみ出した「私」，身体からはみ出した「私」を含んでしまうかもしれない。というもの「私は心と身体である」

という言い方が心と身体とが別の「私」であるという余剰を含んでいると解されるかもしれないからである。そこで言い方を少し無理して今考えている事態を精確に表現してみれば、「私は心であり身体である」ということになる。

　この合一体である私における身体と心について、第一に気がつくのはその違いである。心と身体とが合一体をなしながら、つまり、一つになりながら異なる。この違いについて注意を向けてみるならば、身体は常に可分的であり、それに対して心の方はおよそ不可分的だということがすぐわかる。私は自分の髪の毛を切るように心を切ることはできない。身体については「この部分」と言って、それを指さすことができる。空間的位置指定が可能な「部分」という捉え方を心に割り当てることはできない。「心の柔らかい部分」を面積として示すことはできない。「身体の硬い部分」ならば定義を決めておけば計測することができる。心が全体で一つであるのに対して、身体は多くの部分が組み合わさって全部になっている。もちろん、身体も有機体として一つをなしている。しかし、物体としてみれば一つの部分と他の部分は独立である。そのことが爪を切っても、有機体としての私という身体の健全さを妨げないという事態になって現れる。身体に関しては部分を切り離すことと有機体の一つとしての保全とは同じ事ではない。心についてはこれと同じように部分を切り離すというわけには行かない。心は全体として一つであり、身体も部分からなっている全部として一つである。心の一つであることは心のありさまに基づいている。思うということが（空間的な）部分ということと相容れないからである。身体が有機体として一つであっても、その一つということは、当の統体が具合よく保たれているということに依存する。私の身体は個別的な特性をもった一つの有機体である。これが一つの有機体として健全さを保っている限り、一部分の喪失は他の部分によって補われたり、補われる必要もなかったりする。このことは、身体の一つであることの根拠が身体が物体であることにあるのではないということを示している。心は計測可能な部分とは無縁であるという点でそもそも一つであり、身体は一つの有機体をなしているという点で一つである。この身体とこの心が全部と全体が合わさって一つになっていて、

それが私である。しかし，たとえば，脚を怪我しても，知ることの能力が失われないというようになっていることにも気づいている。つまり，一つである全体と部分の全部とが，そのままあらゆるところで相互の交流をしているわけではないということである。

心と身体との関係

そのように考えてきて身体と心との合一体ということで気がつく第二のことは，心は脳のどこか或る部分で身体からの刺激を受け取り，またその部分で身体に思いを受け渡すということである。それが精確に言って脳のどこであるのか，どのような仕方で心に何かが表示されるのか，これらについての説明は時代によって変わる。観察方法の緻密さ，理論モデルの違いによって変わってくる。身体と心との交流は，かつて「松果体」と「動物精気」で説明されることもあった。その説明の仕方を少し見るならば，次のようになる。心は脳内の小さい部分である「松果体」で身体と関わる。といっても先に見たように心は空間的な部分をもたないのだから，この部分にその働きが局限されるわけではない。しかし，この部分の仕組みなしには心と身体とがどのように作用し合うのかということが見えなくなる。言い換えれば，「松果体」での交流なしに心と身体の関係は説明できない。だからといって「松果体」の解明だけでこの関係がそっくり明らかになるわけではない。松果体と呼ばれる「小さな腺は対象のなかに感覚可能な多様性があるだけ，それだけ多様な仕方で精気によって動かされうるが，小さな腺は心によってもまた多様に動かされうる」[1]。心は松果体を介して，動物精気，神経，血液を媒体として身体の各部分から情報を得るとともにそれらに情報を伝える。感覚器官を通して伝えられた動物精気の運動の多様性が松果体において心の知覚に変換される。逆に，心は松果体において動物精気の運動に変化を加え，動物精気の運動の差異が，筋肉の運動の差異の原因になる。これに対して，現代の或る知見をとても大づかみに見てみるならば，次のようになるであろう[2]。大脳における「扁桃体」から大脳皮質の「前頭前野」への出力が「ワーキングメモリー」において表象として現れ，知覚と短期記憶については「感覚皮質」に，長期記憶と外示的記憶につい

ては「海馬」に関係づけられてその仕組みが解明される、と。その説明が精確で詳細であること、観察可能なデータへの依存度の高さ、これらは別にして、心は脳の微細な部分において身体からの触発を受け取り、心はそこにおいて身体に触発を与えると考えられてきたし、今もそのように考えられていると言えるであろう。

　その場合、入力と出力との間にとてもゆるやかな意味で一対一の対応が認められている。「とてもゆるやかな意味で」というのも、入力の側と出力の側とは本質を異にするのであるから、同じ一つの単位の間での対応ではなく、それぞれ別の何らかの仕方で纏まりをもつと看做され、その纏まり相互には対応が成り立つと考えられているということである。たとえば「ニューロンの受容体」に伝達物質が或る仕方で結合すると「電気的インパルス」が放射され、そのようにして何かが、たとえば痛みが感じられることになる、というように。そのように、繰り返しになるが、入力と出力との間にゆるやかな一対一対応が想定されている。感覚や感情の発生や抑制に対応する身体的な仕組みがこのゆるやかな一対一対応という想定の下に研究される。しかし、生まれつき痛みを感じないという「先天性無痛症」という場合もある。既に述べたように無くなっている腕が痛むという「幻影肢」の報告もある。「C繊維刺激」があっても痛くない場合、無くても痛い場合、その双方が認められるということである。そのように心に生じる感覚と身体に生じる変化とを厳密な一対一対応において捉えることはできない。このことの根拠は、心の本質が思いであり、身体の本質が広がりであることに存する。その上に立ってさらに、この事態は心と合一した身体の有機体としてのありさまにも関わる。身体は物質の集まりということをはみ出して、心と合一していることを理由とする有機体としての「一つ」をもっている。

心と身体の対応

心は部分に局在化しているわけではないので、身体のほぼ全部とも関わってもいる。そのような点からすれば、多くの場合に身体の一部分を失うならば、その失ったことを心は感じ取り、そのことを通して心は変様する。身体にとっての具合のよさ、具合のわるさに関わる身体変状は心

に変様をもたらす。そういう点では身体のどこの変化も心に変化をもたらしうる。しかし，脳に終着する中枢神経系の働きを汲み入れることなしに，この心と身体との相互作用を説明することはできない。その一方，個別的な身体変状を，思うものである私がどのように受け取るのかということについての身体側に生じることは，先に見たように脳の部分における変状によって説明される。

　もう一度纏めてみるならば，次のようになる。本質を異にする身体と心は，少し緩やかに言い直すならば，同じ単位をもたず，同じ文法ももたない二つのシステムとしての身体と心は，身体側の言葉で言えば，脳において相互の変換を行っている。しかし心には部分がないので，心の側の言葉でこの変換の場について語ることはできない。そのことはまた身体変状は脳という身体部分を越えて心と浸透しあっているということでもある。しかしながら，そのことを説明しようとすると，どうしても脳における変換の仕組みを汲み入れることになる。そのように脳は心との係わりにおいて特別な役割を果たす。また，心と身体との対応関係については，先に述べたような意味でゆるやかな一対一対応が保たれている。保たれていると言っても一対一対応の内実は，調べる者の関心のありようを示している。調べる者の関心のありようによって，それぞれ別個のシステムに単位が想定され，それの対応が調べられる。しかるべき装置，技術が用いられ，理論的にも支えられて，心と身体との脳における或る対応づけが見出されたとしても，その対応づけには論理的妥当性も，因果的必然性も認められない。入力と出力との間には或る程度の安定した随伴性が認められるだけである。なぜならば，身体と心がそもそも共約不可能だからである。しかしながら，この見出された対応には自然の設定と言ってもよいほど知識としての安定性がある。これが二番目に気づくことである。

神経系の問題

第三に気づくことは神経系の伝達機構における多様性である。痛みは有機体としての生命維持に関わる重要な事態を知らせる。痛みは私たちにとって説明するのにとても厄介なことがらである。なぜならば，先に見

たような極端な場合ではなくとも，他の人ならば痛がることでも，私にとっては痛くなかったり，その逆だったりすることはさほど稀ではなく生じる。また，視覚表象を無益にするためには目を閉ざせばよい。残りの外的感覚についても，ほとんど同じようにできる。皮膚接触による感覚が一番無化しにくいとしても，外界からの刺激をできるだけ減少するという試みは可能である。それに対して，痛みは，たとえば，筋肉痛，胃の痛みのように皮膚のなかで生じることの方がおそらくは多く，感覚器官を閉ざすことによって当該の感覚をなくすというようにはならない。痛みは触覚と連続した感覚のように見えながら，この点でまったく異質であるという点については先に見た。そういうわけで痛みは，飢えとか渇きとともに内的感覚として五つの外的感覚とは区別して考えなければならない。これら内的感覚について物体としての身体が原因なのか，思うものとしての心が原因なのか。どちらか一方を原因にすることができない。飢えにしても，脳内の視床下部にあるとされているいわゆる「満腹中枢」が身体の具合よさに反する指令を出してしまうことがあるというのは，よく知られていることである。もし，そうでないならば，過剰な肥満という問題は生じないはずである。もちろん，内的感覚が先にも述べたように飢え，渇き，痛みという三つに尽きるわけではないであろう。性欲もこの分類に入るであろうし，私たちが自分たちの自然的欲求や自然的傾向性をどのように分節化するのかによって内的感覚の数は増えるかもしれない。

　いずれにせよ，これら内的感覚は，身体に重心をおいて表現するならば「心と一つになった有機的身体としての私」，重心のおき方を心に据えるならば「合一体としての私」に起こることと考えなければなるまい。何かを美味しそうだと思った途端に飢えが生じ，いや，やっぱりまずそうだと思った途端に飢えが消えてしまうということもある。こうした自然的欲求あるいは自然的傾向性には心による制御が容易に効果を発揮するものから，ほとんど何の役にも立たないものまでさまざまな程度がある。喉の渇きにしてみても，ちょっとした渇きで我慢するのが容易なものから，とても我慢できないものまでである。それでも，ひどい痛みほど私たちの制御を逃れているものはない。このことは内的感覚のなかでも

痛みほど生命維持に直接的に係わるものはないということを示している。

　そこで痛みを例にとりながら神経系の伝達機構における多様性についてみることにしよう。ここでも現代の知見を参考にしながら大づかみに考えてみる[*3]。刺すような痛みについてはどこが痛いのかかなり明らかであるのに対して，焼けるような痛みはかなりの広がりをもってしまう。しかも，両者は「興奮伝達速度」の異なる神経繊維によって伝えられるために，中枢神経系から遠い部分においてはこの二つの種類の痛みは識別されるが，近い部分では識別が困難であるとされる。また或る説によって痛覚を発現するとされる「細い侵害受容繊維の興奮」がいつも同じ感じを与えるとは限らないとも言われている。その一方で，大脳皮質の「体制感覚野に触覚地図」があるという想定の下に，皮膚に受けた傷の痛みに対して識別される場所の誤差は少ないともされる。また，「痛覚受容器」は胃や腸などよりも皮膚にずっと多く分布しているとされる。生命の危険はいっそう外界にある。痛みはかなり安定して私たちに有機体維持に関する危機を告げている。しかし，いま見てきたことは，先に述べた場合の「ゆるやかな一対一対応」と同じように，この場合も身体に生じる同じ刺激を痛みがいつも同じように反映しているとまで言うことはできない。日常的な経験においても，何かに熱中していて傷ついたのに気づかずに，手に傷のあることを見て，それから痛みを感じるということもある。それとともに痛みを積極的に受容しなければ，身体維持ができないという場合もある。放っておくと重い病気になってしまうような身体症状を和らげるために注射や手術をする，などという場合である。

　こうして第三に気づくことは，身体は物体である限り法則に従っていると看做されるにもかかわらず，心と合一している身体として一つの有機体をなしており，このことに由来して，身体に生じることと心が受け取ることとの間に，さまざまな異なる状況が生じうるということである。言い換えれば，痛みに関する〈物体としての身体〉と〈思うものとしての心〉との交互作用も「ゆるやかな一対一対応」として押さえておかなければならないということである。痛みを感じていないから身体の健全

さが危険にさらされていないということにもならず，痛みを感じているから身体が健全ではないということにもならない。お腹がすいたときにいつも食べればよいというわけでもなく，喉が渇いたときにいつも飲めばよいということではない。しかし，たいていの場合には，痛みを感じたときに身体の異常に気づくということの方が私にとっていっそう具合のよいことである。たいていの場合にお腹がすけば何かを食べた方がよいし，喉が渇けば飲んだ方がよい。もちろん，そのことを実際に行為として実現するかどうかということ，あるいは，行為として実現する場合の仕方をどのようにするかということ，これらのことが，身体にとっての具合のよさとゆるやかな対応をもっているにしても，厳密な一対一の対応はむしろ許されることではなくなる。このことは個人倫理の基礎をなすことであるが，別途に論じられなければならない。

頻度といっそうよいということ

最後に気づくことは「ゆるやかな一対一対応」が認められるとしても，そのことをどのように評価したらよいのかということである。「私」とは身体と心とを合わせて一つとしてもっている存在である。これを物理的身体の方へと焦点を合わせて表現するならば，「私」とは心と合一している有機的身体ということになる。これが心と身体からなる（合成）実体としての「私」である。実体であるということは，実体の複数性に基づいて他なる諸実体の一員であることを示している。心の方へと焦点を合わせるのならば，「私」は身体と合一している思うものである。思うものの主な機能を挙げてみると，知性，意志，想像力，感覚になる。広がるものとしての身体の主な機能は運動である。思うものと広がるものとはそれぞれの本質と実在に関しては互いに他を要することがない。その一方で，相互に浸透し合いながら有機的な身体をつくっている。この有機的な身体を思うものの側から表現すれば，合一体における心である。一つの球体をイメージして欲しい。その球体が合一体としての私である。その球体を一つの方向，思うという方向に引っ張る。そうするとその球体は紡錘のような形になる。また，別の方向，つまり，広がりという方向に引っ張る。そうすると底部をなす球体は一つであっても，別

第10章 心と身体と合一体

の二つの紡錘形ができる。引っ張っているそれぞれの視点から見れば，引っ張られている部分は片方では徹底的に広がるものであり，もう片方では徹底的に思うものである。こんなふうにイメージしていただければさいわいである。いま問題にしているのは，このイメージでの下の方の部分である。二つの紡錘形が重なり合って一つの球体部分をつくっている。

そのように見た場合に「私」を心と身体の合一体としてみていることになる。一つになって見えるにしても，広がりの視点からすれば重なっていると見える部分も徹底的に広がりであり，思いの視点からすれば同じ一つの部分も徹底的に思いである。その重なって見える一つの部分については，両方の視点からの解明がなければ，解明そのものがないとともに，それだけではその部分のありさまに届いたことにならない。その最も届きにくいと思われているところに自然的欲求と傾向性の問題がある。二つの視点から見た場合のゆるやかな一対一対応ということだけではことがらの評価には至らない。一つになって見える部分の特有なありさまを組み込まなければならないからである。たとえば，痛みを評価するためには身体生理学的な説明だけでも，心の受け取る感覚についての説明だけでもこと足らない。痛みはどのような場合に生命体の維持に役立ち，どのような場合に当てにならないのか。このことが探られなければならない。この問いが一義的な，いつも同じになる答えを要求してはいないということだけはわかっている。

もう一つわかっていることがある。この問いへの答えが健康ということに向かっているということである。健康とは身心合一体にとっての健全さである。問題をもう少し持続のなかにおいてみるならば，合一体としての私にとっての比較的長続きのする具合よさである。痛みあるいは苦痛の少ない時期が或る程度長く継続するというように言い換えてもよい。痛みの問題が切り拓いたのは心と身体の重なり合って一つになっている領域，つまり，身体の痛みも，心の苦しみも，ともに苦痛であるような領域である。そうなると健康とは制御不可能な苦痛が比較的長い間不在である状態と言うこともできよう。比較的長い間というのは，おおよそ，一日とか二日を考えればよいであろう。一日というのは私たちに

或るまとまりを与えてくれるからである。寝る前に今日一日を振り返って，制御できないような苦痛をその日に経験したとしても，それが一過性のものであり，将来に影響を与えそうではなく，現にいま，制御できないような苦痛に襲われていないならば，その日は健康だったと言ってよいであろう。病気の加療中，あるいは入院中にもこのような状態になることもあるかもしれない。その場合にも，やはり，健康な一日を過ごすことができたということになるだろう。病気がなくならなければ健康ではないという基準は人間にとってきつすぎてあまり現実的ではないと考えられる。

　そういうわけで健康の獲得に役立つ苦痛は生命維持に役立つ痛みと苦しみであることがわかる。これはほとんど同語反復のように見える。しかし，私たちは生きることと死ぬことを物差しに選んだのではないということが大きな力を与えてくれる。生死は始まりと終わりである。大事なことはその間をどのように過ごすのかということである。制御不可能な苦痛を背負い込みながら生き続けない方がよい。これが人生の過ごし方において誰でもがお互いに認め合ってよいことである。個人倫理の基礎もここにある。制御不可能な苦痛を背負い込んでいる人を，もし少しでもその苦痛を和らげる可能性が見出されるのならば，私たちは遠慮なく助けることができる。しかし，どのような苦痛が制御不可能なのか。ぐるぐるまわりになるが，制御不可能な苦痛とは当人にとって制御不可能ということである。つまり，制御できるとしても他の人の手助けを借りなければ制御できない苦痛である。その人の心のありよう，人柄，体力，身体のありよう，環境，経験などによって制御可能な範囲は異なる。おそらく，人々のなかに入ってお互いに確かめ合いながら「私」がその範囲を探していくことになるであろう。このように考えを進めた上で，痛みが具合のよさを獲得するのにどのような役割を果たすのか，考えてみなければならない。

　そこで見つけるのは頻度である。そして苦痛はたいていの場合に健康の維持に役立つ。言い換えれば，苦痛はたいていの場合に「私」の健全さに対する警告である。苦痛が「私」の不全を知らせる警告として働く頻度は相当に高い。しかし，警告ではない場合もある。その極端な場合

がマゾヒズムであろう。そのような人，あるいはそのような状態において或る種の痛みは快，心地よさである。心地よさはたいていの場合具合のよさに結びついている。このことが教えているのは，痛みが警告としてではなく，痛みとして身心合一体である私にとって健康の増進に寄与する場合があるということである。痛みの場合には或る種の極端さ，たとえば，マゾヒズムを一方の極にもっている。

　これに対して，飢えや渇きが警告ではなく，心地よさに結びつく場合はさほど極端な場合ではない。満腹よりも，少しお腹がすいているぐらいの状態を丁度よい具合と感じる人も多いのではないか。それでも強い空腹感に襲われる場合には，たいてい何か食物を口に入れた方が健康上よいであろう。空腹感と食物摂取への意志とはそのようにたいていの場合は健康の維持にとってよい結果をもたらす。同じことだが空腹を感じたときに食物を摂取して具合がよくなる頻度が高い。しかし，空腹を感じて食物をとると具合がわるくなるという場合もある。通常はわるくなるという頻度の方が低いのではないか。頻度が逆転した場合には病気ということになるであろう。何も食べていないのに空腹を感じないのも，沢山食べた後なのに空腹感に襲われるのも病気である。摂食障害が起こすこのような組み合わせにおいて生じる頻度は，一般的には低い。「一般的に」とここで言うのは「通常人々の間で」という意味である。通常人々の間でよい結果が生じるような組み合わせの頻度が多くなっている。いっそうよくなる頻度の多い組み合わせが私たちの傾向性になっている。私たちは喉の渇きを感じると先ず何かを飲もうとする。もし，医師に水分補給を制限されていたならば，その渇きを制御して飲むことをやめる。これが自然的欲求と傾向性のありさまであろう。いっそうよくなる頻度が多いことを通して傾向性が形作られてゆく。性的欲求が人の成長過程において他の欲求・傾向性よりも遅れてくるということ，この欲求が内向して孤独であるということなどは，性的欲求について傾向性を身につけることの難しさと，制御の難しさを示しているであろう。

私の弱さと強さ

私たちは合一体の広がりという視点から見た事態と，思いという視点か

ら見た事態との間に、ゆるやかな一対一対応を見つけ、両者の重なり合って一つになっている部分に生じることを評価する場合の特有性として頻度ということを見つけた。心と身体が混ざり合って一つになっているような領域において生じることを、私たちは一方では物理生理学的探究により物体の限りでの身体の構造として明らかにし、それとゆるやかに対応する心に現れる事態を心の機制に基づいて心理学的（精神医学的）に解明する。それとともに、重なり合い浸透し合っている領域固有のこととして、健康・具合のよさという目的のもとにこの対応がどのような結果をもたらすのか、頻度という観点から捉える。頻度に従うということは、それに従ってよくない結果になる場合が避けられないということでもある。それでも、お腹がすいて食べたくなる方が、食べたくなくなるよりもいっそうよいことなのである。それゆえ、頻度に欺かれるということも生じうる。これを避けるためにはこれまでの経験、さまざまな知識、使うことのできる感覚を動員しながら、可能なかぎりはっきりとわかることに基づいて判断を下せばよいのである。これも普通に私たちのしていることである。昨日少し食べ過ぎたから、今日は腹六分ぐらいにしておこう、この痛みは昨日の運動による筋肉痛で、むしろ回復途上のことだから、まあ、無茶をしないで普通にしておけばよいだろう、など。

　これらは内的感覚の場合で、外的感覚いわゆる五感の場合には対処の仕方はもっと容易である。外的感覚を通して間違えるときには、通常は、感覚対象と感覚内容との隙間を知性との相互条件付けを通して適切に埋めることができていないということが生じている。しかしながら、幻視とか幻聴のような場合には事情はまったく別である。幻視、幻聴の場合には、そもそも感覚対象と感覚内容の隙間がないのだから、感覚が与える本当だという信念をどのように制御するのかということが問題になる。この制御は自分だけではほとんど不可能であろう。これらに対する制御には他人の判断を信頼することが大事な役割を果たすと思われる。それも困難な場合には制御は極めて困難になるであろう。それ以外の場合には、感覚知覚の成立には知性が既に組み込まれているので、思い込んでいることの誤りの方が問題になる。相互条件付けの問題である。と

ても簡潔に言えば，はっきりわかっていないのにそうだと判断してしまうという誤りである。誤りをできるだけ避けるためには，当該の事態について過去の多くの経験を参照しながら，多くの感覚と知性を用いて吟味をし，そのようにして得られたことがらが経験のその他の部分と矛盾したり，食い違ったりすることがないかどうか吟味すればよい。そして当該のことがらについて事態が判明するならば，そのことを疑う必要はないどころか，生きて行く上で疑ってはならない。

しかしながら，それでもなお，現に生きて行為をしているなかで判断を下さなければならないときに，私たちにはこのように吟味をする余裕が与えられていないことが多い。また判断に感情が入り交じる場合を避けなければならないが，いつもそれができるわけではない。そういうわけで，これだけの対策を講じておいてそれを実行しても，なお誤りを避けることが必ずしもできないということを肝に銘じておく必要がある。これは私たちの有限性の証拠であり，そのことはまた，私たちが他人を必要とすることの証拠でもある。逆に言えば，私たちが自分の考えを誰がどう言おうとも真であると固執しているときには，他人を無化していることになる。その場合には愛もない。失敗を怖れてはならない。

1) デカルト『情念論』「34項」(Descartes, *Les passions de l'âme*, 1649)。
2) ジョセフ・ルドゥー著（松本／川村ほか訳）『エモーショナル・ブレイン』東京大学出版会，2003年 (J. LeDoux, *The Emotional Brain*, Simon & Schuster Paperbacks, 1996)。
3) 横田敏勝著『脳と痛み』共立出版，1993年。

あ と が き

────────

　本書の完成にはずいぶんと長い歳月を要した。その長さは字義通りに終わるものではない。長い間に蓄積されてきたデカルト研究を中心にする哲学研究に培われながら思索を凝らす。何世紀にもわたって蓄積されてきた歳月の長さを包蔵する。そういう点では数えるということが意味をなさないほど多くの人々に敬意と感謝を捧げる。だが，どうしても一人だけ名前を挙げて感謝の意を表さなければならない人がいる。大西克智さんである。すべての草稿を丁寧に読んで，鋭い理解力を最も寛容に用いながら，たくさんの指摘をして下さった。記して深謝したい。もちろん，この書物の意義を汲み取って出版して下さった知泉書館の小山光夫さん，髙野文子さんへの深い感謝の念を別にして。

事項索引

あ 行

アイスクリーム　62-70, 120-1, 127, 139, 186, 211
欺く　40, 46-50, 53-5, 60, 75, 81, 85, 120, 154, 162-7, 206-7, 228, 266, 278, 294, 338
欺く者　41-3, 46-50, 53-4, 56, 60, 71, 78-9, 104, 120, 168, 250
味／味わう　23, 33, 53, 63-5, 67, 76, 94, 121-3, 161, 284-5, 288, 291-2, 312, 315, 319, 322
熱い　121-3, 181, 288, 315-6, 318
ア・プリオリな証明　243, 255, 269, 270-1
ある　49-50, 54-5, 70-1, 74-5, 99, 107-8, 114, 120, 129, 141, 143, 145, 154, 158, 165-6, 169, 173, 176-7, 193, 200-2, 206, 208, 223-4, 226-8, 231-3, 235, 240, 243-4, 248-51, 253, 267, 275-9, 296-7, 306, 312
誤り　84, 96-7, 122, 124, 135, 161-2, 164, 167, 169-78, 184, 189-90, 192-6, 201, 207, 228, 244, 252, 276, 294, 309, 321-5, 338-9
意見　12-20, 36, 39, 43, 46-8, 50, 55-7, 91, 106, 156, 187, 192, 206
意志　10, 60, 82-3, 91, 92, 94-5, 119, 163, 165-7, 176-91, 193, 196-8, 201, 228, 250, 288, 290, 293, 302-4, 322-3, 334, 337
意識　146, 181, 263, 270
異他性／異他的　230-1
痛み／痛い　284-7, 290-2, 312-5, 317-8, 320-1, 330-8
位置　53, 121, 126-7, 161, 199, 211, 213, 215, 216-7, 221, 228, 231, 243, 253, 275, 299, 327, 328
いっそうある　103, 109, 189, 249
いっそうものである　101, 108-9, 114, 249
いっそうものらしい　100, 103, 111, 117, 127, 135, 137, 148
意図　34, 37, 95, 164-5, 172, 175, 238, 324, 325
イメージ　58, 74, 76, 268, 269, 335

色　60, 63-8, 121-3, 161, 284-5, 288, 290, 302
因果的必然性　331
因果の規則　107, 109-12, 115, 120, 146, 304-6
因果の系列　305
飢え　287, 289-91, 314-5, 317, 320-1, 323-4, 332
嘘　163-5, 313
疑い／疑う　10-1, 14-20, 26, 33-4, 37, 39, 42-3, 46-50, 53-7, 59-61, 70, 74-83, 117, 144, 156, 185, 187, 207, 231, 250, 286, 291-2, 295, 299-300, 311, 316, 317, 339
疑いの道　20, 37, 40, 47-8, 54, 56, 59, 71, 101, 136, 187, 206, 228, 275, 285, 292, 297
疑わしい　14, 20, 33, 35-6, 41, 48-9, 52, 54, 57, 77, 80-1, 117, 293
運動　28, 121, 126-7, 135, 211, 213, 216, 224, 230, 274, 288, 297, 299, 302, 312, 327, 329, 334
永遠真理　226, 232, 231
永遠性／永遠的　101-2, 227, 231, 235, 236, 239, 248, 262, 267, 276
選び取る、選ぶ　176-80
延長　126, 211-3, 215-7, 224, 231, 265, 267, 274
恐れ　47, 82-4
音　27, 60, 63-5, 67, 93, 94, 121, 284-5, 288, 290, 292, 303-4, 308, 312, 315
重い／重さ　18, 109, 113, 305
思い／思う　7, 17-8, 22-6, 28-9, 35-6, 46-50, 52-6, 58-61, 63-5, 67-71, 74-8, 80-5, 89-98, 100, 104-7, 111-3, 115-24, 126-7, 134, 137-8, 140, 144-6, 148-52, 156, 159-61, 164, 167-8, 172-3, 177-8, 183, 185, 187, 195, 197-201, 206, 209-24, 227, 230-2, 235-45, 247-8, 250-3, 255-63, 265-6, 269-70, 275-7, 282-92, 296-8, 300-2, 306, 308, 312, 314, 316, 319, 321, 322, 327, 329-30, 334, 337
思い描く　57-8, 61, 64, 70, 75-6, 83, 89, 121, 156, 180, 186, 212-6, 219-24, 226-7, 229, 233, 237, 247, 263, 267, 279-85, 301,

303
思い込む　　28, 77, 106, 246, 289-90, 338
思い出す　　61, 120, 126, 180, 220-3, 236, 262, 265-6, 268-70
思いの分類　　81
―― の領域　　71-2, 74-7, 80, 82-4, 90-1, 95-6, 107, 115-20, 122-28, 134, 138-40, 145-6, 148-50, 161, 167, 176-7, 180-3, 186, 195, 197-8, 207, 209, 211, 213-5, 224, 226, 232, 236, 239-41, 255-6, 276, 298, 300, 304, 321
―― の様態　　98, 112, 116, 148, 195, 199, 236, 314
思うもの　　55, 59-61, 69, 71, 75-6, 104, 115-7, 119-20, 125-7, 129, 139, 143, 146, 147, 149, 151, 156-8, 177, 186-7, 207, 209, 282, 298-9, 303, 306-7, 327, 331-5

か行

懐疑理由　　47, 53
蓋然的　　283, 303
外的感覚　　182, 291, 315-7, 319-22, 332, 338
外的命名　　325-6
概念　　105-6, 214, 220, 244, 246, 252, 327
外来観念　　85, 89-90, 92, 96-7
香り　　23, 53, 63, 67, 76, 94, 121-3, 161, 288-9, 291, 312, 315, 318, 322
科学／科学者　　27-8, 30, 71
科学的意見　　35, 43, 206
嗅ぐ　　33, 308, 319
確実／確実性　　13, 37, 54-5, 61, 70-1, 79, 115, 117, 120, 125, 127-8, 145-6, 185, 187, 208, 255-9, 261-2, 269, 271, 274, 283, 292, 299, 311-2
学問　　28-30, 46, 90, 167, 203, 208, 231, 241, 253, 255, 269, 271, 274-5, 280, 317, 319
欠けている／欠いている　　135-6, 145, 154, 157, 169-71, 189-90, 243, 246
数　　32, 46, 80, 109-10, 121, 126, 130-2, 213, 215, 224, 227, 311-2
形　　53, 58, 63-8, 121, 126-7, 139, 186, 211-3, 215-7, 221, 226, 234-5, 245, 280, 288, 290, 297, 299, 311-2
可能性／可能的　　24, 29, 34, 39, 41, 46-7, 58, 64, 77, 83, 90, 132, 140-1, 149, 151, 159-60, 163, 165, 167-8, 170-2, 183, 186, 189, 194-5, 200-1, 208-10, 214, 227-8, 234, 238, 257, 268-9, 274, 277-8, 293, 299, 304, 306-7, 312, 319, 327-30, 332, 336, 338
可能態　　140-1
可能的実在／実在可能　　277, 297, 300
可能的世界　　228-9, 231, 242
神　　41-2, 46-7, 101, 140
渇き　　47, 287, 289, 291-2, 313-5, 317, 320-1, 323-7, 332
考え／考える　　8, 12-3, 20, 39, 46-7, 50-52, 54, 59-60, 65-6, 68, 70-1, 77, 86, 89, 91-4, 96-7, 100, 105-6, 108-9, 111-3, 118-20, 126, 134, 140-1, 145, 153, 162, 164, 168-9, 173, 183, 187, 193-4, 211, 216-7, 222-3, 228-30, 237, 242, 244, 246, 248-51, 253, 263-8, 289, 291-3, 295, 300, 302, 308-9, 311, 314-5, 317-8, 322-4, 326, 328-30, 336, 339
感覚　　5, 12, 22-5, 30, 33, 53, 59-61, 63-5, 67-9, 71-2, 75-6, 80, 94, 120-1, 147, 152, 156, 181, 199, 211, 228-9, 234, 240, 244, 246, 263, 266-7, 275-6, 280, 283-6, 288-90, 292-3, 295-6, 298-301, 303-5, 307-11, 313-5, 317-21, 323-4, 327, 329-30, 332, 334-5, 338-9
―― 器官　　53, 56, 64, 94, 152, 234, 287, 332
―― 対象　　320, 338
―― 知覚　　76, 291, 315, 318, 321, 338
―― 内容　　12, 65, 75-6, 80-1, 293, 304, 320, 338
―― 的意見　　25-6, 28, 30, 35, 43, 84, 206
観察　　56, 91, 106, 119, 221-2, 318, 329-30
感情　　82-3, 221, 287, 289-90, 330, 339
感じる　　12-3, 22-3, 25-8, 30, 36, 43, 48, 52-4, 60-1, 63, 70-1, 76, 91-2, 94, 106, 122, 124, 138, 150, 156, 158, 177, 180-2, 207, 222, 286-90, 292-4, 299, 304, 309, 313-4, 316, 320, 323-4, 326-7, 330, 333-4, 337
間接性／間接的　　308-9, 318
完全　　109-10, 115, 137, 141, 143-4, 147, 168-9, 173-4, 189, 194, 200, 243-4
完全性　　110, 115-6, 140, 146, 194, 251-2
観測　　28-9, 90
観念　　77, 81-5, 89-90, 93-8, 100-1, 106-7, 110-25, 127-8, 134-40, 143, 146, 148-54, 157, 162-3, 168-9, 176, 181, 185, 207-8, 211-2, 215-8, 226-7, 229, 232-6, 239, 243, 245, 248, 250, 253, 255-6, 260, 267-8, 276-8, 288, 296-9, 302, 304-7

事項索引

願望　14, 136
偽　16, 36, 41, 46-8, 53, 60, 75, 78, 80-4, 87-8, 115, 121, 138, 140, 164-7, 170, 177, 180, 183, 185, 187, 190-3, 197-8, 202, 228, 230, 235, 239, 252, 266, 294, 313
記憶／記憶力　193, 208, 222, 259, 261-4, 266-7, 269-70, 274, 288, 329
機械　33-4, 51-2, 111, 324
幾何学　33, 236, 245-6, 255, 263
聞く／聞こえる　22-4, 27, 33, 53, 60, 76, 89, 92-4, 152, 285, 287-8, 291-2, 303, 307-8, 319, 322
起源　39, 41, 79, 104, 134, 138, 158, 162-3, 165, 189, 202, 265-6, 269, 271, 292, 294
基準　11-2, 37, 159, 199, 208, 234-5, 239, 267, 274, 278, 296, 326, 336
規則　28, 36, 43, 234, 236-7, 239, 261, 304
帰属の明証性　232, 241, 243, 248, 255, 274, 276-7, 296, 300, 311
希望　71, 137, 144, 322
嗅覚　291, 308
強度　16-20, 242, 255-6
共可能性　277
共同体　7-8, 126
共約不可能　230, 331
虚偽　115, 122, 124, 164, 167, 171, 174, 190, 192-3, 198, 265, 322
議論の底　88, 152-3
具合のよい／具合のわるい　286, 315, 319-20, 325-6, 328, 330, 332, 334-8
空間　7, 10, 53, 58, 132, 135, 226-7, 229, 233, 243, 262, 265, 267-8, 274, 278, 281-2, 284-5, 302, 311-3, 315-6, 322, 328-9
偶性　99
偶然／偶然的　16, 41-2
経験　6, 8-9, 55, 74, 78, 142, 172, 180, 185-6, 195, 201, 290-2, 303, 333, 336, 338-9
傾向性　94, 147, 172, 239, 288, 317, 335, 337
計算　32-8, 40-2, 78, 132, 206, 281, 292
形而上学　104, 135, 139, 146, 154, 160, 177, 229-30, 246, 250, 255-8, 275, 280, 286, 305
形相的　114, 305
　　──虚偽　124
　　──実象性　110-1, 113-4, 304, 306
結果　46, 90, 104, 107-12, 114-6, 142, 146, 149, 154, 166, 183, 190-2, 228, 235, 250, 257-8, 260-1, 304, 308, 318, 323, 326, 337-8
欠陥　124, 138, 143, 150, 170, 189

欠損　171, 193
欠如／欠乏／欠点　122-3, 135, 137, 143, 169-70, 189-93, 196-7, 201, 228
結合の必然性／必然的結合　208, 254, 269-70, 274
結合体　57
原因　39-40, 83, 95-6, 104-16, 124-5, 127, 141-3, 147, 149-51, 154, 157-8, 161-3, 170-7, 184, 189, 191, 193, 197-8, 200, 247, 249, 251, 254, 269, 278, 285, 296, 304-5, 307, 313, 326-7, 329, 332
幻覚　25, 293
幻視　308, 338
幻聴　303, 307-8, 338
言語　30, 37, 51, 96, 123, 215, 304
健康　11, 321, 323-6, 335-8
健全　328, 333-5
現実　16, 26-7, 29-30, 32-3, 36, 43, 58, 75-6, 82, 84, 86, 89, 91, 111, 140-1, 179, 181, 183, 229, 266-7, 277, 336
現実態　140-1
現象　28, 30, 43, 97, 105-6, 111, 208, 276, 280, 311-3, 315, 317, 319, 321
原理　14, 203, 277
行為　5-10, 12-3, 15, 20, 159, 164, 180, 183-4, 314, 334, 339
合一体　315, 317-21, 323, 326-30, 332-5, 337
合成　56-7, 89
恒常的虚偽　168
肯定　59, 81, 84, 96-7, 115, 137, 156, 161, 167, 170-1, 177, 180, 183-8, 191, 197-8, 201, 207, 228, 265, 299, 313-4
行動　6-7, 9-10, 12
心地よい／心地わるい　287, 289-90, 315, 317, 337
心　55, 59-61, 64, 69, 71, 76-9, 83, 105-7, 156, 181, 255, 258-9, 264, 275-6, 279-81, 283, 289-90, 296, 298-301, 305-6, 309-10, 313-6, 319, 321, 323, 326-36, 338
言葉　33, 55, 69-70, 99, 135, 164, 181, 212, 216, 222, 248, 249, 252, 266, 282-3, 287, 304, 320, 331
個体　29-30, 64, 214-5, 221
個別性／個別的　8, 212-5, 217-8, 221-2, 229, 233, 235, 239-40, 243, 305, 312-3, 317, 328, 331
個物　233, 235, 240, 298, 311
誤謬　170, 197-8

固有性　　51, 161

さ　行

作為観念　　85, 89-90, 97
作者　　79, 101-2, 104, 118, 120, 128, 134, 138, 144, 158, 162-3, 189, 231, 237, 266, 292, 324
錯覚　　22, 24
作用／作用性　　206, 290, 303, 329
作用的で且つ全体的な原因　　107-12, 114, 128, 138-9, 141, 143-6, 149, 304, 306
作用能力　　303-4
視覚　　27, 90-1, 95, 291, 308, 332
時間　　7, 10, 37, 47, 65, 99, 102, 138, 209, 222, 227, 231, 259, 265, 267, 269, 311-2, 326
しきたり　　6-8, 10-2, 70, 77, 106, 316-7
刺激　　52, 84, 95, 287, 289, 293, 301, 304, 315, 329, 332-3
思考　　46, 153, 157, 168, 186, 206, 209, 229, 238, 254, 281
志向性／志向的　　82, 179, 263, 269
自己原因　　254, 269
自己参照的　　229-30
自己知　　58, 302
事後性　　256, 259, 261-2
自然　　30, 46, 91-4, 115, 173, 196, 222, 245, 290, 293, 311, 313-6, 319, 324-6
―― 科学（者）　　28, 30
―― 学　　275-6, 311
―― 現象　　29, 43, 312, 317
―― 的傾向性　　332
―― 的衝動　　323-4
―― 的欲求　　93-4, 119, 293, 317, 322-3, 325, 332, 335, 337
―― の誤謬　　323
―― の設定　　331
―― の秩序　　313, 318, 324
―― の光　　92, 94, 107, 115
―― 法則　　10, 317
持続　　121, 125-6, 213, 216, 224, 264-5, 269, 326-7, 335
実験　　28-9, 76, 90
実在／実在する　　25-7, 29, 32, 49-51, 53-6, 58-9, 70-1, 74-5, 78-9, 96-8, 100-2, 104, 107-8, 112, 115-8, 120-1, 125-9, 132-5, 139-40, 143, 145-9, 151, 154, 157-9, 164, 172-3, 177, 185-6, 191, 200-3, 206-8, 210, 214, 223-4, 231-3, 235, 240, 243-56, 262, 264, 267, 269-71, 274-80, 282-5, 294-307, 309-11, 315, 318, 321, 327, 334
実在可能性　　277, 298
実在措定　　211, 213-4, 244, 246, 251
実在の必然性　　254, 269-70, 274, 296
実象性／実象的　　100, 103, 107-17, 120, 127-8, 134-5, 137-9, 141, 143, 146, 148-50, 243-4, 249, 255, 270, 298, 304-7, 309
実象の区別　　275, 297-8, 300-1, 309, 327
実象内容　　113-4
実生活　　→ 生活
実体　　99-101, 103, 107-9, 111, 121, 125, 127-8, 134, 137, 144, 147-8, 200, 202, 244, 248, 257, 277, 300-1, 304-7, 309, 334
質料の虚偽　　122, 124, 137-8, 150, 181
自発性　　51
自明的／自証的　　19, 236, 237
私秘性　　13
社会性／社会的　　13, 15, 30, 35-7, 39, 43, 51, 86, 106, 126, 179, 221, 239
尺度　　5-6, 10-2, 17-9, 242, 255-6, 265, 269, 283
自由　　9, 51, 180-1, 183-6, 247-8
習慣　　6-8, 10-2, 195, 223
習性　　196
主語　　98, 241-2, 269, 276
述語　　98, 241-2, 251, 269, 276
受動性／受動的　　54, 83, 181
受容　　92, 95, 309, 321, 333
―― 能力　　302-4, 306, 315
準現前化　　267
順序　　14, 58, 81, 84, 207, 217-8, 226, 234, 249, 258-62, 268, 270, 282, 285, 297
純粋数学　　219, 231, 233, 239-40, 255, 269, 276-8, 280, 284, 311-2, 317
純粋知性　　280-2
しようとする　　59, 82, 84, 166, 179, 288, 327
証明　　32, 139, 142, 146, 151, 159, 177, 185, 208, 236, 243, 252, 262, 264, 274, 296, 299, 301, 309-10
触覚　　121, 291, 308, 320, 332-3
知る　　14-16, 20-5, 33, 40, 47-8, 50, 54, 57-61, 70-1, 76-7, 86, 88, 111, 127, 129, 133-7, 140-1, 144, 146, 148-9, 151-7, 159-66, 170, 172-3, 175-82, 184, 186, 189-91, 193, 196-203, 207, 212, 215-6, 219-20, 223-4, 228, 232-4, 237, 243-4, 256, 260, 263, 267-9, 278, 281-3, 286-9, 291-2, 294, 296-301, 304, 306, 314-6,

事項索引　347

318, 320, 327, 329, 331
真／真理／真理性　4-5, 33-4, 37-40, 42, 46-7, 55, 59, 61, 71, 75, 77-84, 86-8, 90, 92, 96-7, 104, 107, 115, 138-40, 149-52, 154-6, 159, 161-65, 167-8, 170-1, 174-5, 177-8, 180-1, 183, 185, 189-93, 196-203, 206-9, 224, 227-32, 234-40, 243, 255-8, 261-3, 265-7, 270-1, 275, 278, 307, 312-3, 316, 319-20, 339
真実　59, 78, 92, 164, 313, 315
身心合一　257, 276, 317, 335
身体　9, 48, 52, 54, 105, 108, 159, 181, 275-6, 285-91, 298-302, 305, 309-10, 313-6, 319-36, 338
神経　25, 52, 318, 329, 331, 333
──変状　331
信頼　14, 20, 34-5, 38-40, 43, 47, 56, 78, 170-1, 173-4, 285, 291, 324, 338
推論　105, 208, 236-7, 239, 244, 252, 260-3, 269-70, 274
数学／数学的／数学者　30, 32-3, 36-7, 46, 56, 71, 77-8, 208, 212-3, 220, 222, 224, 231, 233, 241-3, 255-7, 266-7, 269, 274-5, 279, 296-7, 301, 311
数学的意見　32-5, 41-3, 56, 206, 292
数学的真理　37, 39, 42, 78, 107
すべて　36, 102, 119, 129-37, 141, 144, 146-9, 151, 154, 168-9, 178, 193, 195, 252-3
すまいとする　59
する／しない　182, 184-5, 187-8, 191
生活／実生活　6, 10, 20, 28, 39, 47, 71, 86, 106, 111, 316, 324
省察　159, 186, 207, 228, 267, 274-5, 284, 294, 296, 298, 301-2, 305, 312
性質　99, 111-3, 119, 121-2, 125, 127, 134, 149-50, 244, 247, 288, 312
精神　55, 59-61, 68-72, 81, 116-9, 156-7, 207, 244
──の洞察　67-9, 120, 211
──の眼　67-8, 76
制度　4, 12, 96
生命（維持）　6, 29, 51, 319-22, 331, 333, 335-6
世界　23, 25, 27, 29-30, 32-3, 36, 41, 43, 47-8, 51, 60, 70, 91, 115-7, 126, 129, 147, 151, 158-9, 161, 167, 173-5, 177-8, 182, 190, 194, 199, 203, 207, 213-4, 224, 227, 229, 232-3, 235, 240, 242, 250, 257-8, 267, 275-9, 313,

317-8
──内存在　161
絶対的　190, 203
──他　79-81, 83, 100-2, 104, 108, 117-20, 127-8, 134-5, 137-41, 143, 146-7, 149-52, 154, 156-68, 170, 172-3, 175-7, 185-6, 190, 199-200, 202, 206-8, 210, 224, 228, 231-2, 234, 237, 241, 243-52, 254-8, 263-4, 269-71, 274, 278, 294, 296-7, 301, 304-7, 313
説得力／説得する　8-9, 40, 47-9, 183, 196, 237-8, 256-7, 261
説明　6, 8, 29, 53-4, 61, 87, 89-90, 96-7, 105, 111, 118, 127, 129-30, 142, 168-71, 221-2, 235, 237, 241-2, 254, 257-62, 267, 277, 286, 301-2, 305-6, 324, 327, 329-31, 335
善　154, 313
全体　52, 54, 110-1, 173-5, 194, 206, 231, 302, 315, 328-9
──的原因　108, 111, 114
全知　101-2, 118, 128-9, 139, 141, 149, 189, 193
全部　329-30
全能　101-2, 118, 128-9, 139, 149
先入見　11-3, 187
像　30, 58, 64, 90, 156, 215, 226, 247, 279, 282, 301, 303
想起／想起する　126, 180, 221
想像／想像する　52, 56-60, 64-5, 67-9, 71-2, 75, 80, 83, 121, 156, 180, 207, 213, 215-7, 224, 226-7, 234-5, 243, 247, 265, 267-9, 279-86, 299-302, 327
想像内容　75-6, 80
想像力　64-72, 120, 186, 211, 213, 215, 226-7, 229, 231, 233, 236, 239, 266, 270, 274-6, 278-81, 283, 296, 312, 317-8, 334
属性　244, 300-1
そのつど性　209
逸れる　262, 265-6, 268, 270
存在／存在する　42-3, 46, 48, 88, 100, 106, 120, 164, 169-70, 200-2, 214, 240, 248-9, 251, 271, 296-8, 304-7, 309, 313, 334
存在依存性　276
存在者　13, 46, 151, 177, 182, 249
存在措定　75, 244
存在論　88, 271, 305
──的証明　251-2

た 行

対象　15, 17, 29-30, 43, 71, 82, 90-2, 100, 120, 141, 152, 156, 159-61, 177, 181, 183, 190, 199, 217, 224, 234-5, 239-40, 255, 257, 263-4, 269-70, 276-8, 280, 284, 309, 311-2, 317, 320-1, 329
―― 的実象性　99-100, 107, 110-5, 117, 127, 137, 141, 149-50, 304-5
大脳　→ 脳
確かさ／確かに／確かな　12, 14-21, 25, 29, 36, 41, 43, 46-50, 52, 54-8, 60, 69-71, 74-7, 80, 97, 115, 122, 134, 136, 138, 156, 158, 172, 177, 207, 208, 220, 236, 255, 257, 259-63, 265, 269-71, 275, 284-5, 292, 297-9, 314-5, 318
正しい／正しくない／不正な　5-6, 23, 36, 38-40, 42, 131, 154, 160, 165, 167, 170, 173, 189-93, 197-201, 228, 278, 294, 306-7, 316-7, 321, 324-5
妥当／妥当性　10, 186, 236, 252, 257, 266, 319, 331
他人／他の人　6, 10-12, 35, 37-8, 40, 93, 105, 151, 157-9, 163-4, 183, 186, 194, 257, 307, 309, 332, 336, 338-9
魂　52
多様性　75, 329, 331, 333
単純　28-9, 39, 46, 56, 78, 90, 96, 277, 314
知　16, 30, 37, 41, 51-2, 54, 58, 75, 78, 117, 120, 151-2, 160-1, 171, 184-6, 188-9, 191, 195-8, 201-3, 206-7, 212, 215, 217, 229-30, 234, 236-7, 239, 258, 261, 263, 270, 278, 283, 287, 297-8, 301, 318
知覚　53, 69-70, 90, 139-40, 149, 160, 176-7, 180-1, 197-201, 215, 231, 265, 268, 277-8, 285-6, 288, 329
知見　24, 90, 97, 211, 221-2, 237-8, 329, 333
知識　15, 21, 24, 39, 71, 79, 88, 99, 109, 140, 153, 156-7, 159, 162, 167, 190, 203, 206, 208, 215, 234, 236, 241-2, 253, 262-3, 266, 269, 271, 274, 292, 317, 331
知性　55, 59-61, 68, 70-1, 120, 127, 156, 176-8, 183-7, 189, 191, 193, 197, 211-3, 215, 224, 227, 229, 233, 236, 239, 275-6, 278-9, 281-2, 284, 289, 295-6, 298, 302, 305, 311-2, 315, 317-21, 334, 338-9
地勢学　245-6, 255

知総体　228-31, 275, 278
注意　4, 25, 157, 171, 173, 203, 235-6, 239, 259-60, 263-5, 269-70, 287, 303, 326-8
中枢／中枢神経　52, 331, 333
聴覚　291, 308
直接性／直接的　307-9, 311, 315, 321-2, 333
作り手　34, 40-1, 43, 47-8, 50, 78-9, 101-2, 104, 107-8, 109, 165, 168, 171-2, 206-7, 228, 232
冷たい　121-4, 138, 181, 288, 315
度合い　100, 108-10, 113, 115-7, 137, 149-50, 164, 249, 255-6, 297, 305-6, 309
同意　9, 187, 191, 193, 195
同一性　64, 126, 237
同型性　228-9, 230-1
当事者　7-8, 20
到達不可能性　230-1
動物　9, 51, 87, 118-9, 127, 260
時　8, 20-1, 48, 53, 66, 68, 75, 102, 145, 156, 162-3, 195-6, 222, 239, 261, 265-6, 269, 313, 324-5
特殊　214
特性　212, 218, 220, 223-7, 229, 232-3, 235-6, 239-41, 243-4, 246-8, 251, 253, 255, 259, 267-9, 274, 276, 280-1, 296-7, 318-9, 322, 328
特有性　40, 119, 280, 302, 338

な 行

内的感覚　182, 291, 314-7, 319-22, 332, 338
為そうとする／為すまいとする　156, 207, 299
納得　9-10, 35, 39-40, 91, 96, 106, 185, 256-7, 288
習い　196
慣わし　6-8, 10-2
肉体　178, 181
人間　10-1, 34, 36, 43, 51-2, 69, 81, 87, 96, 111, 118-9, 127, 136, 156, 196, 257, 260, 276, 309-10, 325, 336
―― 精神　69, 156-7, 159-60, 207
認識　54, 58, 74, 76-7, 79, 92, 120, 144, 170-1, 176, 189-90, 206, 224, 235-6, 271, 293, 297, 306
願い　48, 128
脳／大脳　52, 54, 90, 318, 329-32

事　項　索　引

能力　35, 37-43, 47, 51, 56, 66, 69, 78, 90, 94, 123, 144, 154, 162-3, 165-71, 173, 176-8, 180, 186, 189-92, 194-6, 206, 237, 255, 260, 270, 278, 292-4, 300-4, 306-7, 309, 319, 322
望む　84, 136-7, 144, 152

は　行

場所　8, 20-1, 53
発見　222-4, 237-9, 257-9, 262, 267, 282
範型　208, 241-2, 253-5, 269, 274, 326
判断　20, 40, 53, 57, 68-70, 77, 82-4, 93, 96-7, 115, 122, 124, 138, 160-1, 167-73, 177-8, 180, 183-9, 191, 193, 195-200, 207, 225, 228, 237-8, 257, 291-4, 301, 309, 320-1, 338-9
反復　196, 201
判明　55-6, 58, 70, 76, 138, 149, 154, 156-7, 162, 186-7, 193, 211, 213, 224, 242, 267, 274, 288, 304-5, 319, 321, 339
非決定　182-4, 186-7
必然性　208, 241-2, 253-6, 258, 269, 274
必然的　115, 203, 247-8, 252, 283, 305
　　── 結合　→ 結合の必然性
　　── 実在　244, 251
否定　46, 48-60, 63, 81, 84, 115, 135-7, 145, 147, 156, 170, 172, 180, 183-5, 187-201, 207, 231, 234, 242, 252, 255, 270, 299
秘匿性　12-3
病気　11, 324-6, 333, 336-7
表現　28, 68, 92, 98-100, 102, 105, 109, 114-7, 120, 125, 130-5, 147, 156, 177, 186, 212, 214-5, 219-20, 222, 227-8, 230, 232, 236, 239, 241-4, 248, 250, 256, 261-3, 265, 268, 277, 280-1, 287, 289, 298, 305-6, 318, 321, 323, 327-8, 332, 334
広がり　58, 66-8, 120-1, 125-8, 139, 149-50, 157, 211-2, 215-8, 220, 224, 226, 232, 264-5, 274-5, 278, 284, 297, 299, 302-3, 305-7, 309, 318, 327, 330, 333-5, 337
頻度　334, 336-8
不安　82, 158, 287
フィーリング　74, 76
複合　29, 56, 313, 315
複雑　28-9, 43
物質／物質的　36, 57, 90, 105, 207-9, 211-3, 215-6, 224, 227, 229, 231-3, 240, 265-7, 269, 274-8, 284, 296, 300-1, 305, 307, 309, 311, 313, 330

物体／物体的　32, 52-4, 63-4, 67, 70-1, 105, 107, 117-21, 124-8, 130, 139, 149-50, 156-8, 161, 181, 186-7, 199, 207, 208, 211, 217, 224, 232, 254, 274-80, 282-90, 295-6, 298-301, 303, 305-12, 315-9, 322, 325, 327, 332-3, 338
物理／物理的　94-5, 97, 105-6, 280, 334
物理学　28, 31, 122, 231, 240, 245, 255-6, 276, 310-2, 338
物理現象　27, 29-30
部分　173-4, 194, 206, 216, 252, 290, 325, 328-31, 335, 338-9
不変／不変的　209, 227, 235, 239, 248, 267, 270
不変にして永遠な本質　227, 235, 248, 267, 276
触れる　23-5, 33, 53-4, 56, 61, 63, 67, 76, 93-4, 158, 240, 286, 288-9, 291-2, 308, 316, 319-20
文化　12, 30, 46, 52
変化　63-8, 102, 111, 121, 123, 145, 156, 195, 227, 231, 240, 315, 318, 327, 330-1
変様　8, 10, 251, 330-1
包括的に把握する　149
包括的把握の不可能性　163, 171-2, 175, 202, 232, 278
法則　7, 43, 324, 333
方法　14, 88, 159, 186, 237, 329
　　── 的基準　139, 149-50, 185-6
保証　40, 43, 47, 78, 90-1, 150, 154, 163, 167, 186, 199, 201, 206, 208, 255, 261-2, 266, 270, 278, 294, 307
本質　58, 117, 149, 154, 157, 179, 195, 199, 201, 207, 209, 211-3, 216-7, 231, 235-6, 244-5, 250-1, 253-4, 259, 265-7, 269, 271, 274-5, 282, 296, 298, 305, 307, 318, 327, 330-1, 334
　　── 領域　208, 240, 243, 248, 255-7, 259, 263, 269, 274, 276-8, 296-7, 300-2
本性　10, 53, 70, 194, 196, 223, 226, 270, 276, 312-3
本有観念　85-6, 89-90, 97, 152-3, 208, 215, 217
本有的　253

ま　行

間違える／間違い　4-6, 12, 20, 22-4, 26, 34-5, 39, 41-2, 46, 48, 55, 59, 69, 71, 77-8,

83-4, 91-2, 121-4, 130-2, 159-61, 163-5, 167-77, 184, 190-5, 201, 237, 266, 278, 291-2, 294, 307, 313, 321-2, 324, 338
味覚　291, 308, 322
蜜蠟　62
見る　18, 22-7, 30, 33-5, 46, 48, 53, 56, 58, 60-1, 67-70, 75-7, 80, 89-91, 93-5, 97, 99, 119, 121, 130, 152, 157-8, 181, 216, 229, 246, 275, 281, 283, 285-6, 288-9, 291-3, 302-4, 307-8, 314, 316, 318-9, 321, 333
無　109, 135, 151, 168-9, 200, 235, 254, 313
無依存性／無依存的　128, 134, 139, 146
無限／無限性／無限的　101-2, 118, 128, 133-7, 139, 141, 143, 146-9, 152-4, 157, 159, 161, 164-5, 168-9, 171-2, 175, 203, 207, 210, 212, 232, 243, 248-9, 251-3, 258, 269, 271, 278, 297, 305
無限実体　101-3, 108-9, 128, 134-5, 137, 139, 148, 244
無際限　66, 133, 141, 146, 182, 235, 264
矛盾　202, 206, 229-30, 277-8
無名性　139-40, 150-1, 255
明証性／明証的　70, 149-50, 159-60, 167, 186, 199-200, 208, 235, 239, 254-8, 260-2, 266, 269-71, 274, 277-8, 296-8, 311
明晰　78, 235-6, 312
明晰判明　76-7, 79-80, 90, 121, 125, 138-40, 149, 159-61, 176-7, 184-89, 191, 193, 195, 197-202, 211, 220, 223-4, 228, 231-4, 239-41, 243, 255-9, 265-6, 268-70, 276-8, 283, 296-9, 301, 311-2, 318
目覚め　26, 28, 30, 32-3, 43, 46, 53-4, 107, 275, 292, 309
妄想　25, 293
目的　95, 120, 172-3
物差し　6-7, 9-11, 13
ものの観念　81, 84, 117, 121-2, 137-8, 150, 181
ものらしさ　100, 110, 112-3, 116, 137, 148

や～わ 行

有機体／有機的　328, 330-4
有限実体　101-2, 108-9, 134, 137, 139, 148
有限性／有限的　109, 134, 137, 141, 143, 147-8, 151-3, 168, 171-73, 182, 189, 191, 193, 200, 203, 212, 231-2, 243-4, 274, 278, 322, 339
夢　26-7, 30-1, 33, 35-6, 43, 46, 53-4, 56, 58-60, 71, 75, 91, 207, 266
よい　9, 174, 184, 190, 194, 287
善さ　170, 174
様態　99-101, 103, 107-9, 111, 137, 195, 244, 277, 300-1, 321
欲求　94, 287, 289, 325-6, 314
喜び　250, 287, 289-90

リアリティ　100, 138, 146, 148, 249, 255, 298
理性　9, 51, 55, 59, 61, 93-4, 293
理由　7-11, 13, 15-7, 19-20, 24, 29, 33-6, 38-43, 46-8, 53-6, 60, 75, 77, 79-80, 83, 85, 91-4, 96, 104-7, 111-2, 118-9, 122-4, 137, 139, 141, 149, 154, 156, 161, 165, 167, 175, 182, 184-5, 187-8, 194, 199, 203, 206, 231, 252, 254, 258, 260, 262, 283, 285, 287-92, 294, 297, 300, 304-5, 307, 319, 330
理論　28, 30, 90-2, 97, 305, 309, 329, 331
了解可能性　11
凌駕する仕方　110, 115, 127-8
歴史（的）　8-9, 36, 147, 220-1, 239
論証　154, 217, 233, 235, 237-9, 241, 253, 258
── 可能性　274
論理／論理的　28, 105-6, 118, 208, 229-30, 242-3, 255, 309
論理学　30, 317
論理法則　317

忘れる　141, 182, 208
「私」性　8
私の内　116, 177, 186, 211, 227, 240, 244, 250
私の外　98, 116, 118, 160-1, 177, 186, 199, 207, 210, 223-4, 227, 233, 235, 240, 246-8
悪い　9, 287

村上 勝三（むらかみ・かつぞ）
1944年に生まれる。東京大学大学院博士課程満期退学。
東洋大学文学部教授。文学博士。
〔業績〕『デカルト形而上学の成立』（勁草書房，1990年），
『観念と存在――デカルト研究1』（知泉書館，2004年），
『数学あるいは存在の重み――デカルト研究2』（知泉書館，
2005年），デカルト研究会編『現代デカルト論集Ⅰ, Ⅱ, Ⅲ』
（編著，勁草書房，1996年），『真理の探究』（編著，知泉
書館，2005年），ほか。

〔新デカルト的省察〕　　　　　　　　　　　　　ISBN4-901654-75-6
2006年6月15日　第1刷印刷
2006年6月20日　第1刷発行

著者　村上勝三
発行者　小山光夫
製版　野口ビリケン堂

発行所　〒113-0033　東京都文京区本郷1-13-2　株式会社 知泉書館
　　　　電話 03(3814)6161　振替 00120-6-117170
　　　　http://www.chisen.co.jp

Printed in Japan　　　　　　　　　　　　　　印刷・製本／藤原印刷